漢文圏における荻生徂徠

医学・兵学・儒学

藍弘岳［著］

東京大学出版会

本書は，蔣経国国際学術交流基金会の出版助成を受けて刊行された．

This Volume is the Recipient of a Publication Subsidy
from The Chiang Ching-kuo Foundation for International
Scholarly Exchange.

Ogyū Sorai in the Chinese Literary Sphere:
Medicine, Military Science, and Confucianism
Hung Yueh Lan
University of Tokyo Press, 2017
ISBN978-4-13-036265-8

目次

序　論

一　儒学と「近代」、「東アジア」

荻生徂徠（一六六六—一七二八）といえば、多くの人はやはり丸山眞男（一九一四—一九九六）を想起するのであろう[1]。周知のように、青年時期の丸山は徂徠学を中心とした江戸思想史の理解を通して、近代日本のファシズム体制を批判しながら、徂徠思想に現れた「作為」の論理の再展開と主体的な人格の複数化を期待している。しかし、指摘されているように、聖人が決断主体だということを強調する主体性論と「作為」の論理は、人々が自然権を持つという社会契約論における主体性と「作為」の論理の次元は異なっている。前者から必ずしも後者に展開するわけではない[2]。この意味で、丸山の説において、徂徠の思想と自由民権運動における人民主権論との間は巨大の溝が存在しており、その解釈は疑問視されたわけである[3]。

一方、中国語圏では、それなりに多くの儒学（儒教学説）と「近代」との関連の議論がなされてきた。その代表者はいわゆる新儒家たちである。しかし、右に検討してきた丸山の議論は現代香港と台湾で活躍している新儒家の議論と比べると、かなり異なることが分かる。まず、丸山は天人分離の観点から、徂徠思想における制作主体（決断主体、政治主体）ないし認識主体としての個人の存在を論じるのに対して、新儒家は天人相関の観点から、孟子尊重の儒教（朱子学、陽明学を含める）における道徳主体の存在を主張している。そして、新儒家の大家たる牟宗三（一九〇九—一九九五）はカント思想などを踏まえ、儒学における「良知」（道徳主体）の「自我坎陥」（自己否定）によって「民主」と「科学」が必要になる政治主体、認識主体の成立を論じている[4]。

さらに、新儒家は主として、徂徠が強く批判を加えた孟子の儒教思想を踏まえて儒教と「近代」の問題を論じている。例えば、新儒家の考えによれば、孟子の思想における義利論も現代の人権思想と繋がるところがある。新儒家の理論家の一人として、李明輝は、孟子における民本思想は「三世代人権説」における第一世代の人権観念（十七、十八世紀の自由主義と関連する個人の権利思想）と異なるが、第二世代の人権観念（十九世紀の社会主義思想と関連する経済、文化と社会的な権利思想）の思想資源を提供することができる、と主張している[5]。また、最近、新儒家はさらに、義務論倫理学ないし自由主義を批判したコミュニタリアニズム（Communitarianism）の観点から儒学とデモクラシーとの関連を論じている[6]。

そこで、儒学と「近代」との関連は、丸山のように、天人分離の世界観を前提とした「作為」の論理、政治主体性論、それとも天人相関の世界観を前提とした道徳主体性論の観点から論じるべきなのであろうか。これはおそらく、「近代」に対する捉え方、また儒学と「近代」を連結する方法論の差異などによって、異なる答えが得られるのではないか。いずれにせよ、丸山はその作為論に見られるように、聖人、君主など少数の政治主体を強調する思想がどうやって政治主体を複数化する思想として展開できるかという疑問に直面せざるをえないように、新儒家の思想家も、道徳主体を内包する儒教思想はどうやって政治主体、認識主体の成立を導くことができるかという疑問に直面せざるをえない。

右のように、「近代」と儒教思想との関連はさまざまな視点から論ずることが可能である。しかし、やはりそれぞれの難点を抱えているし、東アジアの儒教思想史という枠組みで、国民国家体制の成立を前提とした「近代」の観点から、互いの議論を整合的に理解することは実に難しい。それゆえ、本書では、こうした「近代」の観点を取らない。さらに、本書では、西洋人の命名によって使用された「東アジア」よりも、「漢文圏」という概念を使用する。というのも、本書は方法的に現代の国民国家体制における東アジア諸国に含まれた多くの地域は歴史的に、漢字だけでなく、漢文を共有する地域と捉える。⑦特に近世東アジアの知識人は漢文を通して、知識の継承、および交流ないし競争していたので、本書ではこの意味で「漢文圏」を使う。

たしかに、こうした観点に対して、高山大毅は徳川儒者と同時代の中国の儒者、朝鮮の儒者と同じ駒を使いながら、異なる競技をして、異なる競技規則を持っていると指摘している。⑧しかし一方、彼らが同じ駒を使って似たような競技をすること自体はやはり、探求すべきだと筆者は思っている。例えば、後述のように、清朝考証学から見れば徂徠学は未熟な考証学になっているが、清朝考証学と徂徠学はともに〈明代の知識〉から発展してきたものと見ることも可能であると同時に、徂徠学派内部にも清朝考証学に近づいていくところもある。また、朝鮮の使節は清朝中国と徳川日本の儒者との間には漢詩文による交流と競争があった。さらに、古代中国の経書、宋学などはいうまでもなく、徂徠学も清朝考証学も一部の朝鮮儒者に知られている。このように、一つの国境を越えながら知識が共有できる漢文圏はたしかに存在していた。本書はこうした問題意識を踏まえ、日本内部だけでなく漢文圏の視点から、江戸時代の儒教思想を考察する。⑨

二　十八、十九世紀の「武国」と漢文圏における荻生徂徠の「文学」

> 日本の儒者が著した経書解釈に対して、「西儒」（清朝中国の儒者）はかつて議論したことがない。初めて議論されたのは荻生徂徠のものだったが、惜しいことに、その解釈には妄説が多い[10]。

右は、江戸末期の昌平坂学問所教授であった安積艮斎（一七九一―一八六一）が、宋学者の立場から荻生徂徠を評した言葉である。しかし、たとえ「妄説」が多くても、日本の宋学者の著作と比べれば、徂徠学派の著作は、たしかに比較的清朝中国の学者に注目されたといえる[11]。高名な章太炎（一八六九―一九三九）も、荻生徂徠とその弟子たる太宰春台（一六八〇―一七四七）の経学研究を、「訓詁考証、時に善言がある」と評価している。しかし、清朝考証学の最高峰ともいうべき戴震（一七二四―一七七七）、段玉裁（一七三五―一八一五）らと比べると、徂徠のような日本儒者の学問水準は低く、所詮言語が異なるのだから、周秦以前の音韻も読解できないだろうと、章太炎は断定している[12]。彼から見れば、徂徠の「聖人の道」論も誤りを多く含んだものだったのであろう。

一方、徂徠は自ら「日本国夷人」「東夷の人」[13]と名乗りながらも、実は「東方文明の運」の推進者になろうとしていた[14]。後述のように、古代中国の「聖人の道」を再発見したと自負していた徂徠から見れば、秦漢以後の歴史は夷狄に乱されたので「もはや古の中華ではない」[15]。それのみならず、現に清朝中国は夷狄たる満洲族の政権だから、「胡土」だ、と彼は述べている[16]。しかも、徂徠が評価した明代古文辞派の学問は衰えたし、日本に渡来した中国人の多くは学問的素養のあまりない貿易商人であった。したがって、徂徠が同時代の中国に対し抱いていたイメージは、彼に貼られた中華崇拝主義者というレッテルから想起されるものとは遠く隔たっている。中華崇拝どころか、彼の思想は、日本優越論ないし同時代の中国を軽視する日本のナショナリスティックな感情を高揚させた源流の一つといえる。こうした徂徠の思想傾向は従来、「国家主義の祖型」[17]、「民族主義者」[18]と捉えられてきた。

徂徠の思想傾向を「国家主義の祖型」とした尾藤正英は「儒教の日本化」という視点から、徂徠の思想史的な意味を捉えようとした。この視点による徂徠研究ではいわゆる役の体系といった武家統治の徳川社会・国家のあり方と、徂徠の思想との関連が重視されているが[19]、丸山の徂徠論と同じく、徂徠の後期思想たる儒学と政治改革論に分析が集中して、徂徠の文学論には深く立ち入らなかった。

それに対して、右のような徂徠の儒学と政治改革論を重んじる徂徠論と異なり、徂徠を「民族主義者」とした吉川幸次郎は、日本の優越を説く徂徠の態度と古文辞学の関連を指摘したのみならず、以前の徂徠研究では十分検討されなかった初期徂徠の言語関係の作品と古文辞学を中心に、経学関係の作品に限らず『徂徠集』を全面的に用いた。それによって吉川は、漢文学の視点から、徂徠の語学、漢詩文を説明している[20]。しかし、吉川は、徂徠の方法が清朝考証学と比べると、「帰納」に終始せず、日本的な思惟とした「信頼の哲学」を乱用して「独断」「演繹」に傾くと主張している[21]。この吉川の考えには、同じく「儒教の日本化」という観点から徂徠の思想を説明する姿勢が見られるのみならず、吉川自身の明代古文辞派の文学に対する抵抗感と清朝考証学に基づく漢学史観が垣間見られる。しかし、後述のように、徂徠の古文辞学は清朝考証学のそれとは方法的に異なっている。それは、考証学的な方法というよりも、明代の経書注釈学（特に評点学）に繋がる文学批評的な方法と捉えるべきである。したがって、清朝考証学を基準にして徂徠学を評価するより、むしろ清朝考証学と徂徠学が共有した学問の源流たる〈明代の知識[22]〉から検討すべきである。

実際、吉川らのような中国学の研究者を除き、明代古文辞派の学問と徂徠の思想形成との関連に立ち入った考察はほとんどない。そもそも、徂徠の政治思想（儒学と政治改革論）を重んじる研究にとって、これは重要な問題とはいえないのかもしれない。しかし、徂徠の文学論（漢詩文学としての古文辞学）を把握することによって初めて、彼の儒学を創出した学問方法のあり方が解明できるのではないか。また、これによって徂徠の儒学と先行儒教との差異もより的確に把握できるのではないだろうか。本書では、「儒教の日本化」という路線を継承しながら、青年徂徠が身につけた医学と兵学的な知をめぐって、「武国」[23]という徳川日本が持っていた体制的特徴と徂徠の思想形成との関連を検討する。そのほかに、明代古文辞派の詩文論をはじめとする明代の「文学」まで分け入った上で、さらにそこから出発して徂徠の「文学」と彼の脱「宋学」[24]の儒教政治思想を捉え直すことを試みたい。

ここで本書における「文学」とは何かについて示しておきたい。もともと漢文脈における「文学」の意味は豊富であるが、江戸後期から、次第に政治との関わりが薄くなっていく一方、近代に入ると、洋文脈における Literature の訳語として選ばれ、虚構の言語芸術という近代的意味が付与されるに至る。本書では、こうした近代的意味における文学を内包する、漢文脈における「文学」の意味に即して徂徠の学問を捉える[25]。

そこで、したがって、本書は「武国」のありかたに関わる兵学と医学のほかに、荻生徂徠が漢文圏において、どのように「文学」（文学［詩文］、儒学など）としての「文」に対する探究を通して、「文」としての「聖人の道」を創出したかを考察する[26]。なかんずく、明代古文辞派の「文学」と徂徠の脱宋学の政治思想の形成は本書の焦点になっている。明代中国にはすでに脱宋学の思惟と学問が展開していた。明代古文辞派はその代表といえる。後述のように、彼らは、明代で支配的だった「宋」的な学問（宋学）を乗り越えるために、「古文辞」ないし盛唐以前の詩に関わる学問を唱えることによって、「文学」を評価する基準の転換を図ろうと志向していた。江戸時代の徂徠はこのような志向を継承したのみならず、さらにそれを経学の面に拡大し、一つの学問体系を完成した。したがって、本書は経学史の視点から徂徠を清朝考証学者に擬して捉えるのではなく、むしろより「文学」思想史的な視点を重視し、徂徠を明代から始まった古文辞学の完成者として捉える。さらに、徂徠は古文辞学[27]によってどのような「古の中華」を発見したか、またそうした「古の中華」像はどのような政治思想史的な意味を持つのか、といった問題について探究する。

　本書では、空間的に漢文圏の広がりで徂徠の思想形成を考察するが、時間的に、従来の「近世」を「朱子学の時代」と捉える考え[28]を受け継ぎながら、「東アジア近世」[29]を「宋学の近世」として捉え直す。つまり、十一世紀ごろから、帝国主義の波が及んできた十九世紀半ばまでの「漢文圏」を、宋学を支える書籍、文学スタイル、思考様式、言説、制度規範が次第に広がりながらも、それに対する抵抗も企てられていた時空間として理解する。しかし、宋学が共有されても、それが東アジア諸国に広がっていくには時間的なずれがあるし、言語と社会類型の差異などもある。また、漢文圏における諸言語はそれぞれ漢文圏以外の言語との翻訳、知識の交流がなされているので、一つの開かれた時空間と認識すべきである。したがって、さまざまな差異を孕む「宋学の近世」として捉える必要がある。少なくとも、宋学の本場としての中国はいうまでもなく、後述のように、日本儒者と朝鮮通信使の筆談などを見ると、文学スタイル、思惟様式、言説の次元では、十七世紀以後、宋学は共有されていた。これが本書における議論の出発点である。

　総じていえば、本書は「武国」という社会コンテクスト、および宋学的な思惟様式、文学スタイルが主流になっている漢文圏のコンテクストにおいて、荻生徂徠の言論、行動における意図、意味と思想史的な達成を捉えることを狙う。

（1）丸山眞男の徂徠論とほかの先行した徂徠論との関連について、平石直昭「戦中・戦後徂徠論批判——初期丸山・吉川両学説の検討を中心に」（『社会科学研究』第三十九巻第一号、一九八七年）と、同「戦時下の丸山真男における日本思想史像の形成」（『思想』第九六四号、二〇〇四年）などを参照。

（2）森政稔「丸山真男の近代」（樺山紘一・長尾龍一編『ライブラリ相関社会科学一　ヨーロッパのアイデンティティ』新世社、一九九三年）、二一〇—二一四頁と、宇野重規「丸山眞男における三つの主体像——丸山の福沢・トクヴィル理解を手がかりに」（小林正弥編『丸山眞男論――主体的作為、ファシズム、市民社会』東京大学出版会、二〇〇三年）、四九頁参照。

（3） 権左武志「丸山眞男の政治思想とカール・シュミット――丸山の西欧近代理解を中心として 上」（『思想』第九〇三号、一九九九年）、九頁。ちなみに、丸山は晩年の回顧談で、直接に「儒教には自然法思想はあるけれど、自然権という考えはない」（植手通有・松沢弘陽編『丸山眞男回顧談 上』岩波書店、二〇〇六年、二六一頁）と述べている。

（4） 牟宗三『政道与治道 牟宗三先生全集 一〇』（聯経出版社、二〇〇三年）、六一―六八頁。なお、李明輝『当代儒学的自我転化』（中国社会科学出版社、二〇〇一年）、六〇―六四頁と、同『儒家視野下的政治思想』（北京大学出版社、二〇〇五年）、一四、一五頁を参照。なお、こうした観点に対する批判的な検討について、陳瑞麟「牟宗三「科学開出論」的形上学困難――以儒家思想為本的中国文化可以開出現代科学嗎?」（『国立台湾大学哲学論評』第四十二期、二〇一一年）を参照。

（5） 李明輝『儒家視野下的政治思想』、四七―六四頁。

（6） 同上、一四八―一五七頁。

（7） ちなみに、姜智恩は二十世紀初頭に誕生した「東アジア」の枠組みで、「近代」の観点で説かれた日本儒学史研究を基準にして為されてきた朝鮮儒学史に対する反省と批判をしている（『朝鮮儒学史の再定位――十七世紀東アジアから考える』東京大学出版会、二〇一七年）。本書は朝鮮儒学史を論じるものではないが、その問題意識に共感を覚えている。

（8） 高山大毅『近世日本の「礼楽」と「修辞」――荻生徂徠以後の「接人」の制度構想』（東京大学出版会、二〇一六年）、一九―二六頁。高山の著書は本書と同じく、徂徠の文学を近代文学への段階として理解するのではない。しかし、高山は「一国」の中の「一潮流」思想史の叙述を目指しているのに対して、本書は漢文圏の広がりで、徂徠の文学の意味を捉えようとする。なお、近年では、本書と同じく、荻生徂徠の文学思想（特に『詩経』学、詩論）と儒教思想の関連を重んじる英文の著作もある。Peter Flueckiger, *Imagining Harmony: Poetry, Empathy, and Community in Mid-Tokugawa Confucianism and Nativism* (Stanford: Stanford University Press, 2010).

（9） 最近出版された文章であるが、澤井啓一は筆者と似たような問題意識を持っている。澤井の「解説――〈方法〉としての古文辞学再考」（『徂徠集序類 二』平凡社、二〇一七年）を参照。

(10) 安積艮斎は「国朝儒生所著経解、西儒議之千古所未有、其有之自徂徠始。惜其多妄説」(『南柯余編』〔『日本儒林叢書　第二冊　随筆部　二』鳳出版、一九七八年〕七八頁)と述べている。
(11) 藤塚隣『論語總説』(弘文堂、一九四九年)、二九一―二六一頁。
(12) 章太炎「論漢字統一会」『太炎文録初編』(『章太炎全集　第四冊』上海人民出版社、一九八五年)別録巻二、三二一頁。
(13) 荻生徂徠「題孔子真」(『近世儒家文集集成　第三巻』ぺりかん社、一九八五年)『徂徠集』巻十四、一三一頁)と同「与富春山人　第七書」(『徂徠集』巻二十二、二三一頁)を参照。
(14) 荻生徂徠「二火弁妄編序」『徂徠集』巻八、八〇頁。
(15) 荻生徂徠「復柳川内山生」『徂徠集』巻二十五、二七〇頁。
(16) 荻生徂徠「二火弁妄編序」『徂徠集』巻八、八〇頁。
(17) 尾藤正英「国家主義の祖型としての徂徠」(『日本の国家主義――「国体」思想の形成』岩波書店、二〇一四年、初出は一九七四年)。
(18) 吉川幸次郎「民族主義者としての徂徠」(『仁斎・徂徠・宣長』岩波書店、一九七五年、初出は一九七四年)。
(19) 「儒教の日本化」という視点による徂徠研究は既述の尾藤正英のほかに、石井紫郎『日本人の国家生活』(東京大学出版会、一九八六年)、渡辺浩『近世日本社会と宋学』(東京大学出版会、一九八五年)、同『東アジアの王権と思想』(東京大学出版会、一九九七年)などに所収の徂徠論と、前田勉(『近世日本の儒教と兵学』ぺりかん社、一九九六年)などが挙げられる。
(20) 吉川幸次郎、前掲『仁斎・徂徠・宣長』を参照。
(21) 吉川幸次郎「日本的思想家としての徂徠」同上、二七二―二七四頁。
(22) この表現については松田宏一郎『江戸の知識から明治の政治へ』(ぺりかん社、二〇〇八年)を参照。
(23) 近世日本における「武国」としての自国認識については、前田勉の論考がある。前田勉「近世日本の「武国」観念」(『日本思想史――その普遍と特殊』ぺりかん社、一九九七年)、二三三頁。
(24) 一般的にいえば、宋学は宋代以降の中国において、朱熹など宋代儒者が創設し、のちに継承された儒教の経書解釈と思想体系ないしその思惟様式を指している。それは場合によって「理学」あるいは「道学」「朱子学」などといい換えられる。ただ、本書でいう宋学はこうした意味の宋学のほかに、唐宋古文など理学者の思想内容を表現する文体や詩文論なども含んでいる。そのため、本書でいう宋学は、理学のほかに、文学史よりの視点から、理学の影響を受けた知識人が使う宋詩と宋文などをも含む学問を指している。そして、専ら程朱の思想体系を指すときには、理学という言葉を使うことがある。ちなみに、楊儒賓は「反理学思潮」という本書と似ている表現で、東アジアの儒教思想史の一部を整理したことがある（『異議的意義――近世東亜的反理学思潮』台湾大学出版中心、二〇一二年）。それと比べれば、本書は「反」よりも、一度宋学に入ったが、そこから脱出しようとしたことの意味を強調する。

(25) 齋藤希史『漢文脈と近代日本――もう一つのことばの世界』（NHKブックス、二〇〇七年）、一三五―一四一頁。

(26) 「文学」はほぼ「文」と言い換えることができるが、「文」の意味もまた複雑である。つまり、「文」には「武」と対立する意味での「文」（「文学」）がある一方、「質」と対立する、すなわち人間の営為において見事で美しい状態にするための飾りという意味での「文」もある。荻生徂徠は常に後者の意味で「文」を用い、「文」と「武」を包摂する「聖人の道」を形容している（『弁名』〔『荻生徂徠』日本思想大系三十六、岩波書店、一九七三年〕文質体用本末一、二五一頁）。

(27) 徂徠の古文辞学は明代古文辞学派から受け継いだ漢詩文の方法論、すなわち秦漢以前の古文と盛唐以前の漢詩を制作、読解するための方法論のほかに、経書解釈の方法としても捉えられている。そもそも、徂徠の経書読解の方法はその漢詩文論を踏まえているので、本書では、この二つの意味をともに古文辞学という概念で捉えたうえで、徂徠がどのように漢詩文学としての古文辞学から、経書読解の方法としての古文辞学を発見・発明したかを考察する。

(28) 小島毅『朱子学と陽明学』（ちくま学芸文庫、二〇一三年）、一八八頁。

(29) 清水光明・吉村雅美・木﨑孝嘉「研究動向「東アジア近世」論の現在」（『歴史学研究』第九〇六号、二〇一三年）を参照。

第一部　荻生徂徠の医学、兵学、文学（詩文論）

第一章　家系とその初期思想

——医学と兵学をめぐって

はじめに

徂徠は医者の子として、医学知識だけではなく、基礎的な教養としての「文学」に接触した。その一方で、武士の家系に連なる者として、親戚を通して幼時から兵学関係の知識を学んでいた。こうした徂徠の家系に関わる医学と兵学の知識は、徂徠の思想形成にも関わっていたと考えられる。本章は、この問題の考察を課題とする。

先行研究において、すでに徂徠の思想形成における医学と兵学という背景とその働きは注目されている。兵学との関連については特に研究が進んでいる(1)。これに対して、医学との関連については、注意されてはいるものの、立ち入った研究はまだあまり行われていない(2)。徂徠の思想形成を考察する際、たしかに兵学は欠かせない。しかし、さらに医学をも配慮しこれを組み込んでいくべきだろう。そもそも、医学と兵学は、前近代の技術思想として、ともに易などをめぐって作られた自然を表象する概念装置に依存しており、原理的に共通する部分が多い。また医学と兵学は、扱う対象が異なるが、ともに「攻める」だけではなく「守る」ことを重んじる技術であり、「智」だけでなく「仁」

を尊ぶべきものでもある。しかし、医学は、積極的には「養う」ことを重んじる技術として、「殺す」ことをも説く兵学より根源的なところから生に関わる。それは徂徠が考える「養ひて以て成す」ことを要とする「先王孔子の道」[3]の創出を背後から支えているのではないか。

一　荻生徂徠の家系——医者と武士

荻生徂徠は寛文六（一六六六）年、医者荻生方庵（一六二六—一七〇六）の次男として生まれた。幼名は伝次郎である。延宝四（一六七六）年名を双松に変え、一時は母方の先祖である鳥居に改めていた姓を荻生姓に復した[4]。徂徠の先祖を遡れば、神話的人物饒速日命とその息子たる味真治命に至るとされていたが[5]、饒速日命と味真治命について、徂徠は、「饒速日命は十種神宝を伝へ、味真治命は武士の大祖たり[6]」、「皇室に大なる勲功あり、開国の元臣たり[7]」と述べている。さらに、徂徠は、「饒速日」は「柔日」を意味する命名で、これは「商の俗」だとも述べている[8]。

なお、徂徠自身が書いた「答屈景山第二書」（『徂徠集』巻二十七）、『鈐録外書』巻六、徂徠自身が書いた『親類書』、および彼の弟の子孫が整理した『先祖書』[9]によれば、徂徠の家系がそこまで辿れるのは、徂徠の高祖父にあたる荻生少目（荻生出雲守郷忠）の祖たる美濃三郎源義明の妻が饒速日命の苗裔たる物部季定（物部季仁）の娘であるためで、そこから物部氏まで繋がる譜を得たのである。さらに、美濃三郎源義明の嫡子である三代麿は物部季定のもとで成長したゆえに、その外祖の姓を継ぎ、荻生次郎季明と名乗った。のちに三代麿の嫡男は三河国西三郡の押領使少目に任官し、三河荻生に住んだ。それ以後、その官名にちなんで代々少目と称し、三河荻生城の城主を務めるようになった。しかし、徂徠の高祖父荻生少目が二歳の時（長享二〔一四八八〕年）、三河の兵乱によって荻生城は陥落し、徳川家の祖先にあたる徳川泰親に渡ったとされる。

ただし、以上に述べた荻生少目以前の徂徠の家系については、徂徠自身も、この系譜の信憑性を保証していない。しかし、その高祖父にあたる荻生少目が南朝以来の縁で伊勢の北畠政郷に引き取られた以後の家系については、たしかなものであると彼は考えている[10]。彼自身が書いた『親類書』によれば、曽祖父荻生惣右衛門は伊勢の北畠家でしばらく軍役を務めたが、北畠が滅亡した後、伊勢の内に引き込んで生活し、徂徠の祖父荻生玄甫（荻生惣七郎忠次）の代に初めて江戸に出た。荻生玄甫は日本の医聖とされる曲直瀬道三の三代目今大路道三玄鑑（元鑑）の弟子になり、医者となった。そして、徂徠の祖母は太田道灌の曽孫で、北条氏政の侍大将平山三河守の娘であり[11]、やはり武士の家系である。これについて、徂徠は「祖母・母ともに将種なり[12]」と自慢している。

次に荻生徂徠の父方庵のことを述べる。玄甫は方庵が十二歳の時（寛永十四（一六三七）年）に亡くなったが、おそらくその前に方庵はすでに玄甫からある程度の医学知識を学んだほかに、ある官医の塾にも入れられて医術を修めていた。そのため、方庵は医者という家業を継ぐことができたのである。彼は最初、町医者として生計を維持していたが、四十九歳の時、館林候であった綱吉に召し出され、「御側医師」を務めるようになった[13]。方庵が学んだ医学は、その父玄甫と同じく曲直瀬道三の系統に属するはずである。滝長愷が書いた「徂徠先生医言序」によれば、荻生徂徠の父方庵は、中村玄与（保信、『徂徠先生医言』を出版させた中村玄与（春芳）の祖父）と同学で、道三玄淵（曲直瀬道三からの延寿院系の四代目）の門人である。また、徂徠は「同斎越先生八十序[14]」においても、「先生は父親の友人である（先生者、先子之執也）」と述べている。先生とは曲直瀬正璆（一六四二―一七二六）である。彼は徂徠の門人越智雲夢（曲直瀬正珪、一六八六―一七四八）の父であり、曲直瀬道三からの養安院系の四代目にあたる人でもある[15]。そのほか、徂徠は「答屈景山第一書」の中で、父方庵が景山の祖父屈杏庵と知り合いなので、江戸の宅で接見したことに言及する。屈杏庵は曲直瀬道三の弟子たる正純の弟子である。このように、徂徠の父方庵は曲直瀬道三に繋がる系統の医者と交友していることが窺える。徂徠の父の医学はたしかに曲直瀬道三系統に属するといえよう。曲直瀬道三の医学は宋学に繋がる李朱医学である。

最後に、徂徠の母の父は鳥居忠重である。忠重は大久保甚右衛門与力を務めていたが、事情あって上総国長柄郡本納村に閑居した[16]。しかし、その家系はやはり武士である。そして、本納村は徂徠が家族とともに追放生活を送った場所の一つである。その本納村を含む南総は徂徠の思想形成に重要な意味を持っている。というのも、繁華な江戸から田舎の南総（千葉）への流離体験は彼に差異を体験させる機会を与え、のちに、この「差異体験」は方法化されて、彼の「訳学」、古文辞学の形成に繋がっていったと思われるからである[17]。

このように、徂徠の父、祖父そして母、祖母の家系は由緒正しい武士である。こうした武士の家系を持つ徂徠のアイデンティティはその学問に一定の関係があると思われる。しかも、徂徠の父と祖父はともに医者を務めている。徂徠の兄たる荻生理庵もその家業を継いだ。次に、徂徠の初期医学説を分析する。

二　荻生徂徠の初期医学説――『徂徠先生医言』をめぐって

徂徠の初期著作には、その医学説を示す『徂徠先生医言』（以下『医言』と略）[18]がある。

1　『医言』の著作経緯と出版

『医言』は萩藩の藩医中村玄与（春芳）と玄春の父子によって明和四（一七六七）年に出版された。中村玄与（春芳）の『医言』の跋文によれば、その「先考」たる中村庸軒（春信）は、徂徠の父方庵の同学にあたる中村玄与（保信）の息子で、曲直瀬道三学統の延寿院系の六代目にあたる道三玄耆の門に入った時、方庵からも指導を受け、徂徠と知り合った。中村庸軒は徂徠が江戸に戻った元禄五年[19]の前後に江戸に来て、元禄十一（一六九八）年まで滞在していた。『医言』はこの時期（元禄五年から元禄十一年まで）に書かれたと考えられる。[20]徂徠二十代後半から三十代の初めである。その内容は、『医学弁害』[21]（以下『弁害』と略）の批評である。徂徠はこれを庸軒に手渡したのである。

『弁害』は紀州の医者宇治田雲庵が著し、延宝九（一六八一）年に刊行されたものである。雲庵は、彼の弟子が書いた序文によれば、「雑賀宇治」出身である。彼には「特定の師がおらず、書物の読解は自ら悟ったところが多い」[22]と彼の弟子が述べたように、その学は特定の系譜に属さない。『弁害』の序文によれば、『黄帝内経』『難経』などの基本医学経典には多くの「衍文」「錯語」があるために、後世において、いわゆる李朱医学の代表である李東垣（一一八〇—一二五一）と朱丹渓（一二八二—一三五八）といった有名な医学者がこれらを誤読し、しかも誤解したまま治療に用い、多くの弊害が生じた。雲庵はそういう問題意識を踏まえ、先人の錯誤を探し出し、人々に知らせるために、本書を著したというのである。では、徂徠はこの『弁害』に対して、どのように批評したのであろうか。

2　『徂徠先生医言』における批評

『医言』の章節には「読経書総論」「読儒書論」「読本草論」「読内経論」などがある。それぞれは『弁害』「経書総論」「儒書論」「本草論」「内経論」などの章節に対する批判的な読みを記述したものである。以下、本書の論点との関連で『医言』の主要な章節の内容の要点を捉えていく。

（1）医と儒との関係に対する認識について

雲庵は医家の「摂生」は儒家の「修身」に通じるとして、「儒医同道」を主張している（『弁害』「儒書論」）。それに対して、徂徠は『医言』「読儒書論」で、「儒者は理を主とし、医家は気を主とする」「儒者は心を治めるのに対して、医者は身体を治める……儒者の治める範囲は心から推して天下に及ぶのに対して、医者の治める範囲は身体に止まる」と述べ、「理一分殊」の論理から、儒者を、「道」（「理一」）を治めるものと見、また医者を、「道」からの「分殊」である「枝」としての小道を修める職業と見る。

（2）『内経』運気七篇と『運気論奥』について

運気七篇は唐代に『内経』の編集・注釈者王氷あるいは五代末の許寂一派によって増補されたものとされる。[24]『運気論奥』は北宋の劉温舒（十一世紀）の著作とされ、運気七篇の所論を主要な根拠にして、運気論を説いた専書である。運気論は宋代以後、漢方医学の基礎理論になり、次に述べる『素問玄機原病式』などの医書も、多かれ少なかれこの理論を前提にしている。運気とは地の五行の「運」と天の六種の「気」（六気）を意味している。石田秀実によれば、「運気論は今日の私達にとって意味深いのは、大地と其の上下周囲の地気・天気の変化を、主（定常要素）と客（変常要素）とによってモデル化し、生生変化してやまぬ環境のなかに生きる人間の疾病を分析したところにある」。[25]それは、六朝末ごろから新しい宇宙構造論（新しい渾天説）の形成を受け、人間の身体を宇宙に類比し、宇宙自然の気のめぐりが人の身体の中にも同様な現象としてあるという考えに基づく医学理論である。[26]その本旨は自然環境の変化に即して病気を治療したり、予防したりすることである。しかし、江戸時代に生きていた雲庵は、運気七篇は伏犠が自然の法則とされた「干支」によって「甲暦」を作り、黄帝がさらにそれによって書いたものだと主張している（『弁害』「運気論奥論」）。それに対して、徂徠は、『医言』「読運気論奥論」「読欲知運気当明五行論」などで、運気論の「理」と「象」は精微であるし、運気論を説いた運気七篇を含む『素問』は「先秦戦国の間聖儒の医」が著したものであるが、[27]運気七篇に見られる陰陽五行と組み合わせた「干支」は、人間が設定した「準的」「仮設準則」だと主張している。

（3）　劉完素（一一二〇？―一二〇〇？）の『素問玄機原病式』について

雲庵は『弁害』「原病式論」で、明代の張介賓（一五六三―一六四〇）らの説を批判的に踏まえ、劉完素の『内経』条文の理解をめぐり、『素問玄機原病式』の主火論を批判した。主火論とは、運気七篇中の「至真要大論篇」が説く病機十九条を敷衍して、身体の病因を、陰陽五行の変化法則によって外面の火邪に帰する理論である。[29] それに対して、徂徠は「読原病式論」で、劉完素の『素問玄機原病式』の言語・文章表現にはたしかに曖昧不明なところがあるが、「劉完素はもともと、ただ（運気論で）病象を説明するだけだったが、のちの人はにわかにその理論を応用する書籍としていた」[30] と述べている。すなわち、雲庵が劉における『内経』の条文を読解する文章の問題を批判しているのに対して、徂徠はそういう問題をともかくとして、運気論で身体の病象を説明しようとした劉の意図と仕事を評価している。

（4）　李・朱医学の代表者の一人・李東垣の『脾胃論』について

李は『脾胃論』で、運気七篇に依拠して、人体にある「脾胃」は「地の伏陰」の「精」が春になると昇るような「春夏成長の気」だと理解する。そして、「脾胃」にある「元気」（陽火）を守ることを重んじ、体内の「相火」（陰火）が引き起こす「内傷」を避けるために、「元気の賊」としての「相火」（陰火）の抑制除去をすべきだという説を唱えた。彼の理論は、前の主火論と同じく運気論に基づきながら、小宇宙たる身体の内部の気にまなざしを移し、脾胃の気の循環をベースにして「相火」に病気の原因を求める。[31]「相火」は理論によってその意味は変わるが、李東垣の理論では、それは体内部における気の循環を阻害する陰的な性質のものとされ、陽気たる元気を守るために、抑制除去すべきものである。この李の説に対して、雲庵は「陰陽寿夭論」「陰陽順逆論」で、李が依拠した『内経』の議論は地理方位の観点から気のめぐりを論じたのに、李がそれを脾胃と関係づけて論じたのは、「内経の旨」に反していると批判している。この雲庵の批判に対して、徂徠は、「読陰陽寿夭論」「読陰陽順逆論」で、その議論の大筋を認めながらも、李の議論の意図を理解しない「内経章句の儒」だと雲庵を揶揄している。徂徠に言わせれば、李は「虚実」の観点から「陰陽」を理解して、天地における「気」の変化の「象」を取り、人体における「気」の変化を理解しているのである。

（5）　李・朱医学の代表者のもう一人・朱丹渓の『格致余論』における陽有余・陰不足論などについて

陽有余・陰不足論は、右の李の学説を受け継ぎながら、『素問』「陰陽応象大論篇」などに見られる人の老いを陰気の減衰として捉えた思想に依拠している。外物に触れて生じた欲望によって動く「心」（君火が宿る場）と「身」（肝と腎などに寄寓する相火の働く場）の「陽」の「火」が過度に働くことによって、「陰気」（「真陰之気」「陰精」、元気）が抑圧、消耗されて身体の害となる。そう考えて、「陰気」の補益（元気を養い・守る）と「陽」の「相火」の降下を重んじる医療理論である[32]。朱は李東垣と異なり、元気を「陰」とし、相火を「陽」としているが、同じく「相火」の抑制を唱えている[33]。この理論は運気論のほかに、理学（特に周敦頤『太極図説』に基づく宇宙生成論と「主静」の修養論）から影響を受け、「補陰」だけでなく、「節欲」という予防法をも重視している[34]。それには予防医学の原理が含まれている。しかし、徂徠の『医言』では、「補陰」の重要性だけが強調されている。

雲庵は「陰陽共為宝論」で、張介賓の陽有余・陰不足論批判を引用し、張の議論が「陽を尊ぶ」ことに偏っていると批判し、「陰陽相和する」ことを尊ぶ立場を取っている。これに対して、徂徠は、基本的に朱丹渓に与して、張介賓と雲庵が「気」の次元だけで陰陽（寒熱）を論じていることを批判している。また、彼は、朱丹渓の見方を踏まえながら、「気」の次元以外、「質」の次元で陰陽の働きを見て、「陽は気である。陰は質である。陰陽の中にはまた各自に陰陽がある。そのため、気の陽の部分は熱いが、陰の部分は冷たい。質の陽の部分は乾燥的であるが、陰の部分は湿っている」[35]と述べている。さらに彼は、次のように述べる。

人は天から気を稟けて精神の働きから智恵が生じた。地から質が賦与されて肉体の形が生じた。それゆえ、人間の身体には陰陽が分れている。……およそ一切の形がある物質は皆陰に属している。その陰の中でまた陰陽が分れている。そして、動物は陽が余って陰が足りない。植物は陰が余って陽が足りない。人は動物であるから、精神はややもすると動き、身体はたやすく疲れる。そのため、もともと余る陽はますます盛んになる。……もともと足りない陰はますます足りなくなる。[36]

つまり、徂徠は天地における人間の生成、および人体と天・地・植物との差異を論じている。その後、彼はこの考えの独創性を強調し、朱丹渓の陽有余・陰不足論を支持している。

（6）　陰陽五行論について

雲庵は「五行総論」で、「天地」は「大乾坤」で、「人身」は「小乾坤」だという天人相関の五行論を展開している。徂徠は「読五行総論」で「太極は理である。陰陽、五行は気である」と述べ、陰陽、五行を実体として捉えるが、易については、「両儀、四象は画名である」「聖人が自然造化の働きを模倣してその影を作って、後世の人に自然造化の働きを示すだけである」[37]と述べているように、易を聖人が自然造化の変化を把握するために作った認識装置だとする。さらに、彼は、「読五行紀四柱論」などで、雲庵の陰陽五行論は「陰陽消吉家」（占い師）の説に惑わされたものだと批判している。また、陰陽五行による占いが流行るのは、人間の「害を避けて利を求める心」が「理義を信ずる心」より強いからだと説いている。これはのちに検討する彼の兵学思想で強調される陰陽・鬼神利用論に繋がる考えである。

（7）　君火・相火論について

雲庵は、「君相二火名実論」などで、『内経』の「君火以明、相火以位」という文について、張介賓などの元・明代の復古考証的な『内経』注釈[38]を批判的に踏まえ、「君火」「相火」解釈を展開している。それに対して、徂徠は雲庵の張介賓批判を認め、その「君火」解釈に同意するが、その「相火」解釈は批判している。ここではそれについての詳説を省くが、注意したいのは、徂徠が「相火」に関する雲庵の議論を批判したのち、「大体、天地造化はただ陰陽五行の運行のみである。天地造化にはいわゆる相火が存在しているだろうか。……人間の身体だけには相火がある。医学の発達に従ってその名が初めて発明されたのである[39]」という独創的な考えを出したことである（後述）。

三　『医言』から見る徂徠の初期思想

1　徂徠の初期医学説とその「儒」への志向

以上の検討からも分るように、徂徠は医学に詳しいのみならず、自分なりの見解も持っていた[40]。徂徠が医で生計を立てることも可能であった。しかし、医という荻生家の家業は兄の荻生理庵が継ぐことになった。徂徠は、医者の友に宛てた書信では、徂徠は、「医者には向いていないので、逃げて儒者になった[41]」と述べている。彼自身の意志も働いて儒者の道を選んだのである。これは、前節の1で既述の儒者と医者との差異に関する見方と無関係ではなかろう。

のちに徂徠は、「儒者の仕事は文章を書くことであるのに対して、医者の仕事は薬を計ることである。両者とも役人である。どうして天下を治める道を行うことができるだろうか[42]」と述べる。徳川社会においては、儒者は「道」を応用する治者ではなく、医者と同じく技術者であった。それを彼は明確に認識していた。しかし、徂徠が儒者として「文」（「文学」「学問」）を探求する道に導かれたのは、『医言』に見られる「天下」を治める儒者と人間の身体を治める医者との差異という認識にやはり関係しているだろう。しかも、彼が幼い時から学んでいた医学知識も、彼の儒教思想の形成に影響を与えている。次にこの点を論じる。

2 『医言』から見る初期思想とその理学受容

徂徠はまだ運気論に基づきながら、理学から影響を受けた李朱医学で思考をめぐらしている。これは、彼の父親が曲直瀬学統の医学を学んでいたことと無関係ではなかろう。曲直瀬学統の医学は中国と日本との風土の差異を重んじて折衷的医療を行ったが、基本的に李朱医学に基づく(43)。徂徠はこうした理学あるいは李朱医学を通して陰陽・五行などの概念を理解し、運気論に基づきながら反李朱医学的な雲庵の医学論を批判したのである。

実際、李朱医学の理論の基礎たる運気論にせよ、自然学と人間学とを含む理学にせよ、両者はともに災異説を否定する思潮が現れた北宋時代に、勢いを増したのである(44)。運気論は、漢代の災異説の自然観に繋がるが(45)、その天人相関は天から気象へ、気象から人体へという一方的なあり方で、人体の病気が気象の異変を引き起こす原因とは考えられていない。また、運気論は同じく漢代で発展した気象医学的思考と繋がるが、それぞれが基づく宇宙構造論が異なるし、気の理論に内在する論理・法則性を追求する志向がより強い(46)。そのため、運気論は、北宋から出現した「理」による天人相関の自然観に通じていく面がある。そして、理学は「理」という形而上的な次元で主張される天人相関論の下に構築された壮大な学問体系である。しかし、理学は災異説と運気論を支える「気」による天人相関の自然観を完全に退けたわけではなく、これを内包し下敷きにして発展してきたのである(47)。このように、理学にせよ、李朱医学にせよ、ともに、本書でいう宋学の枠組みに含まれている。

しかし、『医言』を書いた時、徂徠は、易の「両儀・四象・八卦」は聖人が作った「影子」であり、運気論における陰陽五行と組み合わせた天地の気象を説明する干支は「準的」「仮設準則」だと捉え、「干支」という概念装置の作為性・認識手段としての性質を強調している。彼自身はこのことについて、「千何百年の時を経たが、人はこの意を知らずに、愚弄されている[48]」と述べている。この発言から分るように、徂徠は自然造化に対して、医学の文脈では李朱医学の思惟、理論で語り、陰陽の運動によって自然が構成され生成されることを信じているが、その複雑性は陰陽五行・「干支」を組み合わせた枠組みで認識しきれるものではないと考えている。

徂徠は雲庵に対し、「五運と六気を合併して一組の概念にすれば足りる。なぜ五運もあり、六気もあるようになったのか[49]」と仮設的に質問している。徂徠がこのような問題意識を持つ過程は、その思想形成を見るために重要である。というのは、運気論においては、「五運」は五行（「木・火・土・金・水」）の気、すなわち「風・熱・湿・燥・寒」を指しているのに対して、「六気」は五運の気にある「熱」をさらに「熱」と「火」に二分したことによって成立したものであるが、五運と六気は物質としては実際ほぼ重なっているのである。山田慶児の指摘によれば、運気論は、物質理論としてなら五運説か六気説のいずれかですむが、それで気象変化を予測するために、十干で木・火・土・金・水の五運（五行）を、十二支で風・熱・火・燥・湿・寒の六気の循環をそれぞれ対応させ組み合わせて、六十干支のサイクルを成すものとして立てられた法則性を持つ理論モデルとして構築された[50]。こうした気象理論としての運気論に、気による天人相関の考えと伝統の三陰三陽の経脈理論と五味による用薬法とを組み合わせる時、医学的運気論が成立するのである[51]。徂徠が以上のように問うたのは、彼が医学的運気論そのものを否定しないものの、その前提としての「干支」などの概念で構築された気象理論としての運気論の人為性を認識して、運気論のような天人相関の考えを疑っているからであろう。彼は、自然の気象を主に人体の病因を説明する比喩的言語として理解しているのである。

それのみならず、第二節2（6）、（7）で検討したように、徂徠は天地（自然造化）と人体との差異をも認識している。「読君相二火名実論」「読命門論」によれば、天は「純として気なり」、地は「純として質なり」、天地の間に生きている動物と植物はみな天と地の「沖気」によって、「気・質」が「妙合」したことによって生まれたものである。

動物では「陽」が勝り、植物では「陰」が勝り、人間は「動物の長」であるゆえに、人体における「陽」は余ることになっている。その証拠として、彼は人体が「一身の主」としての「心」（君火）と「君火の使者」としての「相火」との二火を持つことを挙げた。こうした議論からも人間が「心」（君火）と相火を持つところに、人間と天地との差異を見出した徂徠の思想が窺える。

また、徂徠が三十七、八歳ごろ書いた「復下館候」という書信がある。[52]その中で、徂徠は認識論的な視点から陰陽五行によって立てられた理学の宇宙生成論を解釈するのみならず、「沖気」としての人間と天地との差異をも述べている。しかも、以上のような議論を踏まえ、「私は二十年前に、このことを悟った。うれしさのあまり、知らず知らずに手足が舞っていた。惜しく思われるのは程朱がこのことを理解しなかったことである。それによって、王陽明が明代に異説を唱え、仁斎も日本で奇説を唱えるようになったのである。私は自分が程朱の忠臣と自認して疑わざる理由はこれによるのである」[53]と、述べている。つまり、徂徠は程朱の理学の自然解釈に賛同した上で、程朱が理解していないことを認識したことと、陽明学と仁斎学と比べる時、やはり程朱の理学を擁護することとを言明している。徂徠は後に、このような思考に沿い、思想を形成していく。それ故に、後述の『随筆』では理学擁護と活物的な自然観との並存が見られるのであろう。

ともかく、『医言』を書いた段階では、徂徠は理学と李朱医学を学び、それを用い、完全に「理」あるいは「気」による天人相関論から離脱したのではないが、「干支」などを単なる認識枠組みとして見る視点と天人の分の考えとが、すでに芽生えていた。その初期医学説から、彼が、理学ないし運気論で天地自然を認識しながらも、それで人体の病因を説明する限界性に気づいていたことが窺えるのである。つまり、青年徂徠は認識論の枠組みとしての宋学を認識しながら、それを完全に否定して取って代わるパラダイムを発見していなかった。ただ、天の不可知性（活物的自然観）と人間の特殊性（心、欲、命などを持つこと）という後期思想に繋がる考えが、その初期医学説に萌芽している。こうした思想は彼の宋学からの離脱を促したのみならず、彼の兵学思想の形成にも繋がるものである。また、彼の初期医学思想に見られる「元気」を養う思想もその宋学擁護と活物的自然観を共存させており、彼ののちの思想形成を見るためには重要である。

四　荻生徂徠の初期兵学説――戦国物語と『孫子国字解』

徂徠は『鈐録』序文で、その武士の家系のゆえに、「幼時より武義を好み読書の片手間には心を是に用ふ」と述べ、「名を得たる物師」の物語を聴き、「我国諸家の軍法」を学び、「異国の兵書」をも多く読んだと述べている。元禄九（一六九六）年、柳沢保明（のち吉保（一六五八―一七一四））に召抱えられて以後、徂徠の主要な仕事の一つは兵書の訓点と注釈であった。徂徠は宝永元（一七〇四）年十月に『素書国字解』を撰述し、宝永四（一七〇七）年七月ごろには『孫子国字解』を著述したほかに、『呉子国字解』（未完）をも著している。[54]

1　徂徠の戦国物語に関する知識とその思想形成

徂徠によれば、戦国時代の物語を幼い彼に教えた父の友人、弟子、親戚および友人らは、皆正直でまじめな「誠の武士」であり、当時の兵法学者の説いた兵法（「軍者衆の軍法」）を「嘘」だと批判していた。[55]『鈐録』で彼は、兵学者が説いた兵法と彼が聞いた戦国物語との差異を繰り返し強調して、当時の兵法学だった小幡流、北条流、山鹿流などを批判した。「物師の物語を不承候ては、何れの流儀も爰は真、爰は偽と申所、分れ不申事に候[56]」と述べているように、彼にとって戦国物語は、当時の兵法者の説いた兵法を相対視してその説の真偽を検証するための知識であった。彼はこうした戦国物語に関する知識を持っていたゆえに、より内在的に戦国時代の兵法を理解し、それと中国古代ないし明代の兵書に説かれた兵法との差異をもよりよく把握できたのである。

2　『孫子国字解』に見られる兵学思想

徂徠は『孫子国字解』[57]で「畢竟理学者の舌端なり、用ゆべからず」（一〇四頁）、「是は儒者の口気ありて、その義最劣れり」（一八四頁）、「是皆腐儒の見にて、又武将の本色にそむく」（二九五頁）などと、儒者の考えと『孫子』の兵学思想とを対立させている。また、彼は「仁・義・礼・智・信」という儒教でいう五常によって、『孫子』に説かれた「智・信・仁・勇・厳」という大将の持つべき五徳を解釈した「近頃の学者」をも批判している。これらは、『孫子国字解』の文脈を見れば、歴代中国の『孫子』注釈者が道徳・道理の正しさを重んじる理によって本文を曲解したことの批判である。すなわち、ここで、彼は理学的な思惟で『孫子』を注釈することを警戒しているが、必ずしも儒教の立場から『孫子』を注釈することを拒否してはいない。

実際、『孫子国字解』の前に書かれた『訓訳示蒙』の序文[58]では、徂徠が経学を初めて学んだ時、すぐ「理の高妙」を説くことを反対したうえで、「試ミニ礼記曲礼ヲ見ヨ。悉ク武家ノ諸礼ト合スルナリ。……儒道ハ勿論侍ノ道ナレドモ、中華ニハ聖人ト云人ガ出タリ。日本ハ聖人ナキ国ユヘソノ侍道ガ武ノ一方ヘ偏ナル処アルゾ。……」と述べ、「儒道」を、聖人が作った「礼」などの人間世界を扱う政治学という方向から理解しようとした。

『孫子国字解』に即してみれば、徂徠は『孫子』の兵学と経書に見られる三代聖人の統治技術・制度に関する思想との関係に気づき、こうした「聖人の道」としての「儒道」（儒教）を『孫子』の注釈に持ち込んだのである。例えば、「始計篇」で、徂徠は、聖人が発明した愚を使う陰陽の術で『孫子』の陰陽論を、『易』の師卦で孫子の詭道思想を、それぞれ解釈している。[59]また、「虚実篇」では、『易』で説かれた陰陽変化の道理で孫子の虚実論を説明している。[60]さらに「作戦篇」では三代戦国時代で使われていた車の制度を使い、[61]「謀攻篇」「兵勢篇」では、周王朝の軍制、田制と陣法を使い[62]、『孫子』の用兵の法を解釈している。さらに、「兵勢篇」では、『孫子』の人材論は古聖人の人材論の深意を得たものだと説明する[63]。

このように、徂徠はかなり早い段階から、「武」に関わる兵学を、「聖人の道」を内容とする「儒道」の一環として見ていた。彼にとって、こうした「武」を含む政治学としての「儒道」はやはり、自然学としての理学と矛盾なく共存できたようである。ただし、天人相関の自然観に基づく理学で軍事など人間世界のことを説明することに対しては、彼は反対している。これは、既述の徂徠の初期医学説に見られる活物的な自然観と限定的な理学擁護の思想とが、彼の内部において共存できることに通じている。さらに、徂徠は『孫子』を注釈する以前すでに、「古文辞」を研究し始めたので、その『孫子』注釈は古文辞学と連動していると考えられる。つまり、彼は形成途中の新たな儒教学説を、同じく古代中国の作品である『孫子』の注釈にも使っている。この点をさらに「詭道」という核心概念に焦点を絞って検討してみよう。

徂徠によれば、戦争に入る前には、「五事七計」という互いの軍隊情況の情報分析が重要である。特に軍隊の「法」の実施状況は、もっとも重要な分析対象である[64]。「孫子一部は専ら合戦の道を説て治国平天下の道をば説かず」「合戦の道は詭道なり[65]」と述べているように、いざ戦争に突入したのち、もっとも重要なものは「詭道」である。彼によれば、日本の注釈者がよく「詭道」を「いつわり」「たがふ」という訓にこだわって理解しているのは誤りで、「詭」とは単に「正しき定格を守らぬこと」なのである[66]。

徂徠は「詭道」を、対外的には戦術として、対内的には軍隊統制の術として理解する。まず、戦術論次元の「詭道」を検討する。この次元の詭道論は「勢」「虚実」「奇正」などの概念と連動している。彼によれば、兵の「勢」は「此方より作り出して、将の掌に握り、全勝をなすもの[67]」である。そして、彼は「転地の気も日々夜夜に生々して止まず人また活物なれば、両軍相対する上にて、無尽の変動起ること、先たちてはかるべからず[68]」という。このように、その「勢」に対する理解は天地と人間の活物性によって生じた戦場の不可測性を前提としている。「敵をも味方をも虚にするも実にするも我心のままにする意にて、誠に「虚実の至極なり」[69]」、主将がいかにして戦場での「虚実」の変化の主導権を握るかが重要である。

こうして、徂徠が語る「虚実」の変化と「勢」の変化はほぼ同義である。彼によれば、「虚実」と「勢」の変化は陣法における「奇正」の変化に依拠している[70]。つまり、将軍による兵の「虚実」と「勢」の操作が成功するかどうかは、主として、いかに敵の「虚」を突いて、「奇兵」を出すかによって決まる[71]。この意味で、戦術論の次元での「詭道」とは、戦場における兵の「勢」を主導・操作して敵の「虚」を作り出すための策略である。そして、戦場において「詭道」が必要なのは、戦を発動する前の情報分析がいかに正しくても、実際の戦場の変化は不可測だからである。戦場の不可測性は自然と人間の活物性によって生じる。われわれはここに、徂徠の兵学思想が、既述の初期医学説で芽生えていた理学で捉えきれない活物的自然観を前提としていることを看取できる。

一方、徂徠は「兵の勢をよく知て士卒を使ふ時は、臆せるものも勇あり、弱き備も強くなる、是名将の作略なり」[72]と述べているように、兵の「勢」の操作は対内的に将軍の軍隊統制が成功したかどうかにも繋がる。すなわち、「詭道」の対象は味方の軍隊の士兵にも及ぶ。この意味で、「詭道」は軍隊内部の士卒を統制する方法でもある[73]。実際「九地篇」の注釈において、徂徠は、軍隊が「客戦」に行く際、将軍が士卒に自らの計略を知らせず、疑わせることなく士卒の心を団結させて統制することの重要性を繰り返し説いている。そして、徂徠は、『孫子』本文に即して提出した具体的な戦場での士卒の心を一致させる方法として、陰陽・鬼神の利用の有効性を説いている[74]。彼によれば、この方法の有効性の根拠は、既述の天の不可測性および「人事の上にては何ともせんかたなき場に至て」神仏を頼みたい「人の心の習ひ」（人情）にある。こうした考えは、その医学説で見られる占いと人情との関係に対する彼の洞察と繋がるものといえよう。

さらに、徂徠は、こうした戦術論の次元で説かれた「詭道」と対内統制のために使う陰陽・鬼神の利用論としての「詭道」の操作を、主将の「智」および「仁」という徳にも関連づけている。『孫子国字解』で、後の『弁名』における「仁」の定義に近い意味で、「大将たる人の仁はただ人の飢寒をよく知り、士卒と辛苦を同じくし万民を安堵なさしむることなり」(75)と、「仁」を定義する。そこで、大将が「詭道」を操作することは「万民を安堵なさしむる」という至高の目的のためだという意味で、「仁」にほかならない。こうした考えに即して、彼はさらに「陰謀はもと仁の道なり」(76)と主張する。彼にとっては「仁の道」の実現を「陰謀」の目的とすべきなのである。彼の兵学は陰謀ないし暴力によって「仁」を実現する。そして、「仁」を重んじる点は彼の医学思想に通じる。

こうした「仁」に対する理解は、おそらく、『司馬法』にある「兵」は「仁を以て本と為す」（仁本篇）という思想からきたものでもある(77)。ただ、彼は「司馬穰苴が軍制と、周の法とちがふやうなれども、皆古の法にてかはりなし」(78)と述べているように、『司馬法』を『周礼』に説かれた「周の法」（「聖人の道」）の一環と認識している(79)。

『荀子』「議兵篇」にも、「兵」は「仁義を以て本と為す」とある。周知のように、古代漢籍には類似の表現が多く存在している。これらの類似した表現をいかに理解するかは、まさに後世の儒者ないし現代の古代中国の研究者にとっても大きな課題であり、論争を引き起こす問題点となっている。典籍を主に四書に集中してそれを枠にしたうえでさらに「理」に訴えて言葉で整合的に解釈しようとするのが、理学の方法である。しかし、徂徠は、「六経には残欠があるので、理で推測せざるをえない」(80)と、こうした接近に理解を示しつつも、古文辞学の視点から、後世の人が作り出した兵家、法家、儒家といった分類の枠から出て、「聖人の道」を創出する方向へこれらの古代典籍にある類似した表現を利用している。

実際、四十代の徂徠の『読荀子』『読韓非子』『読呂氏春秋』など子書と雑家の書を読解する作業は、その古文辞学研究の一環と位置づけることができる。彼が『孫子』注釈を行う時すでに、次第に宋学（理学）と異なる儒教のパラダイム（「聖人の道」）の存在を意識するようになっていた。彼は彼自身によって解明されつつある「聖人の道」で『孫子』を理解しようとした。このように、四十代の徂徠は宋学の認識枠組みで天地自然を認識しながらも、天人相関と道徳規範を重んじる宋学と異なる儒教政治思想を模索している。

次節では、再び医学に戻り、いわゆる「徂徠学」形成の前夜に書かれた『蘐園随筆』[81]に即して、徂徠の医学的な知がいかに彼の思想形成に働いていたかを検証する。

五　医学知と徂徠の思想形成——『蘐園随筆』をめぐって

『蘐園随筆』では、古聖人を「神巫」「良医」に喩えることをもって議論が始められている。そこでは、天は「活物」であるゆえに、暦学者が完全に正しく自然の運行を把握することはありえない、という考えが示されている。[82]さらに、『医言』に見られた人間と天地との差異という議論を再び提起し、敷衍している。すなわち、人は、天から「神」（気）を受け、地から「形」（質）を受け、その「沖和」によって生まれる。そして「神には質が混ざっており、形には気が混ざっている。そのため、人・物の心は天と異なり、血肉の身体は地と異なる。この道理を察すれば、人欲が生じた原因を知ることができる」[83]と述べ、また、「天には心がないが、人にはある」[84]として、「欲」「心」を持つ人体と天・地との差異を見ている。『随筆』のような儒書では「相火」に言及しないが、医学的知から「心」「情」などの概念を説明しているのである。[85]彼は、古の「心」という概念を、医学でいう「神」、また「精・神・魂・魄・志・意・智」を合わせたものと捉える。[86]しかも彼によれば、生物の中で人は、唯一「意思」を持つ存在である。[87]人は「霊の最」も優れた存在であるがゆえに、「養われて」成長できるだけでなく、物を「養って」成長させ、自らの「形体」「才智徳行」を「養って」成長させることもできる。このように、理学者がいう「本然の性」を解釈しているのである[88]。

そして、徂徠はさらに、人は植物のように季節の循環に従って生死栄枯するのではなく、他の動物のように季節の循環に従って出蟄・生育するのでもなく、「天地の道を裁成し、天地の宜を輔相する」ことができるのだとする。しかし他方で、人が天から「命」という制約を受けることをも強調している[89]。さらに、彼によれば、人は祭祀（礼）によって死亡した人の「神」（精神）を存在させることもできる。鬼神の祭祀は人が行う「裁成輔相の道」の一つとして、鬼神を養うのである[90]。こういう行為によって、人間の文化を継承させるのだと、徂徠は考えているのであろう。

このように、徂徠の考えでは、人の有する「欲」「心」「命」には自然的な根拠があり、人とほかの動物植物とは質的に異なる。人は、天地に養われながら、物と人間自身そして鬼神を養うことによって、天地自然に内在して、人間の文化を営み、その全体の調和を維持する使命を負っている。こうした徂徠学を支える自然観と人間観は彼の医学知識と連関し、また彼の主著たる『弁道』『弁名』における「鬼神」「情」「心」などの解釈にも現れている。このように、徂徠は理学と運気論と異なる自然観と人間観を持ちながらも、人間は「養う」（仁）という営為によって自然と関わり、その生を営んでいるとするのである。

さらに、彼は、周敦頤「主静の説」について、「聖学の大綱領は古代では、みな礼楽の中に寓されている。総じていえば、大知者でなければ、これを悟っていうことができない[91]」と述べる。これは一見、彼の活物的自然観・人間観と矛盾している。しかし実は、彼が支持する朱丹渓の陽有余・陰不足論によっている。既述のように、朱丹渓の理論はそもそも周敦頤の「主静」（『太極図説』）という理学説から影響を受け、腎臓に宿る「陰気」（元気）の補益と陽の抑制除去とを組み合わせた医療理論である。徂徠は、人間が「成性の物」あるいは動物として、動いて止まないと「陰」（陰気、元気）を主とする「成性」が壊れるので、「静を主として」、「成性」を養い守るのが重要だと見ているのである[92]。

右の身体を対象にし、体内の元気を養い守るという発想を、徂徠は国家にも適用していく。「神巫」「良医」に喩えられた聖人はそのような予防医学の原理を熟知し、「元気の徴」としての天下国家の「風俗」を治めるものとして、「礼楽」を発明して教えたのだと、彼は主張するのである[93]。彼によれば、「質朴、倹譲」などの概念と易の「退一歩法」と孔子の「仁を尚ぶ」ことは、すべて「静を主として」、「成性」を養い守るための手段である[94]。そのため、聖人が「易道退一歩法」で「礼楽」を制作したのだ、と彼は言う[95]。この意味で、「主静なるものは礼楽の準」なのである。

このように、徂徠は、理学者の「主静」の説に賛同したが、それを内発の道徳性の修養、節欲というよりも、「静なる」「陰」としての「元気」を養い守るものとして理解する。さらにその延長上に、聖人が礼楽を制作して人間の「性」を養い「風俗」を維持するのだと理解している。こうした思考回路は、医学的知の媒介によって成り立っているのである。この面からいえば、彼のいう「易道退一歩法」は、兵学の「詭道」よりもその医学的知に繋がる概念だとも見られる。のちに彼は、病気を説明する医学理論としての運気論について、強引なところの多い、無効な理論であると考えるようになっており[96]、その点、彼の初期医学説から考え方が変化している。徂徠にとって、李朱医学のような医学知は、初期において理学と「聖人の道」を自らの思惟内部に両立させるのに、一定の役割を果たしていたと考えられる。そのため、彼は『随筆』で、理学と「聖人の道」との差異を意識・区別しつつも、その性理説を「聖人渾淪之言」に対する「後賢発揮之説」として肯定的に捉え[97]、仁斎の学説を批判したのであろう。

しかし、徂徠は最終的には、宋学（理学）を敵に回して「聖人の道」の創出に全力を挙げた。その背後には、理学からはみ出た彼の自然観と人間観に関わる医学的知のみならず、政治学としての兵学的知も大きな役割を果たしたと考えられる。実際、『孫子国字解』に次いで成立した『呉子国字解』『鈐録』には、「軍ノ道モ儒者治国平天下ノ一端ナリ[98]」「聖人の道は治国の道にて、軍旅は治国の一大事なり」（『鈐録』序）とある。兵学が明確に「聖人の道」に包摂されるものとして位置づけられたのである。だが、それ以上にまた重要なのは、彼の古文辞学の発明にある。次章から、徂徠の詩文論に関する考察を進めよう。

（1）前田勉『近世日本の儒教と兵学』（ぺりかん社、一九九六年）、第三、四章と、片岡龍「荻生徂徠の初期兵学書について」（『東洋の思想と宗教』第一五号、一九九八年）など。なお、徂徠の兵学に関するほかの先行研究には、佐藤堅司『孫子の思想史的研究』（風間書房、一九六二年）第三篇第三章と、野口武彦『江戸の兵学思想』（中央公論社、一九九一年）、第五章、第六章などがある。

（2）黒住真「初期徂徠の位相――出自・流謫・志向」（竹内整一〔ほか〕編『日本思想史叙説 第四集』ぺりかん社）、五一六、五一七頁などを参照。徂徠の医学説に関して、安西安周『日本儒医研究』（青史社、一九四三年）などの医学史関係の研究では言及されたものの、それらは思想史の視角からなされたものではない。なお、運気論との関連で徂徠の医学思想を検討した山田慶児の優れた論考がある（『気の自然像』岩波書店、二〇〇二年）。

（3）荻生徂徠『弁道』七、二〇三頁。

（4）初期徂徠の伝記については、平石直昭『荻生徂徠年譜考』（平凡社、一九八四年）と、黒住真、前掲論文「初期徂徠の位相」などを参照。

（5）黒住真、前掲論文「初期徂徠の位相」、五一〇頁。

（6）荻生徂徠「勝覚寺縁起」『徂徠集拾遺』、三七二頁。

（7）荻生徂徠「擬家大連檄」『徂徠集』巻十八、一八三頁。

（8）荻生徂徠『忍尊帖』一、六三九頁。

（9）『親類書』は『墨美』（第二八四号、一九七八年）所収の版本による。『先祖書』は『名家叢書 下』（関西大学東西学術研究所、一九八二年）所収の版本による。

（10）徂徠は「本邦中古以来、賈韓之陋、往往有之。孰能覈其実。其可徴者、奔勢之後、五世于今、是已」（「答屈景山第二書」『徂徠集』巻二十七、二九九頁）と述べている。

(11) 黒住真、前掲論文「初期徂徠の位相」、五一二頁。
(12) 荻生徂徠『鈐録』序、二一七頁。
(13) 方庵のことについては、平石直昭、前掲『荻生徂徠年譜考』、二八、二九、一七一―一七八頁。
(14) 荻生徂徠「同斎越先生八十序」『徂徠集』巻九、九二頁。
(15) 曲直瀬道三の家系と学統については、『漢方の臨状』（第一四巻第一二号、一九八七年）所掲の「今大路・曲直瀬家家系及び学統一覧」に拠る。
(16) 鳥居忠重のことについても、平石直昭、前掲『荻生徂徠年譜考』、一七一―一七三頁。
(17) 徂徠の思想形成における南総体験の重要性については、黒住真「荻生徂徠――差異の諸局面」（前掲『近世日本社会と儒教』四〇〇、四〇一頁）などを参照。
(18) 国会図書館所蔵の写本（岡直義夫写、一八八九年）による。本書における徂徠の著作の引用について、次のように説明しておく。まず、既刊部分について、『弁道』『弁名』『太平策』『学則』は『荻生徂徠　日本思想大系三十六』（岩波書店、一九七三年）、『徂来先生答問書』『文淵・詩源』『経子史要覧』『学寮了簡書』『訳文筌蹄』『訓訳示蒙』『韻槩』『満文考』『論語徵』『葬礼略』『蘐園随筆』『蘐園十筆』『南留別志』『蘐園遺編』『忍尊帖』はみすず書房版の『荻生徂徠全集』（一九七三～八七年）、『鈐録』『論語弁書』は河出書房新社版の『荻生徂徠全集』（一九七三年）による。そのほかに、『徂徠集』は『近世儒家文集集成　第三巻』（ぺりかん社、一九八五年）、『孫子国字解』は『先哲遺著漢籍国字解全書　第十巻』（早稲田大学編集部、一九一一年）、『大学解』『中庸解』は『日本名家四書注釈全書　学庸部一』（鳳出版、一九二三年）、『明律国字解』は内田智雄・日原利国校訂の版本（創文社、一九六六年）、『政談』は平石直昭校注の『政談　服部本』（東洋文庫、二〇一一年）による。そして、未刊部分について、その都度に利用する江戸時代の版本と写本を提示する。
(19) 徂徠が江戸に戻った時期について、平石直昭、前掲『荻生徂徠年譜考』は元禄三年にしたが、後々に平石は「徂徠探索――南総時代の事跡を中心に」でいろいろ考証して元禄五年にした。同論文三九頁。
(20) 中村家の系譜と江戸での活動時期については、浅井允晶「荻生徂徠と萩藩医中村家について――徂徠先生医言をめぐって」（『史泉』第五一号、一九七六年）を参照。

(21) 本書で使用する『医学弁害』は『臨床漢方診断学叢書　第二九冊』（オリエント出版社、一九九五年）所収の版本である。

(22) 原漢文は「旧無常師、読書多以自得」である。

(23) 原漢文は「儒者主理、医家主気」、「儒者治心、医家治身……儒者自心推於天下、医則止於一身」である。

(24) 山田慶児、前掲『気の自然像』、一〇一頁。

(25) 石田秀実『中国医学思想史――もう一つの医学』（東京大学出版会、一九九二年）、二三五頁。

(26) 同上、二二六―二二八頁。

(27) 徂徠は『徂徠先生素問評』で、「天元紀大論篇」以下の篇（いわゆる運気七篇を含める）に対して「以下十篇迺秦漢方士所作、文詞宏麗与前後諸篇大自不同」（東京大学附属図書館所蔵本、明和三年刊、九丁裏）と述べている。

(28) 病機とは病気が発生したり、変化したりするメカニズムを意味している。

(29) 石田秀実、前掲『中国医学思想史』、二六〇頁。

(30) 原文は「河間本惟闡発病象、而後人遽以為応用之書」（『医言』「読原病式論」）である。

(31) 石田秀実、前掲『中国医学思想史』、二七三―二七四頁。なお『脾胃論』（王肯堂輯『古今医統正脈全書　百部叢書集成九十』芸文印書館、一九六七年）をも参照。

(32) 朱の理論においては、身体内部の火はさらに「君火」と「相火」に分けられながら、ともに「陽火」とされている。また、「君火」は人の意志的な精神作用の源なのに対して、相火は人に分与された自然のエネルギーとされている（石田秀実、前掲『中国医学思想史』、二七五頁）。

(33) 同上、二七五―二七六頁と、『格致余論』（前掲『古今医統正脈全書　百部叢書集成九十』）「陽有余陰不足論」と「相火論」を参照。ちなみに、朱は「元気」という言葉を使わないが、彼がいう「陰気」はそれにあたると考えられる。なお、厳密にいえば、彼がいう「火」は内が陰で外が陽である（石田秀実、前掲『中国医学思想史』、三〇八頁）。

(34) 石田秀実、前掲『中国医学思想史』、二八七頁。

(35) 原漢文は「陽、気也。陰、質也。陰陽之中亦各有陰陽。故気則陽熱陰寒、質則陽燥陰湿」である。
(36) 原漢文は「人稟気於天而神発知、賦質於地而形受生、是人身陰陽之大分也。……凡一切有形之物質皆属陰矣。而就其中又分陰陽、則動物陽有余而陰不足也。植物陰有余而陽不足也。人為動物、神易動形易労、則陽之本有余者愈亢……陰之本不足者愈乏……」である。
(37) 原漢文は「聖人仮設箇影子以模倣造化之体、仮而示于後人耳」である。
(38) 石田秀実、前掲『中国医学思想史』、二九三―二九五頁。
(39) 原漢文は「大抵天地造化只是陰陽五行耳。又何有所謂相火者邪……独人身有相火、而医家方始有此名」である。
(40) 平石直昭、前掲『荻生徂徠年譜考』、四一頁。
(41) 荻生徂徠「与越雲夢」『徂徠集』巻二十二、二三八頁。
(42) 原漢文は「儒操觚、医事匕剤也。皆有司之守也。豈能行道邪」（「送士伯曄帰豊城序」『徂徠集』巻十一、一一二頁）である。
(43) 矢数道明『近世漢方医学史――曲直瀬道三とその学統』（名著出版社、一九八二年）、第一、二章。
(44) 山田慶児、前掲『気の自然像』、第二章。
(45) 李建民『死生之域――周秦漢脈学之源流』（中央研究院歴史語言研究所、二〇〇〇年）、一六二頁。
(46) 石田秀実、前掲『中国医学思想史』、第五章と、山田慶児、前掲『気の自然像』、一二一、一二三頁。
(47) 宋代における天観の変化と理学との関係については、小島毅「宋代天譴論の政治理念」（『東洋文化研究所紀要』第一〇七冊、一九八八年）と、溝口雄三「中国近世の思想世界」（『中国という視座』平凡社、一九九五年）を参照。特に溝口は、朱熹はそれ以前の災異説に見られる天人一気論を天人一理として客観認識の対象とし、天人合一の実現を人の主体的な道徳的営為に委ねたのだと指摘している。
(48) 原漢文は「千百歳、人不知是意、都為其愚弄」（『医言』「読運気論奥論」）である。
(49) 原漢文は「五運六気一而足矣。其有五而又有六者何」（『医言』「読原病式論」）である。

(50) 山田慶児、前掲『気の自然像』、七二頁。
(51) 同上、八九―九七頁。
(52) 「復下館候」『荻生徂徠文集遺稿』所収。黒田直邦（下館候）への書信である。慶應義塾大学斯道文庫所蔵の写真版による。原本は彦根城博物館の「井伊家文書」にあると思われる。合山林太郎先生と堀川貴司先生の協力によって、この資料原本所在などの情報を得た。この場を借りて感謝の意を表す。
(53) 原漢文は「小人二十年前有発明於此、不覚手之舞之足之蹈之。惜乎程朱之不明詳於此、而使陽明倡異於明、維楨創奇於和也。小人自以為程朱之忠臣而不疑者、以此也」である。
(54) 『素書国字解』と『孫子国字解』と『呉子国字解』との思想の比較については、片岡龍、前掲論文「荻生徂徠の初期兵学書について」を参照。
(55) 荻生徂徠『鈐録外書』巻六、六四三頁。
(56) 同上、六四四頁。
(57) 荻生徂徠『孫子国字解』（『先哲遺著漢籍国字解全書　第十巻』早稲田大学編集部、一九一一年）を参照。
(58) 黒住真、前掲論文「初期徂徠の位相」、五五七、五五八頁。
(59) 荻生徂徠『孫子国字解』、二二一頁。
(60) 同上、一四〇頁。
(61) 同上、二九頁。
(62) 同上、四九、八五、九〇頁。
(63) 同上、一〇六頁。
(64) 同上、一三頁。
(65) 同上、二二頁。
(66) 同上、二一二頁。

(67)　同上、二一頁。
(68)　同上、二〇頁。
(69)　同上、一〇七頁。
(70)　同上、八一五、九一七頁。
(71)　同上、九一一頁。
(72)　同上、一〇五頁。
(73)　同上、二八三頁。
(74)　同上、二八三頁。
(75)　同上、一二頁。
(76)　荻生徂徠『鈐録』、四四二頁。
(77)　同上、四五九頁。
(78)　荻生徂徠『孫子国字解』、八六頁。
(79)　『司馬法』については、湯浅邦弘『中国古代軍事思想史の研究』（研文出版社、一九九九年）、第七章を参照。
(80)　原漢文は「六経残缺、要不得不以理推」（『弁道』二〇八頁）。
(81)　『蘐圏随筆』は正徳四（一七一四）年、徂徠が四十九歳ごろに刊行された。それは享保元年、彼が五十一歳ごろ、その代表作『弁道』『弁名』の準備ノートたる『蘐園一筆』に取り組み始める二年前のことである（平石直昭、前掲『荻生徂徠年譜考』参照）。
(82)　荻生徂徠『蘐圏随筆』、一五二頁。
(83)　原漢文は「神有雑質者、形有雑乎気者、是以人物之心与天殊、血肉之躯与地殊焉。察乎斯則知人欲之所由生也」（同上、一五四頁）である。
(84)　原漢文は「天無心而人有心」（同上、一五五頁）である。

(85) 同上、一一二、一一七、一一九頁など。
(86) 同上、一一二頁。
(87) 同上、一一七頁。
(88) 同上、五一四―五一八頁。
(89) 同上、一五七頁。
(90) 同上、一六六―一六八頁。
(91) 原漢文は「聖学大綱領処、古皆寓諸礼楽中。要非有所大知者不能言焉已」(同上、一五八頁)である。
(92) 同上、一三〇、一三一頁。
(93) 同上、一六九、一七〇頁。
(94) 同上、一三一頁。
(95) 同上、八一頁。
(96) 荻生徂徠「復芳幼仙」『徂徠集』巻二十六、二八一頁。
(97) 荻生徂徠『蘐園随筆』、四一五頁。
(98) 荻生徂徠『呉子国字解(翻刻)』(小島康敬『季刊日本思想史』第三二号、一九八九年)、巻一、七四頁。

第二章　明代古文辞派の宋学批判と詩文論
——李攀龍と王世貞をめぐって

はじめに

明代古文辞派に関する専門の研究は、量は多くないものの、一定の蓄積がある[1]。近代以後の個性、フィクションを重んずる中国文学思想史の叙述では、明代古文辞派は重視されず、およそ独創性がなく、模倣と剽窃といった文学手法ばかりを説いた文学流派として、否定的に評価されてきた。そのようにみなされてきたのは、近代的な文学観に基づいているからだけではなく、明末清初に活動していた銭謙益（一五八二―一六六四）らの明代古文辞派に対する批判的な見方から受けた影響も、大きいと思われる[2]。しかし、そうした評価が近年変わりつつある。台湾と中国では、李攀龍（一五一四―一五七〇）と王世貞（一五二五―一五九三）の伝記研究も現れている[3]。これらの研究はこれからの明代古文辞派研究の出発点になるであろう。しかし、明代古文辞派は、近代以後定義された文学概念で形作られてきた「中国文学史」という分野の一角を占めるだけではない。明代古文辞派は、文学、思想、政治などを含む明代文化全体を理解するための、重要な手掛かりである。今後は、諸分野を統合した複合的な視点から明代古文辞派を捉え直し、その再評価を行う必要があるだろう。

本章では、荻生徂徠の思想形成を明らかにするために、右の問題意識を踏まえ、詩文観の転換という視点から明代古文辞派の考察を試みる。すなわち、従来の否定的な明代古文辞派論とは異なり、漢文圏思想史全体の流れにおいて、明代古文辞派の宋学批判と（特に李攀龍と王世貞の）詩文論を内在的に捉え、その意義を評価したい。この章での分析は、次章以降で、漢文圏における徂徠の古文辞学と「訳学」を分析するための、基礎作業となるはずである。

一　明代古文辞派――「古文辞」とは何か

明代古文辞派という言葉について、前野直彬は、十五世紀後半から十六世紀前半にかけて、『古文辞』というスローガン――これを煮つめれば、文は必ず秦漢、詩は必ず盛唐を範とし、それらを徹底的に摸倣することによって理想的な文学に到達し得るという点に帰着する――のもとに集まった文人の集団である」と定義している。[4] また、前野も参照した吉川幸次郎『元明詩概説』において、「古文辞」という運動と「古文辞家」に対して説かれている解釈[5]も、それとほぼ同じである。次章で検討するように、吉川の明代古文辞派に対する理解は、主に李・王（李攀龍と王世貞）に対して批判的な立場に立つ銭謙益の説に依拠している。[6] そもそも、このような「明代古文辞派」あるいは「古文辞家」という表現自体、戦後日本で創出された言い方である。本書では、まず、李・王らを　からげに明代古文辞派と呼ぶことが果たして妥当か、という問題を提起し、そのうえで、明代古文辞派の構成を検討する。まずは「古文辞」という言葉を考察してみよう。

1 「古文辞」について

「古文辞」（「古文詞」）という言葉を最初に使ったのはおそらく孔穎達（五七四―六四八）である。彼は『尚書正義』で「周書」の文章を「古文辞」と述べている。(7) それ以後、宋代の古文家である曽鞏（一〇一九―一〇八三）なども「古文辞」という言葉を使ったが、(8) それが広汎に使われるようになったのはおそらく明代に入ってからである。そして、明代前期では、「古文辞」という言葉は『史記』などの秦漢以前の文章から韓愈（七六八―八二四）、欧陽修（一〇〇七―一〇七二）の文章までを含意し、特に明代前期の翰林院に入った庶吉士（科挙に合格した進士の中から選ばれ、さらに翰林院で各種の知識を学ばせたエリート）が学ぶ内容を指す言葉として使われていたようである。(9) さらに、明代中期に入ると、もはや庶吉士が学ぶ内容を指す概念ではなくなり、理学の経義と時文を内容とした科挙に消極的に抵抗する学問、という意味を持つようになった。(10)

しかし、李夢陽（一四七三―一五二九）をはじめとした前期の古文辞派が韓愈以後の文と宋詩を否定的に見ていたことによって、「古文辞」は秦漢ないし六朝以前の文章、場合によって唐代以前の詩を含む概念として使われる傾向があったようである。ただし、それ以後、「古文辞」という言葉の使用にはやはり個人差があり、一概にはいえない。

そこで注意したいのは、明代前期の古文辞派の主要な指導者である李夢陽と何景明（一四八三―一五二一）および後期の李攀龍自身は、ほとんど「古文辞（詞）」という言葉を使ったことがない、という事実である。(11) それに対して、王世貞は頻繁に「古文辞」を使っている。彼は『弇州四部稿』（以下『四部稿』と略）などで、「古文辞」を一八六回、「古文詞」を八回使った。王は間違いなく最も頻繁に「古文辞（詞）」という言葉を使った人である。彼は李夢陽と李攀龍を、ともに「古文辞」の学者として評価している。(12) おそらく、王世貞によるこうした評価によって、李夢陽と李攀龍も同様に「古文辞」という言葉を使っていたかのように、一般に思い込まれてしまったのであろう。「古文辞」という言葉が明代古文辞派の文学的主張を代表するキーワードになったのは王世貞のためであろう。

では、王はどのような意味で「古文辞」という言葉を使ったのか。彼は「経生術」（「諸生業」「経生業」「時師訓詁学」「挙子義」「習制科業」「経生義」「経術」「制科経義」……）と「古文辞」とを対比して論じることが多い[13]。このことからすれば、彼がいう「古文辞」とは、広義には、八股文と理学の経義を中心にした科挙試験内容とは直接関係しない歴史と文学関係の著作である。しかし、一方、彼は東漢以前の「紀述之文」と盛唐以前の「有韻之文」を李攀龍が学んだ内容としている[14]。ただし、彼は「詩古文辞[15]」というふうに、「詩」と「古文辞」とを区別して述べることがあった。また、彼は幾つかの用例では、漢代以前の古文だけを「古文辞」としている[16]。このように、彼がいう「古文辞」概念の内容はそれほど定かではない。しかし、宋代以後の学問が「古文辞」ではないことと、漢代以前の古文が「古文辞」だということは、間違いない。これは狭義における「古文辞」の意味といえよう。

そもそも、彼は「古文辞」を定義しようとしたことがなく、広義の「古文辞」と狭義の「古文辞」との間には曖昧なところがあるが、その問題をこれ以上穿鑿する必要はない。われわれにとって重要なのは、彼が理解している「古文辞」は、消極的に科挙に抵抗する学問というだけではなく、理学や唐宋古文（特に宋代古文）家の文章学や宋詩を積極的に排除した新たな学問としての意味を持っていたことである。この意味で、本書では、明代古文辞派がいう「古文辞」について、科挙のために学ぶ宋学に抵抗する学問として捉える。しかし、後に唐宋古文を主流の文体として定着させたことに大きく貢献した帰有光は「私は古文辞を好むが、然れども世の古文を為すものと合わない[17]」と述べている。彼は王世貞がいう意味の「古文辞」（「古文」）が世に流行っていた時期に、世間にいう「古文辞」と自らが好んだ「古文辞」との差異を感じたから、そう述べたのであろう。

このように、「古文辞」という言葉の意味は時期と人によって若干異なり、定かではない。そして、「古文辞」という言葉を使った呉寛、文徴明、王世貞がみな呉中地域の文人である点から見れば、「古文辞」の語は、進士を輩出していた呉中地域の文人が特に好んで使っていたようである。だとすれば、李夢陽をはじめとした前七子と、李攀龍および王世貞を含む後七子を一からげに明代古文辞派と呼ぶのは、不当かもしれない。とはいえ、本書ではやはり、秦漢以前の古文としての「古文辞」に基づいて新たな文体を建てようとしたグループを明代古文辞派と呼ぶ。それによって、議論の流れがわかりやすくなるからである。次に明代古文辞派の構成について説明する。

2　明代古文辞派について

王世貞は「今、古文辞ができる人は数百千人ぐらいいるであろう[18]」と述べ、明末における「古文辞」学びの盛況をいっている。しかし、これらの「古文辞」をつづれる人のすべてを明代古文辞派と見なすことはできまい。明代古文辞派とは、まず「共通の文学理念をもつものの結社」としてのグループである[19]。もちろん、前期の李夢陽、何景明らと後期の李攀龍、王世貞らとが同一の結社を作った事実はないし、明代古文辞派とされた人々の文学観も必ずしも一致しない。しかし、前期と後期の古文辞派との間には明確な思想の繋がりがある。明代古文辞派という言葉は、場合によって、「李・王」「李・何・王・李」あるいは「前後七子」のようにいい換えられる。

ただし、それぞれの言い方がもつ意味の内容は異なる。「前後七子」とは弘治—正徳年間（一四八八—一五二一）に活躍していた李夢陽、何景明、徐禎卿（一四七九—一五一一）、邊貢（一四七六—一五三二）、王廷相（一四七二—一五四四）、康海（一四七五—一五四〇）、王九思（一四六八—一五五一）といった「前七子」と、嘉靖年間（一五二二—一五六六）に活躍していた、謝榛（一四九五—一五七五）、李攀龍、王世貞、呉国倫（一五二四—一五九三）、徐中行（?—一五七八）、梁有譽（一五二一—一五五六）、宗臣（一五二五—一五六〇）を含める「後七子」を指す。この十四人が、明代古文辞派の中心人物である。なかでも、「李・何・王・李」という表現があるように、宋詩、宋文を批判して明確な文学理論を提出した前期の李夢陽、何景明と、李・何二人（特に李）の問題意識を継承して発展した李攀龍と王世貞は、その中心といえよう。とりわけ、「古文辞」を唱えてそれを壮大な文学、思想運動として発展させたのは李攀龍と王世貞

（特に王）である。それゆえに、明代古文辞派の理論と主張は「李・王の学」とも言い換えられてきた。

さらに、いわゆる「前後七子」たちは、謝榛以外、みな嘉靖期に科挙に合格した進士であった[20]。また、後七子の中で進士になった六人のうち、早死した梁有譽を除き、みな地方行政の官僚としての経歴を持ち、地方の司法・治安・監査と民政ないし軍事に携わり、盗賊あるいは倭寇と戦っていた。さらに、彼らはみな、単に優れた地方官僚であるにとどまらず、中央で権勢をふるう宦官に批判的でもあった[21]。中央にいる台閣体文学の主張者たる翰林院学士への対抗意識や、科挙を放棄して純粋な求道者になった理学者（道学者）の詩文と、八股文と理学経義を内容とした科挙に対する反発は、多かれ少なかれ、明代古文辞派自身および彼らの主張に惹き付けられた人たちが共通的に持っていた心情であった[22]。

勿論、明代古文辞派のメンバーは道学者と同じく、伝統の中国知識人階層たる「士」ないし士大夫に属している。しかし、『明史』では、「後七子」の伝記は、陳献章（一四二八―一五〇〇）らの道学者の伝記が収録された「儒林」ではなく、「文苑」に収録されている。この意味で、彼らは経書の註釈とその道理の闡明を自らの使命とする儒者ではなく、詩文の創作に専念する「文人」であると後世から見られた。しかし、文人の定義は曖昧である[23]。本書では、文人の代わりに、彼らの大多数は経世の抱負を持ち、治安と軍事に携わっていた「文臣」「文士」だと捉える[24]。

つまり、明代古文辞派に所属する人の大多数は、科挙を勝ち抜いて地方の行政に携わった文士であった。そうであるがゆえに、彼らは自分の経済的問題について心配する必要がなく、しかもかつて自分がひどく苦しめられた科挙の試験内容たる八股文と理学経義を批判して「古文辞」を唱えることができたのである。さらに、地方行政の実務経験も、おそらく彼らに八股文と理学経義がいかに人間の思考を制限しているかを思い知らせた。そのために、彼らはそういった八股文が基づく唐宋古文と宋代の理学ないし宋詩を含む意味の「宋」的な学問に対する反省に駆られ、「古文辞」の世界に入ったのであろう。彼らがどこまで自覚しているかは別にして、「古文辞」という学は王陽明（一四七二—一五二八）の学たる「心学」と同じく、新しい思想の契機を孕んでいた。なお、彼らの詩文論を検討する前に、彼らが挑戦しようとした「宋」的な学問（宋学）を次節で考察してみよう。

二　宋学と明代の唐宋派——復古と「文」

1　宋学の成立——唐宋古文・理学・科挙・宋詩

「古文の法は韓愈によって亡失された（古文之法亡於韓）」[25]。これは前期明代古文辞派の何景明の言葉であり、王世貞の『芸苑卮言』巻一にも引用されている。それは明代古文辞派が共有する問題意識である。この表現はやや誇張であるが、韓愈はたしかに明代古文辞派によって宋学の先行者だとみなされている。そこで、彼らが考えている宋学の成立を探るために、まず唐代の古文運動[26]を推進した韓愈から説き始めたい。文学史の視点だけから見れば、古文運動は、文章の形式に拘り過ぎて内容が空疎になった駢体文に対する反動と解釈されることが多い。しかし、さらに社会史と思想史の視点を加えてみれば、古文運動は、駢体文を支えてきた唐代以前の貴族社会が宋代以後の士大夫・科挙社会へと変化したこと、および、知識の担い手としての士が、身分社会における貴族出身者から科挙社会における科挙の合格者ないしその予備軍へと変化したことと連動している。さらに、知識を担う士を称する基準の変化によって、士階層に所属する人々の価値観も変化した。すなわち、士の構成メンバーの変化に従い、価値観の基準は、歴史と詩文によって構成される文化伝統としての「文」から、内面的で超越的な「理」へと移されたのである[27]。

この変化は、唐代における仏教と儒教との対抗関係と関連して、「古道」への回帰と「古道」が記載された古文の再現という主張によって始められた。例えば、韓愈は「辞」を治める目的は「古道」の志だという文学観[28]と、文・武・周公・孔子・孟子の「道」を継承するという道統観[29]を表明している。この二点は、欧陽修ら北宋の古文家がもつ文学観と復古運動、および理学を支える載道主義的な文学論と道統論へと、繋がっていく。ただし、韓愈ないし欧陽修らの古文家は、理学者よりも「文」（「辞」を修めること）を重んじるほか、彼らがいう「道」とは、形而上的な原理としての「理」を指すのではなく、古の経書に記載され、孔子と孟子によって説かれた「仁義」などの人間秩序を維持するための道徳を指していた。それに対して、理学が隆盛するようになって以後、経書に掲載された「道」への回帰は、「太極」「本末」「体用」「精粗」「理・気」といった理学の言語で語られるようになっていった。

したがって、理学者が考えた復古とは、言説としては、漢代と六朝・唐代の注疏学を超え、直接に孔孟に回帰することだが、実は居敬窮理などの方法による「理」への回帰を意味していた。「理」は間違いなくその時代の日常用語であり、時代精神が集約された言葉である。欧陽修をはじめとする北宋の古文家も「理」という言葉を使ったが、彼らのいう「理」は自明のものとして提示されており、程伊川ら理学者が説いた天人合一の「理」とは異なっている。(30)それ以後、「理」さらに「気」は儒教の核心的な概念になっていった。そこで、理学の体系では、「文」は学問の目的ではなく、学問目的としての「道」にとって「害」になりうる、「末」に位置づけられるようになった。(31)

それにもかかわらず、「文」は現実の功利を得るための科挙の試験内容であった。それゆえ、それ以後も「文」は読書人に学ばれている。このことをさらに科挙の試験内容に即して比較すると、家柄の要素が濃厚に残された唐代の科挙の試験では、詩賦が重んじられていたのに対して、宋代科挙では北宋中期以後、主要な進士科の試験では詩賦よりも、論・策（特に論）と経義が重視されるようになっていた。(32)この変化は、駢体文から古文への潮流を形作る契機になっている。「論」に使われる文体は古文であるからである。そのため、韓愈らの古文を収録した『古文関鍵』など、科挙のために書かれた評点書は、(33)古文に基づいて、論・策を書く「法」を教えるものだった。その「法」の多くは実は、隋唐時代に書かれた「賦格」「詩格」を論ずる賦と詩関係の「文法」書を参考にしたのだが、宋代（特に南宋）以後、古文を内容とする文章学が科挙によって一段と発展した。(34)

ただし、同じく古文といっても、韓愈の文を中心とした唐代の古文は宋代の古文と異なる。韓愈は、平仄が整い対句・典故を多用して過度に装飾された駢体文を批判して、『孟子』など戦国の諸子百家と『史記』を中心にした秦漢以前の文体を模範としたが、彼らの「古文」はなお装飾的である。[35]それに対して、北宋の古文家は主に秦漢の古文よりも韓愈の文章を模範として学んだが、彼らが書いた文章では韓愈が多用する華麗な形容と奇怪な詞が消え、より理知的で平明達意になっている。[36]さらに、南宋以後、理学の発展により、古文を使う理学者が語録語などを古文に使い始めた。そこで、音律によって文章に規律を持たせる駢体文と異なり、古文は助字を多用することによって文章にリズムを与え、同時により論理的に組み立てられるようになった。しかも、駢体文は対句など句法を特に重んじるのに対して、古文は科挙試験の必要によって助字に関わる字法と章法と篇法に関わる「文法」を創出した。[37]つまり、唐宋古文は駢体文を批判して、秦漢以前の古文に回帰しようと説きながらも、彼らが書いた古文は次第に、秦漢以前の古文と異なる、はっきりとした「文法」を持つようになった。後述のように、こうした唐宋古文における秦漢古文に対する創造性と操作性が、後に明代古文辞派に批判されることになった。

さらに、宋詩も宋学の一環であった。宋詩は、出版文化の出現に伴い、杜甫をはじめ、唐代詩人としては少数派に属する韓愈、白居易（七七二―八四六）など唐人の詩を宋代の文人が整理して、彼らの詩を模範として学びながら、自得して創出した宋代の詩風である。[38]宋詩の特徴は散文化、哲学化したところにある。すなわち、叙述性、論理性、平淡さを重んじる。[39]この宋詩の特徴について、早くも宋代人厳羽は、古文の普及と理学の隆盛によって、口語と理学の語録語などが詩に持ち込まれ、詩が「議論」「理」を重んじて叙述的になったので、詩の「意」に「興味」「気象」が含蓄されなくなったと、批判的に指摘している。[40]ここで提出された「議論」と「理」こそ、まさに「宋」的学問のキーワードである。後述のように、明代古文辞派の宋学に対する批判はこの二つのキーワードをめぐって展開されたものである。

もっとも、明代古文辞派が直接に抵抗・批判しようとした相手は宋代の学問ではなく、宋代の学問から抽出された「宋」的学問が浸透していた明代の性理詩、台閣派の文学、唐宋派の文学などであった。次に、文章論を中心に、宋学の価値観を受け入れた唐宋派を検討する。

2　明代唐宋派の文章論

右に述べた唐宋時代の古文運動との関連で、唐宋古文を信奉した唐宋派の文章論には基本的に次の二つの特徴が挙げられる。

（1）「辞」の模倣によって秦漢以前の文章の「法」を体得しようとした李夢陽らを代表とする前期古文辞派の文学主張に反対して、「文以載道」という宋学の文学観に与し、「文」の「修辞」より「道」（「理」「道理」）の闡明を重視している[41]。そのため、模範にした古文が唐代の韓柳の文章よりも、欧陽修、曽鞏ないし蘇軾（一〇三七―一一〇一）の文章を代表とする「道」を重んじる「宋」の文章に偏っている[42]。

（2）唐宋派は唐宋古文のほかに、古文辞派と同じく、『史記』などの秦漢以前の古文を学び・尊重しているが、直接に秦漢以前の古文を模範として学ぶわけではない。むしろ唐宋古文から抽出した「法」で秦漢以前の古文を学び、解釈している。

唐宋派の中心人物である唐順之（一五〇七―一五六〇）は、次のように述べている。

漢代以前の文章には法がないではないが、法があるともいえない。法は無法の文章に寓されているので、その法は窺ってわきまえないほど緻密である。唐代と近代の文章は法を持たなければならない。少しでも法を違反することができない。法あることを法とするゆえに、その法は厳密で破ることができない[43]。

まず、「唐と近代の文」（唐宋古文）には「法」があり、しかも「法」に従って作成しなければならない。この意味の

「法」について、彼は同書で「開闔、首尾、経緯、錯綜の法」を挙げる。これは気の流れ、文章を書く時の呼吸リズムに注意し、宋代以後の科挙のための文章論書で構築されてきた章法と篇法などを含む文章の構成法を指す。(44) この意味の「法」は彼が自ら編纂・評点した『文編』ないし茅坤の『唐宋八大家文抄』などで分析された「法」であり、文章評点学から創出されてきた「法」でもある。

それに対して、彼によれば、秦漢以前の文章では「法」が見えにくい。そのため、唐宋古文家の文章を模範にした評点書と作文書で説かれた作文の「法」を学び、それを通して秦漢以前の文章に存在する「無法の中」の「法」を把握すべきである、という。『文編』序文では、聖人の文に存在する「法」を「神明の変化」と述べている。「無法の中」の「法」とはおそらく、作文書と評点書に法則づけられる以前の、自然に存在する気の流れや、文章の呼吸リズムないし文章の義理を指している。

このように、唐宋派は、宋学の文学観に与して科挙のためになる唐宋古文の「法」を模範とする文学理論を提出した。だが、その文学理論はその時代における支配的だった宋学の価値観と八股文の作法にも捉われていた、だから、現実には、科挙の予備軍としての読書人の多くは、八股文の名人である唐順之と茅坤らが編纂した評点書と彼らの文集を購読し、それらの評点書の教える「法」の習得と彼らの文集の語句を模倣することに苦心していたのである。李夢陽と李攀龍と王世貞はその批判に立ち上がったのである。

三　明代古文辞派の宋学・唐宋派に対する批判

明代古文辞派はなぜ、宋学の価値観に不満を覚えて新たな復古運動を起こしたのか。宋学が支配的だった当時の習俗に対する嫌悪感によって古を志すようになることは、明代古文辞派とされた人々の共有する体験であった。例えば、最初に李攀龍と王世貞（以下、「李・王」と略）が特に賞賛して明代の復古運動を起こした李夢陽は、必ずしも理学者の学問体系全体を信用しないのではないが、「理」で何もかも説明・批判しようとしたという宋人の思考様式を疑問視する。(45) そして、王世貞と李攀龍はまさに、宋学の文学観を斥けた李夢陽の復古事業を継承し再興しようとしている。

王世貞は、自分は「武吏」として馬上の功を立てることができないし、「伊洛之遺」（理学）の教えに従い経を治めることもしたくない。そこで、「言」をたてるために、李攀龍とともに「古文辞」を切磋琢磨し始めたのだ、と明言している。(46) 王は宋代の理学者の学問を必ずしも否定しているのではないが、科挙に取り入れられた理学そのものに反感を覚えていた。彼の考えでは、「時義」（理学の経義を闡明する八股文）は「古文辞」と異なるのみならず、それでは経書にある聖人の旨も得られない。(47)

右のように理学と科挙を認識・批判した李攀龍と王世貞は、理学と明代科挙に深く関わった既述の唐宋派の基本的な文学主張を、次のように批判している。

唐宋派の王慎中と唐順之らの文章は現在、広く読まれている。しかし、その持論の誤りは度を過ぎている。文章の持つべき気格を傷つけたし、修辞を憚り、理ばかりが強調されているゆえに、気格と修辞が無視された。(48) 構成しやすくて科挙に受かりやすい宋文は一時期、特に軽薄な態度を持つ読書人に好まれている。みな群がってそれを学んでいる。特に嘉靖年間では、王慎中と唐順之らの文章は最も流行っている。(49)

以上のように、李攀龍と王世貞は晋江（王慎中）、毘陵（唐順之）を「宋」的な学問の継承者とみなしている。そして、王慎中と唐順之以外に、「辞」より「理」を重んじる「宋」の古文家、および古文と八股文を習う「世の儒者」「今の辞を為すもの」までも批判している。李・王が唐宋派の文学理論で問題にしているのは、次の二点である。

第一、文章の形式に関わる「気格」と「修辞」よりも「理」の闡明を重視することである。さらに遡っていえば、

「辞」を重んじる見方と「理」を重んじる見方はともに、孔子の言葉とされる「修辞立其誠」（『易』「文言」）と「辞、達而已」（『論語』「衛霊公篇」）に関係している。後述のように、徂徠はこの二つの見方を「修辞」と「達意」とにまとめている。右の引用文では、李・王は「達意」（「理」）の重要性を無視したのではなく、ただ「達意」の手段として「修辞」の重要性を説き、「修辞」の不足という点から唐宋派を批判している。

第二、既述のように、唐宋古文の大家たちと唐宋派の文学者はむろん、彼らなりに「修辞」を重視し、文章法に従って「辞」を修めて詩文を作っている。しかし、右の引用文で李・王が言おうとしたことは、唐宋派の文学者が秦漢以前の「子長」（司馬遷）の文章でなされたような「修辞」を行わずに、自ら「法」を立てて「修辞」を行っている、ということである。李、王から見れば、唐宋派の「修辞」は『史記』などの秦漢以前の古文辞文章で応用された「修辞」の「法」とは異なっている。それは唐代以後に作られた「法」を使い、さらに俗語と理学の言語を並べて作った文章でしかない。そのため、「気格」が傷つけられていると、批判しているのである。

ほかのところで、王世貞は宋文の代表者たる曽鞏の文章の修辞はよいが、時に「道理」に拘束されたことがあってさほど流暢ではなかったと批判した後、唐宋派の王慎中らの文章はその長所を捨てて短所だけを受け継いだことを批判した[50]。また、こうした「道理」を重んじる曽鞏の文章も朱熹の学問の濫觴になることをも指摘している。しかも、王は朱熹の文章に対して不満を持つだけでなく、その「四書」を核心とした経書解釈全体に対しても不満を持ち、新たな経書体系を作る考えさえあった[51]。結果からいうと、彼はそうしなかったが、『孔子家語』だけではなく、『荀子』『呂氏春秋』など、秦漢以前の諸子に対する感想は『読書後』という書物にまとめられている。それは後に徂徠学派の経書解釈方法としての古文辞学との関連性が想像される。特に、太宰春台は王と同じく、『孔子家語』と『孝経』を重んじる経書論を提起した[52]。

ともかく、詩文論に限っていうと、李・王は、唐宋派の文章が宋学の文学観を踏まえており、しかも当時の科挙知識人たちに広く読まれていた、ということを認識している。「気格」と「修辞」の貧弱をめぐる李・王の唐宋派批判は、当時の主流の価値観に対する抵抗ともいえよう。次節では、李・王をめぐって明代古文辞派はどのような詩文論を展開したかを見ていく。

四　李・王の詩文論

王世貞は、李攀龍の発言として次の一文を引いている。

私はひそかに詩書のような優れた詩文を書くことを志している。しかし、今でも及んでいない。詩というスタイルの文学が衰え、その代わりに屈原の離騒が出た。華麗的な賦が作れる司馬相如は、聖と称えられよう。楽府は三家詩（斉詩・魯詩・韓詩）の残余である。五言古詩といえば、蘇武と李陵の唱和はその始まりであろう。そして、その法は魏晋朝の黄初年間の黄初体で極められた。七言古詩といえば、曹丕の「燕歌行」が最初の七言古詩であろう。そして、その法は杜甫と李白に極められた。律詩は唐代に入ってから吟唱されるようになった。そして、その法は大暦年間において極められた。『書』が変化して『左伝』『戦国策』に至り、それから戦国時代を経て司馬遷の『史記』によって極められた(53)。

この引用文では、詩と文章の源流を古代の『詩』と『書』に求める見方が示されている。そして、歴史の展開の中で、各種の文体の「法」が次第に発展して完備するようになったという文学史の発想がある。五言の古体詩の「法」は漢代から発展して魏晋朝のころ、七言律詩の「法」は、唐初から発展して盛唐期に至って完備されたと説かれている。また、秦漢以前の古文の「法」は、『左伝』『戦国策』を模範にして書かれた『史記』に至って完備された、という。そして、これら各種の文体の完成期における特定の作品は、正典（Canon）として今後の詩人、文人の創作の典範になるべきだと、李・王は考えている。李・王にとって、これらの典範とすべき先行作品を学びながら創作された作品こそ、不朽の「文」であった。つまり、李・王は超歴史的な「理」を闡明することによって自らの「文」を不朽化しようとしたのではなく、文学史の視点から、歴史に存在する文学形式を学びながら、歴史に残る不朽の「文」を作ろうとしたのである。以下、さらに詩論と文論に分けて、李・王の詩文論を検討する。

1　李・王の詩論――「格調」と「法」「意」

明代古文辞派は共通して、各種の文学ジャンルにはそれぞれの模範とすべき時代あるいは経典、個人の作品があると主張する。これらの作品が模範とされるべき理由は、作者の「意」（情、志……）が表現されると同時に、模範とすべき「法」と「格調」を持っていることにある。このため、明代古文辞派は格調派とも呼ばれる。そこで、「格調」を一つのキーワードとして、李・王の詩論を考察しよう。

「格調説」は普通、句法などの形式美を重んじて声律に拘る詩説であると捉えられがちであるが、明代古文辞派に批判された宋詩も声律を重視しないわけではない。声律を重んじることと「格調」を重んじることとは必ずしも同一ではない。(54) そもそも、「格調」あるいは「格」と「調」はあいまいで捉えにくく、人によって解釈が微妙に異なる。「格調」に関しては、鈴木虎雄が指摘したように、格調説を貴ぶ人は詩の外面的形式（「格」）・声律（「調」）を正すのみならず、含蓄された詩の「意」（「気」「情」……）すなわち精神を表現し、それが外面の「格調」に相応することを望んでいる。(55) すなわち、「格調」は単なる詩の外面の形式美だけではなく、詩の内面に含蓄された「意」までを含める詩学概念として李・王らに理解されているようである。また、鈴木虎雄も言及したように、「格調」説には、「声」のほかに、「色」「味」といった位相も存在している。(56) 結論だけをいえば、「格調」は、体格、声調といった外面形式の意味のほかに、詩の「声調」と詩に使われた辞の「色」「味」などがかもし出す「気象」によって現れた詩の品格としての「気格」「風格」と、詩の韻致としての「風調」、ないし作者が表現しようとした含蓄的な意味（意象）

まで、多層的に捉えられる(57)。そうであるから、詩の意が含蓄に富むようになるのだと思われる。こうした境地こそ、格調説の擁護者が到達しようとしたところであろう。

そして、詩の持つ「声」と「色」などによって「格調」を持たせるために、詩の「法」を学んで「修辞」を行う必要がある。この意味で、「格調」を捉える前提として、各種の詩の「法」を学ばなければならない(58)。しかも、李・王は「法」がないとされる『詩経』と「古詩十九首」にも実は「法」が存在しており、ただその痕跡がはっきり見えないだけだと考えていた(59)。こうした意味の「法」を体得し、古の詩文のような「格調」を持たせるのが、明代古文辞派の目標である。だからこそ、彼らは詩と「古文辞」の模倣と習熟を主張するのである。ただし、「法」という概念は多義的である。明代古文辞派とされる人たちが使う「法」もそれぞれ若干の差異があるが、「法」とは主として詩文の「字法」「句法」「篇法」などを指している。さらに、王によれば、七言律詩の「篇法」は詩全篇の声調を整えるための「法」であり、「句法」は特殊な文句による技法であり、「字法」は字の虚実などの性質を利用する「修辞」の技法である(60)。

なお、「法」には右の詩の「字法」「句法」などのほかに、比興など詩の修辞技法も含まれているはずである。右の「法」に対する理解を踏まえ、王は「法を尚べば、法に使われるようになる……意を達することだけを追求すれば、意に使われるようになる。……私は何か表現したい意があるから文章を書くのだが、文章を書けば、自然に法に合うようになる。それゆえ、意を達したと同時に法に反せず守っている。法に従っているから、表現したい意は法に合う文章の中に溶け込んでいるのである(61)」と述べている。ここでは、「尚法」と「達意」（前述の「修辞」と「達意」という捉え方のバリエーション）という二つの文学観の調和が求められている。つまり、「修辞」のための「法」に過度に拘ることを警戒すると同時に、「達意」だけを追求して、「修辞」を無視しようとする考えも否定する。実は、「法を極めれば、跡がない（法極無跡）」の境地こそ、王は求めているのである(62)。おそらくこのような考えで、彼は「李攀龍の詩文は、雪が積もった峨眉山と崑崙山頂で広がる夕焼けのように高華な気色を持ち、彼のような詩人は希にしか見られない」と、李は盛唐以前の詩の法を体得してから、その詩には古の作者のように「高華な気色」が現れるようになった、と評している[63]。

要するに、李・王の考えでは、それぞれの成熟期の詩の文体を模範として詩の「辞」と「法」を模倣、習熟することによって、自らの詩に「格調」を持たせるべきである。その「格調」は、単に詩の声律に関わるにとどまらず、詩に使われた「辞」が現れた「色」ないし詩全体がかもし出す「気象」「気色」「気格」などをも含意している。そのため、詩の「修辞」を行う時、声律の法を守るほかに、実字を多用し、歴史的に先行する特定詩人のイメージが壮大で風雅な詩語（「辞」）を用いることによって、自らの詩の「格調」を高めるべきだ、という。また「格調」を得るために、彼らは「修辞」の重要性を説き、さらにあえて模倣をするのである。次に、右の李・王を中心にして、明代古文辞派の詩論に対する検討を踏まえながら、彼らの文論を考察してみよう。

2　李・王の文論――「修辞」（「尚法」）と「達意」

既述のように、李攀龍は「気格」と「修辞」との二点から『左伝』と『史記』との二つのテキストが作文を学ぶ時の模範文だと主張している[64]。「気格」と「修辞」は、右の詩論に照らしていえば、「格調」と「法」にほぼいい換えられる。李と王が文章模範として考えた「古文辞」は、『左伝』『史記』だけではなく、『戦国策』『韓非子』『呂氏春秋』など議論を重んじる諸子の文章も含む[65]。ただし、『左伝』と『史記』の文は、特に「気格」が高く、模範とすべき「修辞」の「法」が存在しているとされる。なぜであろうか。この問題を解くために、王世貞の経書観・文章史観を検討してみたい。

王によれば、「六経」は「史における理をいうもの」で、「本紀」「志」などのジャンルは「史の正文」であり、

「記」「銘」などは「叙史の変文」であり、「尺牘」などは「史の用」であり、「論」「説」などは「史の実」である[66]。右において、王はジャンルによって文章の区分をしている。注意したいのは、この区別に従えば、「論」「説」などの議論文も実は叙事文の一種とみなされることである。この思想には「六経はみな史である（六経皆史）」というテーゼに繋がっていくものがあるが、文のジャンルの視点から、六経を源流とした古今の文章はみな、「史」の叙述に関わる叙事文のバリエーションだ、という考えが表明されている。後述の徂徠の「六経は史なり」という思想はここに由来すると思われる。次に、王によれば、六経の文章には「修辞」が施されているだけではなく、「理」も含意されている。また、漢代文人は経書の「事」を借りて「修辞」を施し、自らの「理」が含蓄されるような文章を書いていた、という。それに対して、六朝の文章は、専ら「事」による「修辞」が行われて内容が空疎になっているとする[67]。この点について、福井佳夫は、漢代文章における典故の使用は、権威づけによって説得力が強まる政治的効用を期待したものであるのに対して、美を至上価値とする六朝文人の美文における典故の使用は、相手を説得・理解させることよりもむしろ文章の格調や婉曲を重視したものである、という[68]。このように、李・王の「古文辞」主張は、六朝の美文主義の時代への回帰ではなく、「辞」と「事」のほかに「理」をも含蓄した叙事文としての「古文辞」を模倣・習熟の対象とする文章論である。

さらに、王は「古文辞」における「六経」の文章について、経書と経書との間には互いに引用されている語句が存在していること、また、『易』は、実は韻文でもあるということを指摘している[69]。しかも、彼によれば、「修辞」が施された先秦「子家」の文章には「方言」が入り「仮借」の字が多く使われているので、繁雑で難解であるのに対して、『左伝』と『史記』以後の西漢の文章は、先秦「子家」の文書を翻訳してその「事」と「辞」を模倣・習熟しながら、自らの「法」で再編成して自らの「意」を表現することに成功している[70]。つまり、王の考えでは、『左伝』と『史記』は、ともに先行する書籍の「事」「辞」を大量に採用して書かれたものである。ただし、彼の考えでは、『左伝』は、

「尚法」を重視するのに対して、『史記』は、「達意」を重んじている。[71]とはいえ、彼から見れば、両書は同じく後世の歴史叙述の模範である。[72]

「古文辞」には「方言」と「仮借」の字が多用されている。つまり、「古文辞」では、方言にあたる文字がない場合、意識的に意味が異なる同音字（あるいは類似音の字）を借りて用いている。また、方言のほかにも、ある事物や概念を表す本来の文字がない場合、「仮借」という方法がよく使われている。「仮借」は「古文辞」が難解になる原因の一つである。「古文辞」における「仮借」という現象は、後に古音学を重んじる清朝考証学者にも注目され、古音を再構築するための手段の一つとして使われているが、王世貞も古文辞を理解するために「仮借」の重要性を強調している。このことについて、李攀龍は、「古代には字が少ないので、あえて仮借という方法を使って声調・音韻を協調させたのである。そのため、古代詩文はみな風雅である[73]」と述べている。彼によれば、古文辞は声韻の調和のためにあえて「仮借」を使うことがある。そして、「古文辞」は、詩のように音楽性をもつ雅な文章であるからこそ尊ばれるべきだと、李は考えている。この考えに王も与するが、ただ、彼は李の詩文を「商彝周鼎、海外懐宝」に喩え、「三代人あるいはペルシヤからきた胡人でもない限りその詩文を尊重して議論すべきではない[74]」と評したように、その難読さを強調している。それに対して、既述のように、王世貞は李攀龍より「達意」を重んじているようである。[75]

要するに、李・王は、秦漢以前の「古文辞」は「事」と「辞」のほかに「理」も含意する叙事文であるとし、また、「古文辞」における語句、文章が互いに引用し合う現象や「仮借」などの方法に注目して、それらが「古文辞」を読解ないし学ぶためのヒントである、と考えている。これらのヒントは、王が考えている「古文辞」の「法」に繫がる。だが、これらの「古文辞」の「法」をいかに把握すべきか。この問題に対して、王は、「古文辞」から良い文章を取り出してそれを「熟読吟味し、心の中に字・辞を海のように大量に蓄積しておけば、文章を書く時、心のままに従って、表現したい意も順調に表現できるようになり、内部の神と外部の自然の境が融合するようになる[76]」という。つまり、「古文辞」の「辞」と「事」を模倣・習熟する経験の拡大と累積を通し、「古文辞」に存在する「法」を把握して体得できるようになると、王は考えたのである。

右の文章観に基づき、王世貞は、

文章は隋唐朝に至って、華麗さを追求する文風がその極に達した。韓愈・柳宗元は奮い立ち、華麗な文章表現を控えて実質的な文風を回復しようと主張した。五代になると、冗長な文章がその極に達した。そこで、欧陽修と蘇軾は奮い起ち、その停滞的な文学情況を一新しようと主張した。しかし、欧陽修と蘇軾の文には差異があるが、彼らの文風の流れはともに、学者に難読な文章を敬遠させて読みやすい文を好ませるという弊害を引き起こした(77)。

と評している。王は明確に六朝の「実」がない美文主義を修正し、『史記』の「修辞」の「法」を学び秦漢古文に復帰しようとした韓愈の功をある程度認め、韓愈と宋代の欧陽修および蘇軾とを区別してみる考えを持っていた。しかも、「韓・柳」を「熟読」すべきテキストとしている(78)。それに対して、李攀龍は端的に「秦漢以後は文無し(79)」と言い切り、韓愈の文までも否定しようとした。このように、李と王の唐宋古文にする見方は必ずしも同じではない。しかし、王世貞は晩年になっても、韓愈の奏疏などの文体の文は「論事」と「談理」が漢代文人の文に及ばないと評している(80)。

このように、李・王は現実に知識人の思考を制限している理学的思惟と唐宋古文という文体の「法」で「古文辞」を読むのではなく、「古文辞」にはそれなりの「法」があると考えている。そして、李・王は「古文辞」の「声」と「色」に注目し、模倣・習熟という方法で「古文辞」における「辞」と「事」を応用する「法」を学び、「古文辞」に存在する「理」(ないし作者の「意」)を理解しようとしている。一方、彼らは「辞」と「事」を多用する「古文辞」で自らの「意」を達しようとしている。後述のように、徂徠の古文辞学の成立を考えるうえで、李・王の唐宋古文批判と「古文辞」に対する主張は重要な意味を持っている。しかし、結論に入る前に、対立している唐宋派と明代古文辞派の文学主張を含む明代文化および学問全体と、徳川前期における学問の展開との関係の一端を論じよう。

五　李・王と明代後期の出版文化・科挙・評点学

明代後期から、「科挙試験で書かれる文章は怪奇な文字を使う風潮が強まった」[81]。この科挙をめぐる現象と関わり、明代中葉以後、出版文化が隆盛し、明代古文辞派の著作を含めて多くの詩文選集が出版されるようになった。右に述べた現象は、科挙の参加者が『左伝』『史記』などの史書のほかに、諸子百家の書ないし仏経、「道蔵」の文字をも使用したことを指している[82]。このきっかけを作ったのは、科挙を改革しようとした前期古文辞派である。そして、万暦ごろになると、怪奇の文字を求める読書人の希望に沿うように、科挙の趨勢は秦漢以前の文章を尊ぶようになった。それによって、李・王らの秦漢以前の文章を模倣した擬古文辞文章の選集が売れていた[83]。実際、既述の『四大家文選評林』の一部たる『弇州文選評林』序文では、当代の文章大家王世貞の文集は分厚いので、「まことに遠い地方に住んでいる人がそれを入手できないことや、貧しい人がそのような高値の本を購求できないことを心配し、とりあえず科挙試験には便利で使いやすい文句を取り出した[84]」と、その出版主旨を述べている。しかし、李・王らの文集が売れていたことは唐宋派の文集が売れなかったことを意味しない。実際、文学史の叙述においては対立的に描かれた唐宋派と古文辞派などの文学流派は、現実社会での存在状況としては、科挙と出版文化を媒介にしてむしろ共生していた。その具体的な例として、唐宋派と古文辞派の文学主張ないし「法」に対する考えがともに、科挙のための秦漢以前の評点つき書籍に同時に取り込まれた、ということがある。

そもそも、あるべき文章の「法」を基準にして文章を評点する評点学は宋代以後に成立して、明代後半から隆盛していた[85]。そこで、李・王の詩文選集が評点されるようになっただけでなく、彼ら自身も他人の詩文集ないし先秦の史書などを評点した。例えば、王は『明文評』を著し、同時代の文人らの文章を批評した。さらに、唐宋派と古文辞派はともに『史記』を重視し、『史記評林』という本が評点を加えられて出版された。その評点は基本的に唐宋派の文章法によるものであるが、李・王らの批評も採用されている。

こうした歴史書の評点本には、字の訓詁注釈だけではなく、文章の作法に関する批評も書かれている。王世貞によれば、訓詁注釈だけに頼ると、その叙述に関わる事物（「事」）および文章の「法」を理解できない。逆にいえば、評点本の長所はその叙述に関わる「事」と「法」がよく説明されているところにある[86]。王は、「その法によって著者の言おうとした旨を悟る[87]」と述べ、文章における「法」の解明を評点の目的とする。つまり、訓詁の対象は字と詞のみであるに対し、評点の対象は文章全体である。訓詁は主として訓詁対象の文字の意味を明らかにすることを目的とするので、確実な証拠による考証が求められる。そのため、訓詁という方法は訓詁者の主観的な憶測が入る余地もあるが、基本的に、博識な学力とより客観的な方法で訓詁の対象に接近するものだといえる。それに対して、評点は、読者の視点から読者のために文章全体の構造（「法」）と意味を説明する、という目的を持つ。そのため、客観的に説明するだけでなく、主観的な想像力に富む解釈もまた許される。そのため、評点本の優劣は評者の才能・学力の深浅によって大きく左右される[88]。

そこで、重要なのは、明代になると、評点の対象は文章、小説、史書だけではなく、古代の漢籍たる子書、経書までも含まれるようになったことである。これはやはり、科挙と関わる。というのも、明代科挙のために用いられた八股文（時文）は経書の文で出題されたのみならず、科挙の参加者も古代聖人の語気を模倣して、その代わりに立派な発言をすることが期待されているからである[89]。さらに、明代古文辞派が提唱した復古の文学運動とも連動して、古代の経書、子書の文はあらゆる文体、文書も源流ないし模範と見られるようになった。このことはやはり、明代の経書評点学の流行と繋がると考えられる[90]。経書のうちに、『孟子』『左伝』『論語』などの経書はよく作文の模範として薦められている[91]。しかし、孫鑛（一五四二―一六一三）のように、『書経』『詩経』『礼記』『周礼』などまでを評点した作者もいた。彼の評点はさほど評価されていないが、『孫月峰評経』という著作があり、四十三種類の古典漢籍を評点した[92]。このように、明清中国（特に明末）においては、多くの経書の評点書が出版されていた。

とはいえ、経書の評点書はやはり、伝統の経書注釈学と異なり、主に文法などを問題にして、主観的な考えを経書に読み込んだりしたので、僭越な行為として多くの人に批判された[93]。そうであるから、経書評点書は清朝四庫全書の編纂者に軽視され、分類できないものと見られ、『四庫全書総目』ではなく、『四庫全書存目』（書名だけを記録したもの）に置かれた[94]。しかし、経書評点学は一種の経書解釈学として、字義訓詁を方法として、また義理の闡明を目的とした正統の経学（清朝考証学がいう「漢学」と「宋学」を含める）と必ずしも矛盾したものではない。実際、一部の経書評点書は経書注釈書を底本としたし、経書の字義注釈をその前提としている[95]。一方、朱熹のような経学者も、経書の文法の理解を重んじる[96]。ともかく、明末になると、宋学の経書注釈はいうまでもなく、経書評点書も多く作られたことになっている。そのほかに、経書内容の真偽を弁ずる弁偽学と文献のオリジナル・バージョンを回復するための校勘学、および経書における名物、制度などを考証する名物学と、経書における「字」の「形・音・義」を考察する音韻学、文字学、訓詁学関係の著作も増えつつあった[97]。荻生徂徠の経書読解の方法としての古文辞学の成立はこれらの〈明代の知識〉を踏まえている（後述）。最後に、評点の話に戻っていえば、このような評点書は科挙圏外の漢文学者にとって有益なものであった。評点書は、中国語を母語としない徳川知識人にとって、文字の訓詁と文章訓読のほかに、漢文の文章構造を読解するために有益な資料と方法を提供したからである。荻生徂徠もこうした評点本を通して初めて明代古文辞派と接触したのである。そうした明代古文辞派の作品がどれほど日本に移入されたか、また、徂徠をはじめ徳川前期の儒者、文人がどのように明代古文辞派を受容していたかについては、第四章で検討を加えたい。次に、徂徠が明代古文辞派を受容する前提としての漢文学習方法論を検討する。

（1）前野直彬「李滄溟の文体」（『東方学』第四輯、一九五二年）、同「明代古文辞派の文学論」（『日本中国学会報』十六号、一九六四年）、黄志民『王世貞研究』（台湾の政治大学博士論文、一九七六年）、許建崑『李攀龍文学研究』（文史哲出版社、一九八七年）、廖可斌『復古派与明代文学思潮』（文津出版社、一九八九年）、陳国球『唐詩的伝承――明代復古詩論的研究』（学生書局、一九九〇年）、鄭利華『王世貞年譜』（復旦大学出版社、一九九三年）、陳書録『明代前後七子研究』（江西人民出版社、一九九四年）、鄭利華『王世貞研究』（学林出版社、二〇〇二年）、卓福安『王世貞詩文論研究』（東海大学中国文学系博士論文、二〇〇三年）、孫衛国『王世貞史学研究』（人民文学出版社、二〇〇六年）、酈波『王世貞文学研究』（中華書局、二〇一一年）、周穎『王世貞年譜長編』（上海三聯書店、二〇一六年）などが挙げられる。

（2）卓福安『王世貞詩文論研究』序論。

（3）前掲の許建崑『李攀龍文学研究』、黄志民『王世貞研究』、および鄭利華『王世貞年譜』、周穎『王世貞年譜長編』は主として伝記の研究である。

（4）前野直彬、前掲論文「明代古文辞派の文学論」一五八頁。

（5）吉川幸次郎『元明詩概説』（岩波文庫、二〇〇六年）、二〇三―二〇六頁。

（6）同上、二五一―二五九頁。

（7）『十三経注疏』における『尚書』「周書」の注疏である。なお、「古文辞（詞）」の用例に関するデータは『文淵閣四庫全書』の電子版と「中国基本古籍資料庫」の検索によって得たものであるが、本書は主として手元にある版本を確認してから利用するので、必ずしもこの二つのデータベースが依拠する版本と一致していない。

（8）曽鞏「王无咎字序」『曽鞏集』（『中国古典文学基本叢書』中華書局、一九九八年）巻十四、二二七頁。

（9）黄卓越『明永楽至嘉靖初詩文観研究』（北京師範大学、二〇〇一年）、一四頁。

（10）同上、八七、八八頁。

（11）李夢陽「凌谿先生墓志銘」『空同集』（『景印文淵閣四庫全書　別集類一二六七冊』台湾商務印書館、一九八三年）巻四十七、

頁二には「古文詞」が一回使われた以外、ほかの例文はない。

(12) 王世貞は「北地有李献吉者一旦為古文辞、而関中人士雲合景附……」（「贈李于鱗視関中学政序」『四部稿 二』〔『四庫明人文集叢書』上海古籍出版社、一九九三年〕巻五十七、三二頁）および、「于鱗以古文辞創起斉魯之間」（「李于鱗先生伝」同上、巻八十三、三六六頁）と述べている。

(13) 王世貞「別汪仲淹序」（『四部稿 二』巻五十六）二四頁、「黄淳父集序」（同上、巻六十八）一七九頁、「類雋序」（同上、巻六十八）一八〇頁、「李于鱗先生伝」（同上、巻八十三）三六六頁、「中南黄先生墓表」（同上、巻九十四）五一九頁と、「魏考功懋権哀辞」（『続稿』〔『四部稿 四』〕巻一、八頁）、「贈趙伯子」（同上、巻三十八、五〇八頁）、「真逸集序」（同上、巻四十二）五五三頁、「呉明卿先生集序」（同上、巻四十七）六一三頁、「二顧先生集序」（同上、巻五十一）六六五頁、「呉瑞穀文集序」（同上、巻五十三）六九九頁など。

(14) 王世貞「李于鱗先生伝」、三六六頁。

(15) 王世貞「別汪仲淹序」、二四頁。

(16) 王世貞は「伯子束髪而収、修古文辞、精於墳典、丘索、先秦、両京、諸子」（「少司馬汪伯子五十叙」同上、巻六十二、一〇三頁）、「其為古文辞即欲超宋筰而上之、三呉靡靡所不屑也」（「沈開子文稿小序」『続稿』〔『四部稿 四』〕巻四十一、五四三頁）と述べている。

(17) 帰有光は「余好古文辞、然不与世之為古文者合」（「送同年孟与時之任成都序」『震川先生集 上』〔『中国古典文学叢書』上海古籍出版社、二〇〇七年〕巻之十、二二二頁）と述べている。

(18) 原漢文は「今能為古文辞者亡慮数百千家」（「彭戸部説剣余草序」『続稿』〔『四部稿 四』〕巻五十五、七一九頁）である。

(19) 前野直彬、前掲論文「明代古文辞派の文学論」一五九頁。

(20) 附録の表一を参照。

(21) 彼らの経歴と事績については、「列伝　文苑三」『明史』（張廷玉ほか撰、楊家駱主編『新校本明史幷附編六種』鼎文書局、一九九八年）を参照。

（22）卓福安『王世貞詩文論研究』第三章などを参照。
（23）明代文人については、陳宝良「明代文人弁析」（『漢学研究』第十九巻第一期、二〇〇一年）など。
（24）明代における文人と文臣との区別について、陳宝良、同上、一九八―二〇二頁。
（25）何景明「与李空同論詩書」『大復集』（『景印文淵閣四庫全書　別集類一二六七冊』巻三十二、台湾商務印書館、一九八三年）、二二頁。
（26）「古文運動」は胡適の『白話文学史』で初めて使われた言葉（東英寿『欧陽脩古文研究』汲古書院、二〇〇三年、九頁を参照）であるが、便宜のために使う。
（27）Peter Bol, "*This Culture of Ours: Intellectual Transitions in T'ang and Sung*" (Stanford: Stanford University Press, 1992), pp. 1-32.
（28）韓愈は「学古道則欲兼通其辞、通其辞者、本志乎古道者也」（「題哀辞後」『韓昌黎文集校注』上海古籍出版社、一九八六年、第五巻、三〇五頁）と述べている。
（29）韓愈「原道」『韓昌黎文集校注』第一巻、一八頁。
（30）土田健次郎『道学の形成』（創文社、二〇〇二年）、四一―五一頁。
（31）中国宋学者の詩文観について、羅根沢『中国文学批評史』（学海出版社、一九八〇年）、七九五―八二八頁。
（32）祝尚書『宋代科挙与文学考論』（大象出版社、二〇〇六年）、二七三、二八七頁。
（33）同上、二八四―三〇一頁。
（34）同上。
（35）韓愈の文章特質との駢体文批判については、吉川幸次郎「韓愈文」（『吉川幸次郎全集　第十一巻』筑摩書房、一九六九年）および同『漢文の話』（ちくま学芸文庫、二〇〇六年）、第六章、第七章と、齋藤希史「「国語」以前」（『表現者』第五号、二〇〇六年）など。
（36）宋代古文家の文章と韓愈の文章との比較については、筧文生「宋代散文論」（『唐宋文学論考』創文社、二〇〇二年）と、東英寿、前掲『欧陽脩古文研究』第三章など。

(37)　祝尚書、前掲『宋代科挙与文学考論』二八四—三〇一頁。

(38)　張高評「北宋読詩与宋代詩学——従伝播与接受之視角切入」（『漢学研究』第二十四巻第二期、二〇〇六年）。

(39)　吉川幸次郎『宋詩概説』（岩波文庫、二〇〇六年）、序章。

(40)　厳羽は『滄浪詩話』で、「以文字為詩、以才学為詩、以議論為詩」「本朝人尚理而病於意興」（『歴代詩話』芸文印書館、一九九一年、四三三、四五〇頁）と述べている。

(41)　鄭利華、前掲『王世貞研究』、一七三—一八〇頁。

(42)　『明史』には「迨嘉靖時、王慎中、唐順之輩、文宗欧曽、詩倣初唐」（「文苑一　序言」）とある。

(43)　原漢文は「漢以前之文未嘗無法、而未嘗有法。法寓於無法之中、故其為法也、密而不可窺。唐与近代之文、不能無法、而能毫釐不失乎法。以有法為法、故其為法也、厳而不可犯」（「董中峯侍郎文集序」『荊川先生文集』『荊川先生文集震川先生四部叢刊正編　七十六』商務印書館、一九七九年）巻十、二〇八頁）である。

(44)　横田輝俊『中国近世文学評論史』（渓水社、一九九〇年）、三〇四頁。

(45)　李夢陽は「宋人不言理外之事、故其失拘而泥。玄鳥生商……於理能推乎」（「物理篇三」『空同集』巻六十五）と述べている。

(46)　王世貞「王氏金虎集序」（『四部稿　二』巻七十一）、二一四頁。

(47)　王世貞は「夫時義者、上之而不能得聖人之旨、下之而異岐於古文辞」（「雲間二生義小叙」『続稿』〔『四部稿　四』〕巻四十一、五四五、五四六頁）と述べている。

(48)　原漢文は「皆今之文章、如晋江、毘陵二三君子、豈不亦家伝戸誦。而持論太過、動傷気格、憚於修辞、理勝相掩」（「送王元美序」『滄溟先生集』（上海古籍出版社、一九九二年）巻十六、三九四頁）である。

(49)　原漢文は「一時軽侮之士、楽於宋之易構而名易猟、群然而趣之、其在嘉靖間而晋江、毘陵為最甚」（「古四大家摘言序」『四部稿　二』巻六十八、一七六頁）である。

(50) 王世貞「書曽子固文後」『読書後』（『四部稿 七』）巻三、四七頁。
(51) 王は「自宋儒表四子列於経、独尊論語、論語行而家語廃、乃至如周礼、孝経、聖人経国尽性之書不得一列学官、使諸儒伝習、可慨也。……愚不揆、欲詮三礼、而刪其歆莽褒猶之傅会者、為礼経。尊論語、而刪其非夫子言者、採孝経、礼記、中庸、大学、家語之凡為夫子言而粋者、別為経以配礼而六之。其非夫子言而稍粋者、如魯論門人、檀弓諸家合為伝、与孟子翼経而両之。未敢也。聊識於此」（「読家語」『読書後』巻五、六四、六五頁）と述べている。
(52) この問題に対する分析について、藍弘岳「太宰春台と徂徠学の再構成――「聖人の道」と日本批判をめぐって」（『思想』第一一一二号、二〇一六年）を参照。
(53) 原漢文は「詩書我窃有志焉、而未之逮也。詩変而屈氏之騒出。靡麗乎、長卿聖矣。楽府、三詩之余也。五言古、蘇李其風乎、而法極黄初矣。七言、暢於燕歌乎、而法極杜李矣。律、暢於唐乎、而法極大歴矣。書変而左氏、戦国乎、而法極司馬史矣」（「王氏金虎集序」『四部稿 二』巻七十一、二一四頁）である。
(54) 陳国球『唐詩的伝承――明代復古詩論的研究』（学生書局、一九九〇年）、三頁。
(55) 鈴木虎雄『支那詩論史』（弘文堂、一九二八年）、一七〇―一七三頁。
(56) 同上。
(57) 陳文新『明代詩学的進程与主要理論問題』（武漢大学出版社、二〇〇七年）、二四九頁。
(58) 例えば、王世貞は「語法而文、声法而詩」（「張肖甫集序」『四部稿 二』巻六十八、一七三頁）と述べ、詩文を創作するためには「法」が必要だと述べている。
(59) 王世貞は「風雅三百、古詩十九首、人謂無句法、非也。極自有法、非階級可尋耳」（『芸苑卮言』〔『続歴代詩話 下』芸文印書館、一九八三年〕巻一、一一一三頁）と述べている。
(60) 王世貞は「篇法有起有束、有放有斂、有喚有応。大抵一開則一闔、一揚則一抑、一象則一意、無偏用者。句法有直下者、有倒插者、倒插最難、非老杜不能也。字法有虚有実、有沈有響、虚響易工、沈実難至」（『芸苑卮言』巻一、一一〇九頁）と述べている。

(61) 原漢文は「尚法則為法所用、……達意則為意所用……吾来自意而往之法、意至而法偕至、法就而意融乎其間矣」(「五嶽山房文稿」『四部稿 二』巻六十七、一六七頁）である。

(62) 王世貞は「篇法之妙、有不見句法者。句法之妙、有不見字法者。此是法極無跡、人能之至、境与天会、未易求也」(『芸苑巵言』巻一、一一〇九頁）と述べている。

(63) 原漢文は「李于鱗如峨眉積雪、閬風蒸霞、高華気色、罕見其比」(『芸苑巵言』巻五、一二〇八頁）である。ちなみに、王世貞は「于鱗以詩歌自西京逮於唐大歴、代有降而体不沿、格有変而才各至。故于法不必有所増損、而能縦其夙授、神解於法之表句、得而為篇、篇得而為句」(「李于鱗先生伝」『四部稿 二』巻八十三、三六六頁）と、李の「有韻の文」が古の詩文の「法」を得たと評している。

(64) 李攀龍「送王元美序」『滄溟先生集』巻十六、三九四頁。

(65) 王世貞「与汪伯玉第五書」『四部稿 三』巻百十九、二九頁。

(66) 王世貞は「天地間無非史。……六経史之言理者也」(『芸苑巵言』巻一、一一一一頁）と述べている。

(67) 王世貞は「六経也、四子也、理而辞者也。両漢也、事而辞者也、錯以理而已。六朝也、辞而辞者也、錯以事而已」(『芸苑巵言』巻一、一一一二頁）と述べ、時代によって文章の差異を区別している。

(68) 福井佳夫『六朝美文学序説』(汲古書院、一九九八年）、第五章、特に一一〇、一一一、一四一頁を参照。

(69) 王世貞『芸苑巵言』巻一、一一一五—一一一七頁を参照。

(70) 王は「秦以前為子家、人一体也、語有方言而字多仮借、是故雑而易晦也。左馬而至西京、洗之矣」(『芸苑巵言』巻一、一一一七頁）と述べている。

(71) 王世貞は「左氏法先意者也、司馬氏意先法者」(「五嶽山房文稿」『四部稿 二』巻六十七、一六七頁）と述べている。

(72) 王世貞「湖広第三問」『四部稿 二』巻百十六、八一〇頁。

(73) 原漢文は「蓋古字少、寧仮借、必諧声韻、無弗雅者」(「三韻類押序」『滄溟先生集』巻十五、三七七頁）である。

(74) 原漢文は「身非三代人与波斯胡、可重不可議」(『芸苑巵言』巻五、一二一二頁）である。

(75)　王は「吾来自意而往之法、意至而法偕至、法就而意融乎其間矣」（「五嶽山房文稿序」『四部稿　二』巻六十七、一六七頁）と述べている。

(76)　原漢文は「時熟読涵泳、令其漸漬汪洋。遇有操觚、一師心匠、気従意暢、神与境合」（『芸苑卮言』巻一、一一一三頁）である。

(77)　原漢文は「文至隋唐而靡極矣。韓柳振之曰、斂華而実也。至於五代而冗極矣。欧蘇振之曰、化腐而新也。然欧蘇則有間焉。其流也使人畏難而好易」（『芸苑卮言』巻四、一一八七頁）である。

(78)　王世貞は晩年にも、ある人に「文取韓柳両家平正者、熟之有得而稍進於班馬先秦」（「于鼂先第二書」『続稿』（『四部稿　六』）巻百八十三、六一七頁）と述べている。

(79)　李攀龍「答馮通府」『滄溟先生集』巻二十八、六四七頁。

(80)　王世貞「書韓文後」『読書後』巻三、四一頁。

(81)　原漢文は「科場文字漸趨奇詭」（王世貞「科試考四」『弇山堂別集』中華書局、一九八五年、巻八十四、一五九五、一五九六頁）である。

(82)　附表二。

(83)　王世貞「科試考四」『弇山堂別集』巻八十四、一五九六頁と、同「選挙志　二」『明史』一六八九頁を参照。

(84)　原漢文は「誠恐遠者難致、貧者難求、姑摘其便于挙業者」（東京大学総合図書館所蔵本による）である。その表紙には『鳳州文選』と書いてある。

(85)　評点に関する通史的理解は、孫琴安『中国評点文学史』（上海社会科学院出版社、一九九九年）。

(86)　訓詁および評点とその差異について、王世貞は「第訓故之家、所伝聞異辞、苦於不能偏、而習者不得於事、則姑傅会以文之。不得於旨、則姑穿鑿以逆之。昧法於篇、則姑掩其句。昧法於句、則姑剽其字膚立者」（「史記評林序」『続稿』（『四部稿　四』）巻四十、五三二頁）と述べている。

(87)　原漢文は「將欲因法而悟其指之所在也」（「四書文選序」『四部稿　二』巻七十、二一〇頁）である。

(88) 侯美珍「明清士人対「評点」的批評」（『中国文哲研究通訊』第十四巻第三期、二〇〇四年）、二三〇—二四三頁。

(89) 侯美珍「明清八股取士与経書評点的興起」（『経学研究期刊』第七期、二〇〇九年）、一四二—一四四頁。さらに、評点書と科挙との関係については、張伯偉「評点遡源」（齋藤希史訳『中国文学報』六十三冊、二〇〇一年）、三一—四七頁を参照。

(90) 侯美珍「明清八股取士与経書評点的興起」一三八—一四二頁。

(91) 同上、一四五頁。

(92) 張素卿「「評点」的解釈類型——従読者標抹読経到経書評点的側面考察」（『東亜伝世漢籍文献訳解方法初探』台湾大学出版中心、二〇〇五年）、一〇八頁—一一二頁。

(93) 侯美珍「明清八股取士与経書評点的興起」一五三—一五七頁。

(94) 張素卿「「評点」的解釈類型——従読者標抹読経到経書評点的側面考察」一一七頁。

(95) 同上、一二四、一二五頁。

(96) 同上、九四—九八頁。

(97) 林慶彰『明代経学研究論集』（文史哲出版社、一九九四年）、七〇—一三四頁。

第三章　漢文学習方法論

――訓読批判と「訳学」の展開

はじめに

訓読[1]と荻生徂徠の漢文翻訳方法論[2]については、ともに多くの先行研究が蓄積されている。しかし、近来ほとんどの研究は、近代言語学あるいはポストモダンの言語理論の問題意識と方法によってこの二つのテーマを検討している。このようなアプローチもむろん重要である。だが、訓読と徂徠の漢文翻訳方法論が扱う対象は、言語学の次元における中国語と日本語としての漢文だけではなく、漢文の文章学、修辞学の次元における漢文そのものでもあることに注意する必要がある。訓読および徂徠の漢文翻訳方法論と密接に関わった徳川時代の漢文研究は、単なる近代中国語学あるいは日本語学の前段階ではない。そもそも、徳川時代の漢文研究は、漢詩文論を前提として、よりよい漢詩文を書く目的でなされたものである。本章では、このような認識から出発して、また漢字・漢文が持つ「書（象）・言・意」ないし「形・音・義」といった三項構造と視覚的理解の可能性と漢字・漢文の歴史性に着目し、訓読が徳川儒者らの漢文研究、さらに徂徠の「訳学」とその漢文研究といかに関わっていたか、という問題を探求する。

「訳学」について、徂徠は「題言」「第十則」で、漢文の翻訳、解読方法を検討した後、「華と和を合わせて一つにしたのが私の訳学である（合華和而一之是吾訳学）」と総括したにとどまり、それ以上の説明をしなかった。しかし、本章では、「訳学」を彼の提出したすべての漢文の翻訳・解読する方法の総称として認識する。そして、徂徠が『訓訳示蒙』で提出した「訳文の学」および『訳文筌蹄』で提出した「崎陽の学」と看書論との内在的な関連を考察する。

以上の課題を考察するために、近代言語学に繋がる音声言語の構造分析に関わる「語法」（grammar）という概念とは区別し、「語法」に繋がる漢文の「字義」（品詞論）と「文理」（構文論）論のほかに、漢詩文の「句法」「篇法」などの作文方法を分析的に説明する学問枠組みとして、「文法」という概念を用いる。さらに、「文法」と区別して、作文だけではなく、現実の言語生活における雅語、古言などによる言語の修飾を指す学問枠組みとして、「修辞」という表現を使用する。[3]

特に、「修辞」という概念について、徂徠は「文章の道」には「達意」と「修辞」があるといっており[4]、詩文論の次元で「修辞」を把握している。そのほか、古代の君子たちの言語世界での「詩書」の「古の法言」（「古言」）を運用する言語の技術に対して、徂徠も「修辞」と理解している。[5] すなわち、徂徠がいう「修辞」は、詩文論における「修辞」と古代の君子の言語世界における「修辞」との二つの次元の意味を持っている。本章では前者にアクセントを置いて議論を進めるが、「修辞」をこのように分けて理解することは、後に見るように、徂徠の思想を把握するために重要である。ともかく、「語法」と「文法」と「修辞」には意味的に重なる部分があるが、異なる意味を持っている。現代の言語学の視点だけではなく、古典漢文の作文法と修辞学の視点を入れて複眼的に徂徠の漢文研究方法を検討するために、このように区別するわけである。

一　徳川前期における訓読と漢文研究

1　訓読と作文──駢体文・変体漢文から唐宋古文・江戸漢文へ

漢文を訓読することは漢文を受け入れた現地の読み手の音声言語（言）によって書記言語としての漢文（文）を読む行為であり、音声言語間の通訳とは異なっている。(6) そのため、訓読は、成立当初においては、漢文文意の理解を助ける日本語の口語による解釈であった。こうした意味の訓読は、翻訳だとしても意訳に近い。この解釈と意訳としての訓読は、音読による暗誦とセットになっており、当時の漢文の学習法として使われていた。(7) そのため、訓読には、中国漢唐の経書訓詁学の学問成果と中国字書の語釈ないし前述の評点書が有用であった。しかし、徂徠のように、仮名と和語がすでに創出された江戸時代に生きていた儒者にとって、訓読は漢文内部の漢字解釈の次元にとどまらず、漢文の背後にある異なる言語体系との間の翻訳とも捉えられる。このように訓読を理解すると、訓読で漢文を読む日本の学者は、中国人が作った注疏の訓詁ないし字書に依拠する必要があると同時に、中国人がそれほど意識していない「語法」の問題に直面するようになる。すでに指摘されたように、日本だけではなく、中国の周辺にあって漢字文化を受容したアルタイ系諸語を話す言語グループには、訓読の生ずべき条件が基本的には備わっていたし、実際、訓読に類する方法が朝鮮人と契丹人などによって行われていた。(8) とはいえ、日本での訓読は、「接触固有語の「勢力」や中国語圏との「距離」といった要因に関連して、体系的に持続的に使用され、しかも訓読から生れた漢文系の文体や言い回しが日本語内部に広く定着した。(9)

ここでは、漢文を読解・翻訳する方法としての訓読の歴史変化については詳述しない。(10) それよりも作文方法としての訓読に注目したい。というのも、訓読は作文方法としても応用されて訓読の発想だけに頼って漢文を表現したゆえに、日本語（特に文章語）を複雑、豊富に発展させた一方、「和習」と語順顚倒などによって「語法」を誤る問題が付きまとうことになった。そして、古代日本からいわゆる変体漢文も生じた。だが、正格漢文（純漢文）と変体漢文（准漢文）との間の境界は実は明確ではない。⑪そもそも変体漢文が多く使われたのは、厳しい規則を持つ駢体文の習得と作成が難しいため、平安の貴族が私的で実用的な文章を書く時に変体漢文ないし仮名を混入した文章を書くようになったことに由来する。⑫そのため、特に平安後期以後、漢文の学力が落ちるのに比例し、変体漢文だけではなく、読み下し文と和漢混淆文の文体の使用が次第に増えた。⑬五山文学の時代に入ると、漢文の担い手には禅僧も加わった。武士権力と結びついた禅僧らは儀式の場で駢体文を書く必要があるので、駢体文を学び重視していた一方、虎関師錬の時代あたりから散文体の唐宋古文も次第に重視され学ばれるようになった。特に『古文真宝』は重宝されていた。⑭

そして徳川時代に入ると、五山文学の漢文観を受け、五山と同じく『古文真宝』などが文章を学ぶための教科書として用いられ、唐宋古文が文章の模範とされた。五山禅僧の漢文観が、基本的に徳川初期の儒者にも継承されたのである。特に注意したいのは、徳川初期において、藤原惺窩の命を受けて吉田素庵が編纂した『文章達徳綱領』のような漢文を作るための作文技法に関する著作が存在することである。それは宋代以後の文学観に基づく中国人の文章論をまとめて編纂したものである。⑮

このような日本の漢文史を踏まえ、まず次のことを指摘したい。つまり、唐宋古文の文章の規則は、句法を特に重んじる駢体文ほど厳しくはないが、句法のほかに字法に属する助辞と文章の章法と篇法をも重視した。⑯唐宋古文を学ぶ徳川日本の漢文学習者は、かえって無意識的に「文法」の誤りを犯し「和習」ある漢文を書きやすくなる、ということである。後にも見るように徳川前期儒者の漢文研究の多くは、唐宋古文を模範としてなされたものであり、荻生徂徠の訓読・「和習」に対する批判は、実はこうした唐宋古文を模範として書かれた徳川前期儒者の日本漢文（江戸漢文）に向けられたものである。すなわち、徂徠の訓読と「和習」に対する批判は、第二章でもふれた、中国文学史における文章模範が駢体文から唐宋古文へ転換されたという歴史的な事件を前提としている。それゆえに、われわれは、漢文圏の漢文学史という視角から、訓読と徂徠の訓読批判を理解すべきなのである。

もちろん、主に駢体文を学んだ平安貴族は「和習」がある漢文を書かなかったというわけではない。ただ、唐宋古文を主に学ぶ徳川儒者文人の方がより「和習」がある漢文を書きやすく、それにより目を配っていたというのである。このような視角からみることにより、訓読による漢文作文における「文法」の錯誤および「和習」をめぐる問題が、なぜ十七世紀後半から活躍し始めた貝原益軒（一六三〇―一七一四）や伊藤仁斎（一六二七―一七〇五）などの世代になって初めて、ある程度問題として共有されるようになり、それを方法的に克服しようとした意識が起こったか[17]、その理由が明らかになる。つまり、彼らは平易で議論を重んじる唐宋古文を漢文学習の模範にしたからこそ、より無意識的に「和習」がある漢文を作ることに対して敏感になったのである。

さらに、この理由のほかに、おそらく以下の三つのことが関連している。その一は、十七世紀後半から、徳川社会の安定化に従い、儒教の教えないし漢詩文の作成・教育・出版を職業とした学問市場が形成されたことによって、流麗な漢詩文を読み・書く能力が一つの文化資本とみなされたことである。その二は、一と関連して、「和習」がない漢文がある種の文明化の象徴とみなされたことである。その三は、十七世紀初期から、明清交替によって来日した中国知識人や、外交のために来日した朝鮮通信使など、漢文を駆使できる他者との出会いや交流、ないしそうした他者による日本漢文認識が、徳川儒者らに「文法」の問題を意識するように促したことである。

現に、後述の徂徠をはじめとして、益軒、仁斎、伊藤東涯（一六七〇―一七三六）、雨森芳洲（一六六八―一七五五）ら十七世紀後半から十八世紀前半に活躍した儒者たちが「和習」を克服する漢文の学習方法を考え出そうとした理由には、右に述べた三点が多少とも含まれている[18]。まず、益軒は「蓋し文は道を載せるの器」と述べ、宋学的な文学観に与しているが、「文理に成らず」という問題を克服するために、「作文之法」を学ぶべきだと主張している。しかし、彼は「巧言麗辞」で飾る「文人の文」と区別し、「明理記事」ための「儒者の文」を理想とする。[19] 益軒と似た文学観を持っていたのは、同時代に生きた仁斎である。仁斎はその学問形成の初期において理学に没頭しているが、すでに「然るに世の中の理学を好むと称する人には、漢字漢文の「文法」を修めない人もいる」[20]とも述べている。すなわち彼は、同時代の理学を学ぶ徳川儒者が「理」ばかりを重視して、表現道具としての「文」を重要視しないことに対して、批判的だった。彼もまた「和習」を問題にしている。そして、仁斎が重視するのは、益軒と同じく、「儒者の文」であり、「文人の文」ではない。彼が考える「儒者の文」は、「孟・荀・董・劉・韓・李・欧・曽の類」、すなわち、大体韓柳を代表とする唐宋古文ないし、宋代古文家の好みに合う古文を指す。「文人の文」は騈体文を指す。[21] さらに、仁斎は後期の著作たる『童子問』において、「作文」についても初期とそれほど変わらない見方を示した。[22]

このように、徳川前期では、唐宋古文が学ぶべき文章の模範とされている。さらに、仁斎は漢文で「その意を達す」「その言を述する」ために、「作文の法」を「学の要」として、「韓柳以後近儒者の文」から三十四篇を選んで『文式』という儒者漢文の典範になる文章を編纂した。[23] のみならず、彼は、後の儒者の漢文学習に大きな影響を与えた訓読に基づく「訳文・復文」という作文学習法をも考案したのである（後述）。

ところで、仁斎の方法が華音を知らなくても学習できる方法であるのに対して、将軍綱吉に仕えた儒者・木下順庵（一六二一―一六九九）は、元禄ごろ、長崎の唐通事の唐話学習法が漢文学習に有益であることを知り、彼の弟子たる雨森芳洲（一六六八―一七五五）を長崎に赴かせて唐話を学ばせた。[24] のちに芳洲は、対馬藩の真文役などを務めて朝鮮外交に携わり、朝鮮語にとどまらず朝鮮人の漢文学習法までを学んだ。[25] 芳洲はこうした東アジアの広がりにおける言語・漢文知識を踏まえ、漢文学習方法として「音読」（華音直読）を推薦した。彼は、「本を読むためには、音読より優れた方法はない。この方法を使わない、字義の精粗と語順は知りえようか」[26]という。つまり字義と漢文の語順に関わる構文構造などを理解するために、「音読」（中国語音で音読）を学ぶべきである。しかし、その芳洲でさえ、自らが経書の義理を思索する際は「訓読」(「反言」)で理解すべきだと考えている。[27] 徳川儒者らにとって、「音読」(「直言」)さえできれば訓読(「反言」)が全く無用になるわけではない。それゆえに芳洲は漢文を埋解・作文した際、依然として訓読と漢文の「文法」関係の知識を持たなければならなかった。「音読」だけを学べばよいというのでは決してなかった。

このように、徳川儒者らにとって、訓読によって唐宋古文を中心にした漢文を読み・書くことがもたらした語順顚倒、「和習」といった問題を克服するには、基本的には、直接に「文法」を学ぶという考え方と、その前に「音読」(中国語音で音読)を学ぶことを薦めるという考え方との二つがあった。しかし、「音読」は、唐通事の方法であり、限られた儒者しか実践できない。「音読」だけを習得しても、漢文を読んで完全に理解することは難しい。意味、意義を会得するためには、訓読が必要である。そのほか、作文のためには、訓読と漢文の「文法」をも習得しなければならない。彼らは漢文学習書あるいは辞書を利用しながら、訓読の方法に依拠して漢文を書くのである。そのため、よりよい漢文を書くために、多くの儒者は、舶載してきた漢文の語学書・文章論書、評点書に頼りながら、漢文の「文法」を学ぶ必要があった。というのも、儒者らに求められていたのは、会話より作文の能力だったからである。そして、作文が必要なるがゆえに、徳川時代において漢文研究が次第に行われるようになったと考えられる。

次に、徂徠と同時代の儒者として、優れた漢文研究を成し遂げた東涯の業績を考察してみよう。

2　徳川前期における漢文研究——仁斎・東涯の作文方法論をめぐって

徳川初期の儒者が頼る漢文学習書には二種類ある。一つは、『助語辞』など助字の機能を説明する書籍である。もう一つは、『文章欧冶』などの漢文作法書ないし『文章正宗』のような文学観、基本的な作文法の説明を巻首に置きながら典範になる文章を批評する評点書である。[28] 両者はともに漢詩文を学ぶ参考書だが、前者には近代の中国語学研究に繋がる要素が強い。ともかく、これらの書籍は、日本の漢文学者の漢文学習に役に立つが、もともとは中国語を母語とする人に向けて書かれ、しかも科挙のために出版されたものである[29]。そのため、日本内部の学問市場の成熟に従い、元禄十四（一七〇一）年、林義端によって『文林良材』[30]という、より日本の漢文学者にふさわしい漢文学習書が出版された。それには、東涯の「訳文法式」が付されている。それは、仁斎が発案した訓読に頼る「訳文・復文」という漢文の作文法を解説したものである。

東涯の「訳文法式」での説明によれば、この方法には三つのステップがある。（1）長さ百字から六百字までの「唐宋以来の諸名家の文」を選ぶことである。（2）その漢文を日本語で書き下し、文末の助字に限って○をつけて原文の字数を記したことである。（3）書き下した文を漢文に復し、原文とつき合わせ、正誤を確認することである。そして、東涯は「錯置」「妄塡」「剰添」「漏逸」という四つの犯しやすい誤りを挙げて学生の復文を批評した。そこで、注意したいのは、「復文」という方法は「和習」の克服を意識しているが、依然として訓読の発想に基づき、訓読の弊害を最低限に減少するために提出された方法だ、ということである。この方法を「訓読・復文」法と名づけておこう。そして、『文林良材』に収められた東涯の『作文真訣』は、既述の中国から舶載してきた漢文作法書に拠りながら、「訳文・復文」という作文法を行う時に出会う「文法」問題を説明した著作だと位置づけられる[31]。東涯が「作文真訣」で教えた「七訣」には「遣詞」「結構」「句法」「置字」「造語」「用字」「助字」とある。特に「置字」（語順の問題）、「用字」（字義の問題）といった中国で出版された書籍ではさほど重視されないところに着眼したのが、その特色である。

東涯は語順を扱う「置字」について、語順が中国語と異なるのは日本語だけではないことを指摘した。すなわち、『円覚経』などの仏典と朝鮮版の四書に諺文が書かれたことを根拠にして、朝鮮語とインドの言葉（西域語）も中国語と語順が異なると考えた[32]。東涯の考えでは、語順が顚倒するのは何も日本人だけが犯しやすい誤りではなく、中国の周辺にある「方言」[33]を使う言語集団は、その「方言」で漢文を書く時必ずそうなる。彼が書いた『用字格』などの辞書は、学者にこうした「置字」のレベルの問題を克服させるためのものと考えられる。

さらに東涯は、「助字」の把握は「用字」を理解するための前提であるとして、「助字は文章の表現を助けるもので、言語を操るための基軸である」[34]と述べ、言語、文章を上手に書くために助字を正しく把握する必要がある、と強調している。東涯の『助字考』はこの助辞をめぐる問題を扱う著作である。さらに、「助字」に比べれば、「用字」は助字を含むもので、基本的には字義の複数性という問題を扱うものである。東涯は、明代人の孫鑛の「今の士人の多くは字義を十分に把握していない」[35]という見解を引用し、「用字」は程度の差があるにせよ、中国人をも悩ませる問題であり、日本人だけの問題ではない、と指摘している。彼の『操觚字訣』は、主としてこの問題意識から発展してきたものである。さらに、それは「語順」と「助字」のほかに、同訓異字という「用字」の問題を含め、日本人が訓読に基づく作文を学ぶ際に注意すべき漢文問題を総括して検討した著作として、捉えられる。

右の検討を通し、東涯『用字格』『操觚字訣』『助字考』などの漢文関係書は、基本的に経・子・史および唐宋古文で書かれた名文から用例を博捜して帰納し、「助字」を含めて同訓異字という字義の問題と「置字」という語順差異の問題とを扱うものと理解できよう。その目的からいうと、「方言」を話す日本人が「訓読・復文」という作文方法を実践し、主として唐宋古文を模範文としながら漢文を書く時、よく出会う漢文の字から篇までの「文法」問題を解決するために、特に「字法」を中心に考察して書いた書物であるといえる。つまり、『用字格』『操觚字訣』『助字考』にはたしかに、中国からの言語的な隔たりを超えるための東涯の知的な営みとして捉えられる面があるが、あくまでも漢文を書くための道具書として書かれたものである。そうであるから、『文林良材』に付された『作文真訣』の漢文の作文論は、訳文と顛倒した語順を直す字法の部分のほかに、『文章正宗』『文章欧冶』『麗沢文説』などの宋代以後の中国人が書いた文章論書の議論に頼りながら、「句法」などを知らない同時代の日本人の学者向けによい古文を書く技法を教えている。そして、これらの漢文研究書における東涯の説明は、後述の徂徠のそれほど明晰ではないが、用語例が多いのがその特色である[36]。

徂徠と異なり、東涯は、漢文の「字」と、「字」との「訓」としての日本語との意味・ニュアンスの差異を説明しておらず、中国語の口語（唐話）に関する知識を持たないようである[37]。そのため、徂徠にいわせれば、その方法は「やはり和訓から入ったので、日本語の言語世界から離れずに日本語の思惟に拘束されている[38]」。つまり、東涯は漢文の「文法」に即して漢文を理解しようとして、「文法」に頼って作文法を説いたが、実際には、漢文を読み・書く時、やはり訓読に頼らざるを得ないのである。これはむろん、東涯だけではなく、おそらくほとんどの徳川儒者の問題であるし、後に見る徂徠が考案した漢文の読解・翻訳方法が克服しようとした問題である。だが、徂徠の方法を検討する前に、日本思想史、日本漢学史（儒教史）の枠組みからいったん離れて、現代の翻訳論の視点から訓読を見ておこうと思う。

3　現代の翻訳論から見る訓読

ジョージ・スタイナー（George Steiner、一九二九― ）は、解釈学の観点から、翻訳活動を信用（trust）、侵犯（aggression）、編入（incorporation）、補償（compensation）に分けている[39]。特に、侵犯（aggression）に注意したい。それが意味しているのは、翻訳が認識行為として、言語、文化などの要素がゆき合い・衝突する現場であるゆえに、ある種の暴力性を伴うことである。この観点から翻訳としての訓読を見れば、訓点をつける行為および訓読で漢文を読むことは、日本語の音声言語を用いて日本語と異なる音声・語法秩序を持つ中国語の表記を読むことなので、必然的に、ある程度の認識の暴力性が付きまとっている。

しかし、他の側面から見れば、漢文の「言」の次元は「書（象）」の媒介によって文字序列としての漢文に現れる。

訓点は訓読で読む方法の指示・記号をつけただけで、漢文の「書（象）」、すなわち意味を伝達する文字表記の序列自体を削除あるいは破壊しない。それゆえに、訓点本は読者に漢文の「文法」で読む選択肢を提供している。読者はそれに従って読むこともできる。この選択肢は実際、目で漢文を直読する徳川儒者と近代の中国学者らとによって利用されている[40]。こうして、口によって訓読を行うほかに、目による直読が許される。そのため、十分な日中言語の隔たりの自覚と漢文知識を持てば、漢文の読解・翻訳方法としては、訓読は必ずしも、専ら華音に依拠する直読方法より悪いとはいえない。むしろ、日本人にせよ、中国人にせよ、漢文の「文法」を把握するのはよい漢文を書くために重要だといえる。だが、訓読が翻訳だということが訓読を使う学者に意識されていないことこそ徂徠に批判されているところである。それに、訓読はそのまま現代の翻訳論で解釈できない部分がある。それは現代の翻訳論で扱う言語は互いに平等であるのに対して、東涯と後述の徂徠などを含めた江戸知識人が考えている漢文背後の中国語と外の言語（「方言」）との関係は中心（文）と周辺（質）との価値的な差異があるからである（後述）。

二　荻生徂徠の訓読批判と「訳文の学」への契機

1　訓読批判

徂徠はさまざまなテキストで訓読を批判しているが、本書では、最もまとまったテキストと思われる『訳文筌蹄初篇』「題言」に基づいて検討する。徂徠は「題言」第二則で「日本の漢文学者は「方言」で漢文を読み、その方法を「和訓」と称する。これは訓詁の意味で「和訓」を理解しているからであるが、実は「和訓」は「訳」である（此方学者以方言読書、号曰和訓。取諸訓詁之義、其実訳也）」と述べている。さらに、続いてまとめると次の四点から漢文翻訳、解読方法としての訓読の短所を指摘している。

（1）漢文が表記した「中華言語」と「此方言語」（日本語）との「文法」（「上下位置体段」「語脈文勢転折」）が異なることである。
（2）異字同訓と同字異訓の問題である。すなわち字義が異なる問題である。
（3）「常言」で解釈し尽せない「仁義・道徳」などの聖人の教えにあたる和訓は元来ないことである。
（4）日本語の言葉の数は歴史的に増大していくので、言葉の数がなお少ない時代に作られた「訓」（和訓）より、現在使っている言葉（「今言」）がより正しく「華人言語」で書かれた漢文を翻訳できることである。(41)

この中の（4）の批判は、「題言」第四則で再び取り上げられ、当時の日本人が使っていた俚俗的で平易な日本語（「今言」）を使う「訳」（「訳文の学」）は、古雅で人情に疎い言葉を使う「和訓」より優れていると説明される。

しかも、徂徠は第四則で「訳」（「訳文の学」）の利益として「不生奇特想、不生卑劣心」を挙げた。彼にとって、学者に「奇特想」と「卑劣心」を生じさせたのは「和訓」の問題なのである。彼のいう「奇特想」とは、「理」などに基づき、奇特の発想で、経書の文意をこじつけて解釈することである。「卑劣心」とは、専ら「耳」に頼って和訓と講師の講釈をセットにして漢文を日本人に向けた言語コードに変え、経書の要点の整理された理解しやすい読書方法に頼る性向である。(42)

総じていえば、徂徠が訓読を推奨できないと判断したのは、主として、専ら訓読および訓読による講説に頼る学問方法が、日中の言語差異と言語の歴史変化とに対する無自覚を生み出すこと、すなわち翻訳によって認識の暴力が施されたことを意識せず、現在話している日本語という枠組みに拘束されるという落とし穴を見落としてしまうからである。さらにいえば、訓読は、日中の言語の差異と言語の史的変化とに鈍感な理学的な解釈方法と親近性を持っている。そうであるからこそ、後に徂徠は古文辞学を創出して、理学の経書読解の方法を批判したのである。この点は後に検討するが、訓読に伴う以上のような問題を克服するために、彼は「訳文の学」という新たな方法を提出したのである。

ところで、徂徠は「題言」第五則で、「和訓」で講説することについて「十害」を挙げた。そのうちの八、九、十は、「和訓」で講説する講師の中の「豪傑」たちが「文字」によって書かれた経書中の「道」を正しく理解できずに、その「奇特想」で経書を解釈して学派を作ったことに対する批判である。特に、徂徠は、「孔孟正脈」「閩洛正脈」などの看板を掲げてアピールした学派を例として挙げた。それは京都で私塾を開いた仁斎と山崎闇斎であると考えられる。事実、徂徠は『蘐園随筆』において、仁斎の漢文の「和習」と闇斎学派の和訓による講説に対して、明確にその名を挙げて批判した。[43]また、『随筆』に付した『文戒』では、さらに具体的に両者の漢文の「和習」を批判的に検討した。指摘されているように、『文戒』は『榑桑名賢文集』に対する批評を基礎にして、削除・選定した後出来上がったものである[44]『榑桑名賢文集』は仁斎、闇斎、益軒など、惺窩・羅山以後かつ徂徠以前の世代の漢文を中心に編纂された漢文選集である。彼らを「榑桑名賢文集世代」とすれば、徂徠の「題言」での訓読批判には、たしかに主として、この世代、特に京都で塾を開いた仁斎の古義堂への対抗意識ないし自負の感情が隠されている。こうした対抗意識を動機の一つとして、徂徠は訓読に代わる方法を模索していたのであろう。

2　「訳文の学」へ

では、徂徠はどのようにして「訳文の学」という方法にたどり着いたのだろうか。徂徠は『訳文筌蹄初篇』「題言」第二則で「古の人は「本を千遍読めば、その意味が自ずからわかる」と述べているが、私は幼い時、古の人が意味を理解していないうちに読めることに対して、ひそかに怪しく思っていた」[45]と述懐している。幼い徂徠がこの「古の人」の言葉に対して疑問を持つ理由は、彼自身がすぐ、「日本の漢文を読む方法は、読めばすぐ意味がわかる、わからなければ読めない」[46]と説明したように、日本人が訓読で漢文を読む前には、漢文の意味をそれなりに理解しなければ読めないのに、華音で漢文を直読する中国人は意味がわからなくても読める。徂徠はこの二つの漢文の読み方に存在するギャップを感じとったゆえに、戸惑いを感じたのである。

このことを理解した徂徠はやがて二つの重要なことを発見した。一つは、既述の訓読で漢文を読むことは翻訳にほかならず、それは「靴を隔てて痒みを掻く（隔靴掻痒）」の感をもたらす。もう一つは、中国人自身はかえって中国語の「本来面目」を知らないことである。つまり、訓読で漢文を読む日本人も、華音で漢文を直読する中国人も、同じく自らの話す音声言語の語法秩序・世界観に閉じ込められている。この認識が、徂徠をして、漢文の背後にある一つの日本語と異なる音声秩序を持つ中国語の存在に気づかせ、さらに、漢文の中に隠されている中国語の「語法」の存在に中国人が十分注意していないことをも発見させた。こうした発見によって、徂徠は、漢文に隠れた中国語の「語法」の次元にも着目するようになったが、そのことは、訓読に代わる新たな漢文の読解・翻訳方法を探究する道に彼を導いた一つの重要なきっかけになったといえよう。

徂徠の初期漢文研究の様子については、彼が二十代ごろに書いた『文理三昧』によって知ることができる。徂徠は同書で、「虎白陳氏は、日本人の学者が読んだ漢籍は多いが、「文理」と「字義」を把握できる人が少ない、と述べている。私は昔この伝聞を聞いてからずっとそれを服膺している。その後漢文を研究・穿鑿しているうちに、ついに、そこで言うところの漢文の「文理」「字義」のことを把握できるようになった[47]」と述べている。「虎白陳氏」は陳元贇（一五八七―一六七一）を指している[48]。陳には『昇庵詩話』という遺作がある。その中で、陳は「茲方之人」（日本人）が書いた漢文における「字義」と「文理」の誤りを指摘して、「文理を誤れば、語文には成れず、字義を間違えば、字の意味と字が指す物が異なるようになる。文理と字義との二つの壁を越えれば、中国人になることができる[49]」と述べている。こうした中国人の日本漢文に対する批評との出会いと反省も、漢文に内在するその「字義」「文理」を研究することを徂徠に決心させた重要な契機の一つだと考えられる。このように、幼時の日中の読書方法の差異に対して感じた疑問と中国人の日本漢文批評に対する反省とは、次に述べる徂徠の漢文研究と「訳文の学」の形成にとって重要な意味を持っていたはずである。

三　徂徠の「訳文の学」とその漢文研究

徂徠は「文理三昧」のほかに、『訓訳示蒙』「総論」、『訳文筌蹄初篇』「題言」、『文戒』などの漢文研究関係の文章を順に書いた[50]。『訓訳示蒙』「総論」で漢文の「文法」を研究したうえで、初めて「訳文の学」という翻訳方法を提示したのである。同書で徂徠は漢字に対して、次のような意見を開陳している。

1　徂徠の漢字認識と「訳文の学」

『訓訳示蒙』「総論」で、徂徠はまず、書籍に書かれたものが「唐人語」と心得るのが学問の大意である、と述べている。すなわち、学問をする前提として、書籍に書かれた漢字・漢文は日本語とは異なる言語体系である中国語（唐人の詞：唐人語）を表記したものだということを意識しなければならない。中国語とほかの言語との差異について、徂徠は次のように述べている。

唐土の詞は字なり。日本の詞は仮名なり。日本ばかりにあらず天竺の梵字・胡国の胡文・韃子の蕃字・安南の黎字・南蛮の蛮字・朝鮮の音字皆仮名なり。仮名は音ばかりにて意なし。……字は音あり意あり。中国の詞は文なり。夷は質なり[51]。

徂徠は当時の日本で得られる世界の文字体系の知識を踏まえ、中国語を表現する漢字・漢文の表意性や、漢文に書かれた中国語とほかの言語との差異、またその「文」たる所以などについて考えている。それだけではなく、漢字・漢文の背後にある音声秩序にも注意して、一漢字音の中に「清濁平上去入」といった「密」なる複数のイントネーションを持つこと、すなわち漢字の音調の複雑性を、漢字が「文」であることの一証拠と見ている。[52] つまり、徂徠にとって、声調と表意できる字形を持つ漢字・漢文は「質」と対立する意味での「文」（「文華」）の象徴である。そして、後述のように、「文」である漢文には天地自然に合う秩序が内在している、と徂徠は信じる。彼の「訳文の学」は、こうした「文」（「文華」）としての漢文を解明するために展開された方法論である。

2　徂徠の漢文の「語法」に対する認識と易

徂徠は「訳文に字義・文理・句法・文勢と云ことあり」[53] と述べているように、「訳文」の実践は漢文の「文法」に対する理解を前提としている。この文でいう「字義」と「文理」は、その後期の漢文研究に属する「題言」で主張した、日本人の学者が努めるべき漢文の語法規則に関わる中国語の「本来面目」だと考えられる。

徂徠は「題言」第二則で、「私はかつて『文罫』[54] という本を作った。その中で、中国語には天然の秩序があり、乱れていないということを具に述べている」[55] と書いている。『文罫』一書はすでに佚失したので、具体的な内容は知るよしがないが、彼は「題言」第七則において、「この編には「形状字面」（形容詞）と、「作用字面」（動詞）と、「声辞字面」（助字）と、「物名字面」（名詞）とがある。詩論の著者たちが詩語の性質を区別するために用いた「虚・実・死・活」は右のような字の分類である」[56] と述べている。さらに、彼は『文罫』の「上下位置之法」と「易四象之数」と「中華語言本来面目」とを漢文の構造に関連づけて説明している。[57] ほかでも、彼は、中国語を表現する漢字・漢文の「語理」は「天生自然之則」を持つと述べている。[58] 以上からして、彼はおそらく、『文罫』で易の「四象の数」を基準にして、漢文に隠れている中国語の「語理」を分析した、と推測できる。そもそも、易との関連における彼の考えでは、古今にわたって数に関する説を大別すれば、次の三つのシステムがある。①五を天地の実数とした説である。すなわち五行説を指している。②二四八という易のシステムである。③三六九という揚雄の『太玄』などのシステムである。その中で、徂徠は特に易のシステムを、「仮借虚設之象」すなわち世界を認識する枠組みとして見ている。[59]

そこで、徂徠の数学知識とその漢字・漢文に対する分析を結びつけて考えると、次のことがいえる。彼の考えでは、「天生自然之則」を持つ漢文の「言」のレベル（中国語）における「語理」は、まさに易のシステムによって認識できるものである。この点はまた後述するが、右のように、彼がいう「華人言語」の「本来面目」とは漢文に隠れている中国語の「語法」（「語理」）についていったものだが、その分析枠組みの背後には易数のシステムが隠れているのである。

3　『訓訳示蒙』「総論」における「訳文の学」

次に、右の検討を踏まえ、さらに「語法」に関わる字義論と文理論と「文の上手下手」に関わる文章論（句法・文勢）とに分けて検討し、徂徠の漢文研究とその「訳文の学」との関係を明らかにする。

（1）字義論

徂徠は、漢文の最小意味単位である「字」を、字形・字音・字義・字品・字勢・字用と分けて分析している。[60]「字形」「字音」「字義」は従来の訓詁学、文字学、音韻学も扱う分野である。この方面に対する徂徠の理解は、これらの伝統的な学問分野の成果に依拠している。[61] しかし、徂徠は「説文制字《ママ》の説を以てみれば字義の根本が知るなり。然れども字義には転用ということあ（る）」ので、字書だけに頼っては知ることはできないと説いている。徂徠は、「古人の字を使う手筋」、すなわち熟字成語を習い、「字品」「字勢」「字用」を把握できるようになるまで工夫すべきだ、という。[62] この考えは、徂徠が従来の訓詁学者・文字学者と異なっているところである。

まず、徂徠は「字品」と「字勢」を「字義の大綱」としている。「字品」は「字の元来の種姓」である。そして、徂徠は、「字品」を「虚・実・正・助」(63)に大別した後、さらに「正」「助」を区別し、「助」は助字だとするのに対して、「正」は助字が助ける実語だとしている。そのうえで「正」を「実」と「虚」に区別している。このように区分した後、彼は「虚字とは大小・長短・清濁・明暗・喜怒・哀楽・飛走・歌舞の類也」と、「虚字」の中に八つの類を挙げている。さらに、「此の内に動と静とあり」と、挙げられた八つの類の「虚字」を二分化している。さらに、「静の虚字は大小・長短・清濁・明暗等也。動の虚字は喜怒・哀楽・飛走・歌舞等也」といい、「動」と「静」に二分化された「虚字」が、それぞれに四つあるとしている。

注意したいのは、彼の「実字」に対する説明も、「虚字」の説明と同じく、八（天地・月日・鳥獣・草木・手足・頭尾・枝葉・根茎）→二（体・用）→四という順序で分類していることである。すでに見たように、徂徠のいう「華人言語」の「本来面目」と易の数システムとの関連づけを考え合わせれば、徂徠の「字品」に対する分類はまさに二・四・八という易の数システムに合っていることがわかる。彼はおそらく意識的に、易の数に基づき、それに合うように漢文の背後にある中国語の言語構造を考えていたのだと考えられる。

次に「字勢」について、徂徠は「通局・単複・厳慢」と三つの対概念で区別している。「通局」は、字義の広狭ないし普遍と特殊を意味している。「単複」は、字義をなす単位が一字であるか、あるいは一字以上からなる熟語であるか、という区別を意味している。そして、「厳慢」とは、字義を限定するか、それともしないか、という差異を意味している。

続いて「字の用」について、徂徠は「死活・精粗・真仮・軽重」さらに「大小」と五つの対概念で説明している。「死活」とは、字義が何かの「作用」を表現する字か、それとも「作用」がない状態を表現する字か、という差異を表すための対概念である。すなわち、「活字」は作用の字、動詞であるのに対して、「死字」は物名の字（名詞）、形状の字（形容詞）である。「精粗」は、字義が厳密であるか否かの差異である。「真仮」は、本義か転義かの差異、「軽重」「大小」は、字の文章における意味とそれが果たす文法機能についての差異に関わっている。

徂徠はこのような「字品」「字勢」「字用」を理解したうえで、「字義」を把握すべきだ、と説いている。こうした徂徠の字義論は、東涯より精密であるのはもちろん、彼が捉えようとしたものは漢文の「字義」にとどまるのではなく、漢文に隠れている言語としての中国語の「字義」をも捉えようとしたものである。さらに、徂徠の字義論には、近代言語学の品詞論に近いところがある。ただし、近代言語学の名詞、動詞、形容詞、副詞などの品詞分類は、詞の性質ないし働く機能から分類するのに対して、徂徠の分類では、従来の詩文論で使われていた「虚実」「動静」「体用」「軽重」など、対立しながら差異を表す対概念が用いられている。(64)徂徠の分類は近代の品詞分類ほど分析的ではないが、「異なった品詞間に形式上の区別をつけない」孤立語としての中国語の分析に、より柔軟に対応できると考えられるだろう（文理論の項で述べる）。

（2）文理論

「文理」とは「字の上下の置きよう」である。文理論はこうした字と字の語法関係を論じるものである。例えば、徂徠は「軽重」「死活」などの対概念で、次のように説明している。「山石」のように二つの実字が重なる場合、下の「石」という字が重いことになる。具体的に、徂徠の『訓訳示蒙』における解釈を見てみよう。徂徠は、①「華語の「而」字は下へつく。倭語の「て」「にて」は上へつく。此華夷語脈の不同なり」（四六七頁）、②「「於」「于」「乎」「諸」四字ともに「ニ」という仮名にて反る所に使う字なり。「乎」字は「にを」に通するなり「於」「于」の二字は軽重の違ひなり。「於」は軽し。「于」は重し……」（四七五頁）、③「「也」字の上、死字なれば、「也」字を「者」字にあててみる。「者」字は下句を喚ふ意多し。「也」字は上を指す意重し……」（四七六頁）、④「「用」字は実語なり。

「以」字は助語なり」（四八四頁）と説明している。このように、徂徠はあくまでも、漢文の構文構造に即して、個々の字の種類（④）および字と字との間の関係（②③）などを吟味して、そこに法則性を見出そうとしている。しかも徂徠は、漢字の助字の含意と、訳語としての日本語の「テニヲハ」との間にあるニュアンスの差にも注意している（①②）。徂徠は「倭語さへ知ずんば、漢語はいかがして知らんや」（四七七頁）という。このように、「訳文の学」という方法は、単に「漢語」の構文構造を理解することを要求するのみならず、自らの母語である「倭語」に対しても分析的に理解するように求めている。これは、既述の東涯の漢文研究ではあまり見られない視点である。この意味で、徂徠は東涯よりもう一歩進み、日本語と異なる中国語の「語法」現象そのものを体系的に分析しようとしたのだといえよう。

事実、徂徠が中国語に対して作った分析枠組みは、その後蘭学者に継承され、近代日本の言語学にも繋がっていく(65)。しかし、徂徠の分析枠組みの背後には易の論理が働いていることや、その分類のために彼の用いる「虚実」といった対立しながら差異を表す対概念の多くが、従来の漢詩文論書から来たものであることにも注意せねばならないだろう。

（3）文章論

徂徠によれば、以上の「字義」と「文理」を理解すれば「唐人詞」になる基準に達する。しかし、徂徠の「訳文の学」はそれだけを取り扱うのではなく、「文の上手下手」に関わる文章論の次元にまで進む（同上、四四一頁）。そして彼は、「字義」「文理」を学ぶためのよいテキストとして、明晰な朱子の文を挙げたのに対して、文章の腕を磨くための文章論のよい模範文としては、韓柳などの文人の文を挙げる。さらに、『訓訳示蒙』「総論」では、文章論に関して、「布置」「分間」「句法」「章法」「篇法」に言及している。これらの術語はほとんど『昇庵詩話』に見られる。ただし、これらの術語は第二章で検討した唐宋以後に創出された漢文分析概念であり、それ以後の詩論、文章論関係の書物、文人の文集にもよく使われる表現である。(66) 徂徠は『昇庵詩話』を含めて、中国から来た詩文の技法論を踏まえ、その文章論を展開したのである。

まず、「布置」について、徂徠は「字品・字勢・字義・字用をよく勘弁して一句一語を組み立てる時に、上置く字下に置く字の分けを知って組み立てるが布置と云うものなり。時に其上の字は下の字をにらみ、下の字は上の字へひびきて、脈理相通ずる所が文理なり。然れば布置は人の頭身手足の如し文理は人の気血筋脈の如し。……布置にて語句の体が立て文理で語句の用をたす」(同上、四六一頁)と説明している。つまり、彼は「布置」について、「字義」などを理解した上で字と字を組み立てること、ないし組み立てられた語句の構造自体(「体」)を指すものとして捉えているのに対して、「文理」については、句の構造内部の意味ないし論理的な働き(「用」)として捉えている。

次に、「分間」について、徂徠はそれを「布置のしようのまくばりのよきこと」だと定義している(同上、四六一―四六二頁)。つまり、「分間」とは、文章の巧拙に関わらない「布置」「文理」と異なり、語句内部の構造のバランスが取れていることを意味している。彼は「分間は章法、句法、篇法なり」(同上、四六二頁)と述べる。「分間」は句法だけではなく、漢文の「章法」「句法」「篇法」全体に関わり、その按配の巧拙を論じる文章論の術語である。すなわち、よき「分間」の漢文が作れるようになれば、よい漢文が書けるようになるのである。さらに、彼は「分間より以上句法と云、この上には格調・字眼と云ことあり」(同上、四六二頁)と述べている。この「格調」と「字眼」はさらに高度な詩文の修辞技法に関わる概念である。こうした時代ないし個人の文章のスタイルに関わる文章の「修辞」は後述の看書論ないし古文辞学に繫がる。

以上、総論で展開された徂徠の文の巧拙に関わる文章論を検討してきた。ここで注意したいのは、「総論」で徂徠が挙げた習熟すべき文章模範は、いまだ唐宋古文家の文章だということである。この点は古文辞学成立後に変化が現れてくる。

このように、「訳文の学」は、日本語と漢文の背後にある中国語との言語構造との差異を十分に意識したうえで、漢文の「字義」「文理」（「語法」）や文章の作文法を含む漢文「文法」ないし特別な「修辞」の技法をマスターしてから、和文に翻訳する学問である。それに対して、既述の東涯も漢文の背後にある中国語を意識していたはずであるが、その漢文研究は訓読の発想で作文する時に生じる漢文「文法」錯誤の問題を解決するために展開されたものだといえる。そして、徂徠の漢文研究は、「訓読」に代わる漢文の翻訳方法としての「訳文の学」の実践と密接に関わるものである。そして、『訳文筌蹄初篇』「題言」に至って、彼はさらに、「訳文の学」を踏まえながら、華音直読論としての「崎陽の学」と看書論を提示したのである。次に、この二つの方法と「訳文の学」との関連を検討する。

四　唐話学と看書論

1　唐話学（「崎陽の学」）

『訳文筌蹄初篇』「題言」で、徂徠は既述の訓読による講説の弊害を批判した後、次のように述べている。

私はかつて漢文の初心者たちのために、学習方法を定めた。まず、長崎唐通事が使う唐話を学ぶ方法を学ばせ、日本語の俗語で教えて華音で読ませてから、日本語で翻訳させる。決して訓読で読ませずに、最初は二字、三字の唐話の句を取り出して読ませる。次第に上達した後、漢籍の本文をそのままに読ませる。こうした学習方法で練習して上達すれば、中国人が漢文を読むのと同じようになれる。それから、経・史・子・集の漢籍を少し読めば、勢いよくすらすら読めるようになる。これが最もよい学習方法である。(67)

そこで、徂徠が「崎陽の学」を評価したのは、その次に説く、唐話学と無縁のところで暮らす漢文の初心者たちのための、訓読に頼る「第二等法」に対比して、いったものである。

徂徠の説明によれば、「崎陽の学」は、まず、漢文学習の初心者に二、三字一句の唐話を学ばせて「華音」で直読させ、さらに、当時の日本語の「俚語」で訳させ、「中華人」になった後、経・史・子・集を読ませる方法である。まず、徂徠がいう「中華人」になるとは、中国人のように華音で中国語を母語のように喋ることにより、中国語の「語法」（「字義」と「文理」）を誤らなく読めることを強調していると思われる。つまり、「崎陽の学」は、直接に日本人の学者に当時の中国語の口語（華音）を自然に体得させ、漢文における「言」のレベルの音声と「語法」を習得させるための方法である。そのほかに、徂徠は唐話学と無縁の「寒郷」で暮らす人のために、「第二等法」を提出して薦めた。その教え方は、次のようなものである。①最初、「此方読法」（和訓）で経書を読ませながら、時々わかりやすい語句を取り上げ、俚言で解釈して自得させる。②さらに『史記』『漢書』など史書を読ませ、字書あるいはこの『訳文筌蹄』で調べさせながら、地域・時代の変化による「文物制度」などの差異を理解させて、歴史の感覚と知識を持たせる。③さらに、書物に含まれる深遠な道理について、その資質によって時にはヒントを与えて自得させる。④以上の三つの段階を通った後、『資治通鑑』など無点の史書を読ませると、「中華諸生」のようになれる。

この二つの学問方法に関しては、「第二等法」は「寒郷」で暮らしていた徂徠自身の幼時の経験を踏まえて立てた方法であり、歴史を重視する点などは彼の古文辞学に繋がるものもある。しかし、従来の研究では、専ら「崎陽の学」に熱い視線を注いできた。しかし、「崎陽の学」と「第二等法」はともに既述の「訳文の学」に代わる方法ではなく、その発想を踏まえ、その一環としてある。つまり、「訳文の学」の実践が、日中言語の差異についての意識と漢文の「文法」に対する理解とを前提としているように、「崎陽の学」と「第二等法」はともに、日本語の思惟にとらわれずに、中国語を表現する漢文の「文法」を習得する基礎を築くための基礎的方法である。この漢文学習の基礎的方法として、徂徠は「崎陽の学」を評価している。管見では、右に論じた字義論、文理論、文章論との関連からすれば、「崎陽の学」論と「第二等法」論は字義論、文理論といった学問の初心者を対象にした学問方法論である。それに対して、看書論と古文辞論は学問が上達した人のための学問方法論、すなわち文章論に属している。

たしかに、徂徠が一時期唐話に熱心だったことは明らかである。彼は柳沢家に仕えた時、すでに唐話を習得していたし、退職してまもなく正徳元（一七一一）年に岡嶋冠山を招き、訳社という唐話講習会を開いている。[68]おそらく、この唐話学習と関係して、正徳五年に出版された『訳文筌蹄初篇』では、「休了他」を「閑をやる」と説明したように、唐話が利用されるようになった。[69]これは三十代ごろ書かれた『訓訳示蒙』に見られないものである。

だが、徂徠が学んだ唐話は一体どのようなものか。吉川幸次郎は「南方音」という見解を示した。[70]そして、木津祐子によれば、徳川時代の唐通事が学ぶ中国語には福州話と漳州話と南京話（官話）とがあり、その中で、南京話が時代を追って重要性を増していくという。[71]しかし、徂徠が学んだ「唐話」は、おそらく南京話ないし杭州話[72]をベースにしながら、彼らの唐話の師たる岡嶋冠山が、長崎で話されていた唐話に基づき、さらに白話小説の言葉を加えた後に、整理して作り出した徳川知識人向けの唐話であろう。[73]徂徠らが学んだ唐話の教科書『唐話纂要』の序に、[74]「中国語を学ぶのが重要なのは、それによって中国人が普通に喋る言葉で中国人と日本人との意思疎通を行うためだけではなく、漢籍の読み・書きにも大きく関わっている」とあるように、徂徠らにとって、唐話の方言のいずれかに通じて中国人と会話するよりも、後者の「読書作文」こそ唐話を学ぶ目的であった。

さらに、訳社を開く目的は「夏で夷を変じる」であり、「俗で雅を乱す」ではないと、徂徠は強調している。[75]実際、唐話と儒者の学問対象としての漢文（文語としての中国語）とは語彙の面で大きな違いがあるので、唐話を習得すれば、使用できる漢語が増えるし、俗語の入り混じる漢籍を読むにも役に立ち、なお語録、小説類が読める。しかし、徂徠はこうした唐通事らの学問方法を身につけても、単に「学識がなくて文章が書けない華人」[76]になるだけだ、と述べている。それゆえ彼が唐話学を薦めるのは、その唐音の音声を完璧に真似するよりも、漢文に隠れている「唐話」の「字義」と「文理」を把握することを目当てにしたのだと考えられる。

実際、「唐話」だけができても、「雅」なる文語文を理解するには不十分である。まして、それは「修辞」に関わる「格調」などを知るには無理がある。そのため、徂徠は看書論という方法を提出したのである。徂徠は「題言」第六則で、「読書よりも看書のほうがよい。というのは、日本と中国との語音が異なるために、漢文を学ぶ日本人の耳と口はあまり役に立たない。ただ一双の目は世界のどこに行っても、差異なくみなと同様なものを見ることができる(77)」と述べ、「耳口」に頼って漢文を理解する限界を感じとり、「目」による読書の効果を強調している。

2　看書論

看書論は、視覚的理解によって漢文を閲読する方法である。徂徠は「詩話文評の類の如き、ある文章が「高華」と評されている。……また杜甫の詩には声があり、色があり、味わいがあるというような評語を理解するために、目で文字を久しく習熟することによって、その詩の意味、趣味以外にその詩がかもし出した気象を感じ取れなければ、どうやってその評語の意味を識別できようか(78)」と述べている。このように、徂徠が提起した看書論は、日本人が漢詩文批評の作品を読む時に、耳で「声」を聞くだけではなく、「目」で漢詩文の「文法」を読み、「雅語」「古辞」による「修辞」を習熟することによって、漢詩文の「修辞」がかもし出す「気象」を「心」で感じ取るための方法である。これについて、徂徠は次のように述べている。

文章を作るように、もとより、和訓は同じだが、意味が異なるものがある。……また意味が同じだが、気象が異なるものがある。これは耳と口で弁えるものではなく、心と目を使って初めてその意味と気象が読み取れるのである。ゆえに、訳語は翻訳しきれないところがある。訳語が意味を得るための手段とされるのはこのゆえである。本当の訳は紙の背面まで目で見破ってその意味・気象までを理解してから初めて可能になる(79)。

この徂徠の文は、次のように解釈できよう。つまり、「訳」を「筌」となすものとして得たものは、耳と口で翻訳された言の「意」のはずである。しかし、「訳語の力」が及ばないもの、すなわち翻訳された詩文の言葉が持つ「意味」「気象」などの「修辞」に関わる部分は訳語で翻訳できないものがあるので、そこまで理解するための方法として、「目」による理解の重要性が強調されているのである。

　このような考えから、さらに次の二文を吟味してみる。

> 「古辞」は簡略で「文」である。「今文」は素朴で冗長である。「雅言」と「俚言」、および「華言」と「倭言」との関係もこのようなものではないか。「華言」の翻訳できる部分は「意」だけである。「意」の言葉にできる部分は「理」だけである。その文采の粲然としたものは翻訳しきれないのである[80]。

> 「辞」と「言」とは異なる。あなたが同じだと思うのは日本人の陋習に捉われているからである。「辞」は修飾された「言」である。「言」に文飾を施したいので、「尚辞」「修辞」と言われるのである[81]。

つまり、徂徠の考えでは、当時の日本語で翻訳して「意」が得られるのは「華言」「言」であり、「文采粲然たる者」としての「辞」（古辞、雅言、唐詩）は当時の日本語に翻訳しきれない。こうした「修辞」が施された含蓄ある漢文表現まで理解する（「訳之真正者」）ために、右の看書論が提出されたわけである。

　この看書論は、「書（象）・言・意」という漢字・漢文の三項構造に即してみれば、唐宋以後に創出された漢詩文の「文法」を分析することだけによっては把握しきれない「辞」の「意」（「意味」「気象」）を読み取るために、その迂回的な表現に込められた「修辞」の策略を読み解き、その文字列たる「書（象、形）」の次元から興った「象」（比喩と連想の媒介）によって「意」を見定めるための方法である。つまり、看書論は、漢文を「言」（中国語の音声）に還元してその「意」を分析的に理解するだけではなく、修飾が施された「辞」としての漢文のままに読解する方法といえる。とはいえ、徂徠は必ずしも音声を無視しているわけではない。現に、彼は既述の「崎陽の学」に注目するほかに、漢文を読むために、四声を学ぶべきだと強調している[82]。また、実際、古代中国の経書には、音声を頼る仮借という方法も多用されている。既述のように、明代古文辞派も彼も、このことを重視している。後述（第五章）のように、「音韻の学」はその古文辞学に内包されている。彼は、漢文背後の音声だけではなく、漢文の羅列によって作られた「辞」の「色」など多面的に漢文を把握している。それゆえ、この第六則の看書論は、初級者のために提出した「唐話学」（「崎陽の学」）と「第二等法」とは異なり、上級者のために提出した漢文を読解する方法である。この徂徠の看書論に着目すれば、徂徠が音声中心主義ではないことはもはや明白である。

この中国語音直読の「崎陽の学」と看書論の二つの方法は、それぞれ最初に提起した「訳文の学」を補助する役割を担い、その一環をなしている。そして、『訳文筌蹄初編』「題言」の段階になると、「訳文の学」は「訳学」に言い換えられる。

徂徠にとって、「訳学」が扱う対象は、現代言語学が対象とした中国語の「語法」そのものにとどまるものではなかった。その対象とは、歴史的に変化する中国語の音声秩序（「語法」）がその背後に隠れ、『文法』を持ち、さまざまな「修辞」戦略が込められている漢文である。この意味で後述の古文辞学は「訳学」の一部に数えられながら、主に盛唐以前の詩と秦漢以前の漢文を読解するのみならず、漢文を創作する学問として位置づけられる。それゆえ、「題言」第十則で、徂徠は、無点本を読める人に古文辞を薦め、「義趣」がわかりやすい後世の文章と比べて「含蓄にして余味ある」古文辞文章はまさに「心目双照」の方法で読解・翻訳すべきである、とも述べる。次章では、そうした徂徠の古文辞学を考察していく[83]。

（1）　訓読をめぐっては、漢文教育と中国古典学の方法論の分野において、大正時代ごろから、訓読が漢文読解技法としての利（短期的に習得できること……）と、不利（漢文の字義を誤解しやすく、中国語としての語順と音感を感知しにくいこと……）とを持つことについて、多くの学者によって論議されてきた（市来津由彦「課題としての訓読」『儒教テキストを通しての近世的思考様式の形成——日中における対照的研究　研究報告集一』二〇〇六年を参照）。なお、訓読をめぐる最近の議論は、日本思想史の研究者によって、日本語の「国語」としての成立に関わる問題（子安宣邦『漢字論——不可避の他者』岩波書店、二〇〇三年を参照）として、また文化翻訳の問題（中村春作「訓読再考——近世思想史の課題として」『文学』第六巻第六号、二〇〇五年を参照）として、提起されている。

（2）訓読を批判した徂徠の翻訳方法論については、以下の重要な先行研究がある。まず、挙げられるのは、青木正児と吉川幸次郎などの中国古典学の研究者による研究である。彼らは、徂徠の訓読批判および華音直読論（「崎陽の学」：唐話学）に近代の問題意識を投影して、徂徠の華音直読論への支持を近代中国学の革新の第一歩と見ている（青木正児「漢文直読論」『青木正児全集　第二巻』春秋社、一九七〇年と、吉川幸次郎「徂徠学案」『荻生徂徠』日本思想大系三十六、岩波書店、一九七三年を参照）。のちに、こうした理解は、酒井直樹によってポストモダンの視点から再利用されている。彼は徂徠の華音直読論を会話優位の方法と捉えたうえで、徂徠を言語の共同体としての日本の内部を形作った音声中心主義者として描いている（川田潤〔ほか〕訳『過去の声——十八世紀日本の言説における言語の地位』以文社、二〇〇二年、第七章を参照）。さらに、宇野田尚哉は、同じく言説分析方法によって、中国語を理解・翻訳するための徂徠の方法として提出された最後のものは、「訳文の学」（日本語の俗語訳）ではなく華音直読論でもなく看書論である、と指摘している。こうした指摘によって、音声中心主義者としての徂徠像の誤りが、間接的に明らかにされた。それに対して、宇野田尚哉自身は言説分析方法に依拠して、言説の次元で徂徠の看書論が日本思想史において新たな認識の地平を開いたことに、徂徠の翻訳方法論の意味があることを強調している（宇野田尚哉「「書を読むは書を看るに如かず」——荻生徂徠と近世儒家言語論」『思想』第八〇九号、一九九一年を参照）。右の先行研究のほかに、Emanuel Pastreich, "Grappling with Chinese writing as a material language: Ogyu Sorai's Yakubunsentei" (*Harvard Journal of Asiatic Studies* 61, 2001)、相原耕作「助字と古文辞学——荻生徂徠政治論序説」（『東京都立大学法学会雑誌』第四十四巻第二号、二〇〇四年）などの関連する研究がある。

（3）念のためにいっておくが、本書でいう「修辞」はレトリックの訳語ではなく、漢文脈で捉えた詞である。レトリックと漢語としての「修辞」との差異については、林少陽「「レトリック」＝「修辞」なのか――漢字圏批評伝統における「文」と「修辞」の関係」（『言語・情報・テキスト』第十三号、二〇〇六年）を参照。
（4）荻生徂徠『訳文筌蹄初篇』「題言」第十則、一三頁。
（5）荻生徂徠は「修辞立其誠、詩書古之法言也。学古之法言、以美己之言、是謂修辞」（『蘐園十筆』第三十条、五二五頁）と述べている。この文については、第六章で、また検討する。
（6）齋藤希史『漢字世界の地平――私たちにとって文字とは何か』（新潮社、二〇一四年）、九五―九七頁。
（7）吉沢義則『国語説鈴』（立命館出版部、一九三一年）、三〇三頁。
（8）金文京「漢字文化圏の訓読現象」（『和漢比較文学研究の諸問題　和漢比較文学叢書第八巻』汲古書院、一九八八年）、一七七―一八四頁。
（9）黒住真「漢学――その書紀・生成・権威」（『近世日本社会と儒教』ぺりかん社、二〇〇三年）、一〇一―二〇二頁を参照。
（10）訓読の歴史について、鈴木直治『中国語と漢文――訓読の原則と漢語の特徴』（光生館、一九七五年）を参照。
（11）変体漢文と正格漢文のとの区別については、小山登久「変体漢文の文体史」（『講座日本語学七　文体史Ⅰ』明治書院、一九八二年）、一五四頁。
（12）川口久雄『平安朝の漢文学』（吉川弘文館、一九八一年）、一二九頁。
（13）小山登久、前掲「変体漢文の文体史」。
（14）芳賀幸四郎『芳賀幸四郎歴史論集　中世禅林の学問および文学に関する研究』（思文閣、一九八一年）、第二編第二章を参照。なお、中世禅林の学ぶ駢体文と平安貴族が学ぶ文が異なるということについて、大曽根章介『王朝漢文学論考』（岩波書店、一九九四年）、第十二章を参照。
（15）大島晃「『文章達徳綱領』の構成とその引用書――『文章欧冶』等を中心に」（『漢文学解釈与研究』第二号、一九九九年）を参照。
（16）大曽根章介、前掲『王朝漢文学論考』二九〇頁。

(17) 中村幸彦「唐話の流行と白話文学書の輸入」（『中村幸彦著作集 第七集』中央公論社、一九八四年）、九頁。
(18) 例えば、益軒の見方はそうである。「本邦七美説」「勧作文論」「文体論」（『自娯集』〔『益軒全集 巻之二』益軒会、益軒全集刊行部、一九一〇年〕に所収）を参照。
(19) 貝原益軒「勧作文論」二四八頁。
(20) 仁斎は「然世之称好理学者、或棄文字而不理」（「文式序」『古学先生詩文集』ぺりかん社、一九八五年、一九頁）と述べている。
(21) 伊藤仁斎「文式序」一九頁。
(22) 伊藤仁斎『童子問』（家永三郎〔ほか〕校注『近世思想家文集』岩波書店、一九六六年）、二五四頁。
(23) 伊藤仁斎「文式序」一八、一九頁。
(24) 雨森芳洲「音読要訣抄」（『芳洲文集 雨森芳洲全書二』関西大学出版、一九八〇年）、一一七頁。
(25) 同上。同文で芳洲は朝鮮人の漢文の読書法を紹介している。
(26) 原漢文は「書莫善於音読、否則字義之精粗、詞路之逆順、何由乎得知」（「音読要訣抄」一一三頁）である。
(27) 同上、一一六頁。
(28) 徳川時代における『助語辞』などをめぐる漢文研究の状況については、相原耕作、前掲論文「助字と古文辞学」などを参照。
(29) 『助語辞』は作文を教えるために作られた書籍だという（王宝平「『助語辞』及び江戸時代におけるその流布と影響に関する書誌研究」『汲古』第二十一号、一九九二年、五〇頁）。なお、『助語辞』ではないが、前近代の中国における助字研究と科挙との関係については、Benjamin A. Elman, *A Cultural History of Civil Examinations in Late Imperial China* (Berkeley: University of California Press, 2000), p. 279.
(30) 東京大学総合図書館所蔵本による。ほかの『用字格』『操觚字訣』『助字考』などの漢文研究書については、『漢語文典叢書』（汲古書院、一九七九年）に収録された版本による。

（31）東涯は、「予之所述者非古有此、目吾人平生国音読過、致多差誤。欲救此失、創意造製。故置字用字之訣皆漢人之所不言、覧者其致思焉」（『作文真訣』〔『文林良材』所収〕、十三丁裏）と述べている。

（32）東涯は「四方之民嗜欲不同、言語各異、唯中原為得其正。国人語言本是多倒……不特我邦為然、身毒斯盧之書亦爾」（『作文真訣』七丁表―八丁表）と述べている。

（33）東涯は「然声音之道唯漢土為得其正。……吾邦学士習華語以属綴其来也。遠矣哉。然拘于方言、或不能無顚倒錯置之失」（「叙」『用字格』二九一頁）と述べている。

（34）東涯は「文章之祐、助辞也。言語斡運之具」（『作文真訣』十二丁表、十二丁裏）と述べている。

（35）「今之士子多不熟字義」（『作文真訣』十一丁裏）とある。

（36）中村幸彦「操觚字訣の成立」（『中村幸彦著作集　第十一集』中央公論社、一九八二年）、一二二頁。

（37）「唐訳便覧序」『唐話辞書類集　第七集』（古典研究会、一九七二年）を参照。

（38）原漢文は「亦在由和訓而入焉。是以究未離和語境界也」（「与江若水第五書」『徂徠集』巻二十六、二七六頁）である。

（39）George Steiner, *After Babel: Aspects of Language and Translation* (Oxford: Oxford University Press, 1975), pp. 296–303.

（40）鈴木直治、前掲書、三八五、三八六頁。

（41）原文は「観其順逆廻環、然後可読焉。則知其上下位置体段之不同也。其正訓之外、必加転声、然後可読焉。則知此方用助声多於彼也。其也矣焉類無方言可訓、而此方助声亦莫有文字焉。則知彼此語脈文勢転折之則自殊也。異字同訓者衆、而和語亦有不入訓者存焉。彼之所有、此不必有。此亦不無彼之所無也。有一訓被多字者焉。有一字兼多訓者焉、則知華和言語、参差互渉、不可以一抵一也。仁義・道徳・性命・陰陽、莫有和訓焉。則知聖人之邦、命名立教、自有常言之不能尽者存也。異字同訓及訓不的確者、猶有換以今言、可以正其訳焉。則知古昔作和訓時、方言尚寡、後世弥文、言語之数転相倍蓰也」（「題言」第二則、四、五頁）である。

（42）第五則で、徂徠は、「和訓」で講説することについて、「十害」を挙げた。その害の三で、「試一閉戸読書、累日所獲終不如一日所聞。坐収衆美、由是漸生卑劣心。貴耳賤目、廃読務聴」と述べている。なお、第十則では「而世学者但喜択後世極易読者以読之。皆是下根下機卑劣心所使、此其病一。如嚮所論、但読有和訓者、而遇無和訓者畏縮不敢読矣」と述べている。この二文によれば、彼がいう「卑劣心」とは、当時の日本人が、自らの力に頼り漢文原文に直接に対決して読解するのでなく、専ら「耳」に頼り和訓と講師の講釈をセットにして漢文を日本人に向けた言語コードに変え、経書の要点の整理された理解しやすい読書方法に頼ろうとする性向を指していると思われる。

(43)『蘐園随筆』巻之二、八七—九一頁。

(44) 大庭卓『『榑桑名賢文集』の書入れ——荻生徂徠の元禄名賢月旦』（『語文研究』第八十六・第八十七号、一九九九年）を参照。

(45) 原漢文は「古人曰、「読書千遍其義自見」。予幼時切怪古人方其義未見、如何能読」である。

(46) 原漢文は「一読便解、不解不可読」である。

(47) 原漢文は「虎白陳氏曰、「日東人博渉載籍亦多矣。然能識文理与字義者則鮮焉」。余伝聞斯言、而服膺之日尚矣。遂以研究揣摩、而得其説焉」である。

(48)『昇庵詩話』（内閣文庫所蔵の写本）で、陳元贇は「既白山人」「虎魄道人」と呼ばれている。「虎魄」の音読みは「コハク」で、「虎白」の音読みと同じである。

(49) 原漢文は「文理錯則語不成、字義失則物不是。要脱出這箇二関、得便是赤県神州的生人」である。

(50) 諸テキストの関連と作成時期の順序については、黒住真「「訳文筌蹄」をめぐって」（『近世日本社会と儒教』）と相原耕作の前掲論文「助字と古文辞学」、四〇一頁。

(51) 荻生徂徠「総論」『訓訳示蒙』四三八頁。

(52) 同上、四三八頁。

(53) 同上、四四一頁。

(54) 現在見られる『文罫』というタイトルの書物は偽作である。その内容は巻末に「増尾春栄伝」と「静伝」が添付された点以外、ほぼ『文戒』と同じである。しかし、『徂徠集稿』（慶應義塾大学図書館所蔵の草稿）所収の「与江若水第五書」では明らかに『文罫』と『文戒』が別書として書かれている。しかも、本文で引用した「上下位置之法」とあるように、『文罫』は漢文を分析する理論書で、「和習」などの実例を挙げて検討する『文戒』とは異なるはずである。

(55) 徂徠は「予嘗作文罫一書、具言其天秩森然不可得而紊焉」(「与県次公第三書」『徂徠集』巻二十一、二二二頁)と述べている。

(56) 原漢文は「是編有形状字面、有作用字面、有声辞字面、有物名字面。詩家所謂虚実死活即是物也」である。

(57) 原文は「文罫中所説上下位置之法、必以四者為準、故是編亦以此四者為部目。大抵万物触目皆分析為四片、差別家之妙訣本自易四象之数、予自詫以謂得中華語言本来面目者為是故」である。

(58) 荻生徂徠「与江若水第五書」『徂徠集』巻二十六、二七六頁。

(59) 荻生徂徠「復幼芳仙書」『徂徠集』巻二十六、二八〇—二八一頁。

(60) 荻生徂徠「総論」『訓訳示蒙』四六一頁。

(61) 例えば、徂徠が『訓訳示蒙』『訳文筌蹄初篇』で使用した材料は『性理大全』など経書の訓詁のほかに、『字彙』『正字通』などの字書(『訳文筌蹄初篇』六三、八五頁など)、『洪武正韻』『五車韻瑞』といった韻書(同、二一九頁など)、元の頃の日用類書『居家必用』と、『法苑珠林』のような仏教系の漢文集などを多用している。

(62) 荻生徂徠「総論」『訓訳示蒙』四四六頁。

(63) 「虚・実・正・助」という漢字を分類する概念枠組みは、徂徠の独創ではない。既述のように、『昇庵詩話』にそれはすでにあり、徂徠がいう「虚・実・正・助」はおそらくそれに由来するのかもしれない。

(64) カールグレン著、大原信一[ほか]訳『中国の言語——その特質と歴史について』(江南書院、一九五八年)、六一頁。

(65) 杉本つとむ「徂徠とその言語研究——蘭語学との関連を主として」(『国文学研究』第五十六号、一九七五年)を参照。

(66) 「句法」「章法」「篇法」はどの作文論書にも使われている。「布置」は陳繹曽『文章欧冶』(『和刻本漢籍随筆集 十六』尹春年注、伊藤長胤点、汲古書院、一九七七年)に見られる。「分間」は伊藤東涯の『作文真訣』などに見られる。

(67) 原漢文は「予嘗為蒙生定学問之法。先為崎陽之学、教以俗語、誦以華音、訳以此方俚語、絶不作和訓廻環之読。始以零細者、二字三字為句、後使読成書者。崎陽之学既成、乃始得為中華人。而後、稍稍読経子史集四部、勢如破竹、是最上乗也」である。

(68) 石崎又造『近世日本に於ける支那俗語文学史』（弘文堂書房、一九四〇年）、第三章。

(69) 荻生徂徠『訳文筌蹄初篇』二三頁。

(70) 吉川幸次郎、前掲論文「徂徠学案」六三三頁。

(71) 木津祐子「唐通事の心得――ことばの伝承」（『興膳教授退官記念中国文学論集』汲古書院、二〇〇〇年）、六五五頁。

(72) 岡嶋冠山が編纂した最初の教科書としての『唐話纂要』は浙江音（おそらく杭州音）を記したが、それ以降の著作では南京音を記している（中村雅之「明清官話の周辺」『ＫＯＴＯＮＯＨＡ』第一一七号、二〇一二年、一六頁などを参照）。

(73) 奥村佳代子「近世日本における中国語受容の一端――岡島冠山によって紹介された「唐話」」（『中国語学』第二四八号、二〇〇一年）などを参照。

(74) 原漢文は「唐話為要、不止暁常言以通両二情、其読書作文固有大関係」（『唐話纂要』〔『唐話辞書類集　第六集』古典研究会、一九七二年〕、七頁）である。

(75) 荻生徂徠「訳社約」『徂徠集』巻十八、一八六頁。

(76) 荻生徂徠「与江若水第五書」『徂徠集』巻二十六、二七六頁。

(77) 原漢文は「読書不如看書。此縁中華此方語音不同。故此方耳口二者、皆不得力。唯一双眼、合三千世界、総莫有殊」（「題言」第六則、一一頁）である。

(78) 原漢文は「如詩話文評類、説某文 高華、……亦如杜詩有声有色有味有力之類、如非目熟文字之久、義趣之外別覚有一種気象来接吾心者、則由何識別也」（同上）である。

(79) 原漢文は「又如作文章、固有和訓同而義別者。……又有意味同而気象別者。此非耳根口業所能弁、唯心目双照、始得窺其境界。故訳語之力終有所不及者存矣。訳以為筌為是故也。然訳之真正者必須眼光透紙背者始得」（同上）である。

(80) 原漢文は「古辞簡而文、今文質而冗。雅言之於俚言也、華言之於倭言也、亦猶如是歟。夫華言可訳者意耳。意之可言者理耳。其文采粲然者不可得而訳矣」（「答屈景山第一書」『徂徠集』巻二十七、二九六頁）である。

（81）原漢文は「夫辞与言不同。足下以為一、倭人之陋也。辞者言之文者也。言欲文、故曰尚辞、修辞」（「与平子彬第三書」『徂徠集』巻二十二、二三五頁）である。

（82）徂徠は「四家雋例六則」で「発四声為読書先務」と主張している。

（83）徂徠は清朝考証学ほどの古音学の業績を作らなかったが、古音に対して関心と知識を持っていた（後述）。

第四章　詩文論

――徳川前期における明代古文辞派の受容と古文辞学

はじめに

既述のように、「題言」は、古文辞学という概念を初めて提出した。この意味の古文辞学は、前章で論じたように、「訳学」の一環である。すなわち、それは秦漢以前の古文、盛唐以前の詩の制作・読解の方法ないしその詩文論として捉えられる。本章では、右の意味での古文辞学の展開と徳川前期における明代古文辞派の受容との関係を検討する。このようなテーマについては、すでに多くの研究が蓄積されている。(1) しかし、管見では、次に挙げる二つの問題は依然として十分に解明されておらず、より詳しい考察が必要である。

従来の研究では、古文辞学がブームになる荻生徂徠以前の徳川前期社会における明代古文辞派関係書籍の輸入・出版および利用の情況が論じられてきた。だが、東アジア全体を視野に入れながら、明代における明代古文辞派の著作の出版情況とその出版物が徳川日本に齎されて出版された情況とを比較し、全体として整理・考察した論考は、いまだない。この問題についての把握・考察を通して初めて、徂徠以前の日本における明代古文辞派の流通と流行の状況をより深く把握できるであろう。そこで、本書では、李・王（李攀龍と王世貞）をめぐる、徳川前期における明代古文辞派関係書籍の将来と出版およびその利用の情況を捉えることを、第一の課題とする。

さらに、古文辞学の流行のきっかけを作った徂徠自身について、なぜ彼は明代古文辞派に接近して積極的にその漢詩文論にコミットしたのか、という問題がある。この問題については、吉川幸次郎の指摘がある。[2] 徂徠は宋代の文章と異なる李・王の文章の文体に現れた「言語の緊迫」に共鳴を覚えたのだ、という。吉川はさらに、徂徠の古文辞学の主張と実践の確立について、彼が四十四歳ごろの徳川綱吉の死に伴う柳沢吉保の失脚と徂徠自身の致仕という生涯の大転機との関連を指摘している。吉川によれば、それ以後の新井白石（一六五七—一七二五）が主導する政治体制との緊張関係が、徂徠学派の古文辞学のエネルギーをたくましくしたのだという。また、徂徠の持つ白石への対抗意識との関連で、徂徠が朝鮮通信使の詩を見下していることも、吉川は示唆している。[3] この吉川の解釈は、その豊富な中国文学の学殖を土台とする文学観からの見解であるにとどまらず、当時の社会と国際状況にも配慮した鋭い洞察である。それに対して、片岡龍は、徂徠が明代古文辞派へ接近したのは、「失われた中華を求めての遡行の意があった」ためだけではなく、彼には「公安派の文学説と仁斎学との平行性」への着目があり、「当時の東アジア学術界に蔓延していた相対主義的な思考を包み込み、止揚する意図があった」という見方を提出した。[4] 片岡の見方は右の吉川の議論では十分にふれられていないところを補充する考えといえよう。

ただ、吉川は、明代古文辞派と徂徠の漢詩文を「退屈」と評しているように、それらを否定的に評価している。[5] しかも吉川は、清儒の見方に立ち、「偽古典主義」「にせ骨董」と清儒に罵倒された明代古文辞派の文学を徂徠があれほど信用しているのは「信頼の哲学の乱用」である、とすら述べる。[6] おそらく、このような明代古文辞派に対する否定的な価値判断によって、吉川は、徂徠が富士山を愛詠して自らの詩を「芙蓉白雪の色」と自賛していたことを鋭く指摘しながらも、このことについて徂徠の「民族主義」的な側面を強調したにとどまっている。[7] それは、明代古文辞派との関連で徂徠の詩文論を内在的に分析したうえでの評価とはいえない。実は、吉川の明代古文辞派に対する見方は、主として明代古文辞派に対して批判的な立場を取った銭謙益の見方に与して立てたものである。(8) 李・王の文学主張に深くコミットした徂徠の文学思想をより内在的に考察するためには、李・王そして徂徠の立場に近づいて議論を立てることが必要なのではないか。そこで、本章では、吉川・片岡の議論を踏まえながら、前章で考察した「訳学」との関連で、なぜ徂徠は明代古文辞派の詩文論に積極的にコミットしたのか、その理由を考察するために、李・王の詩文論からの継承関係および差異をめぐって彼の詩文論を検討することを、第二の課題とする。

一　徳川前期における明代古文辞派関係著作・詩文論の受容

明代古文辞派関係の著作の一部は、ほぼ同時的に朝鮮に輸入されていた。(9) しかし、それが日本に将来されたのは江戸初期のことである。本節では、まず、徂徠の『四家雋』『唐後詩』が出版される以前において、どれほどの明代古文辞派関係の著作が輸入・出版されたかを考察する。

1　徳川前期における李・王の漢詩文関係著作の輸入と和刻――徂徠以前

附録の表二と表三で整理したように、明末清初（明代嘉靖末期から清朝康熙期まで）には、重刊本・補修本などの版本の差異を別にして少なくとも五十七種類の李・王を中心とした古文辞派関係の漢詩文集、および、『古今詩刪』を別にして二十一種類の李攀龍編集とされる『唐詩選』の異本が出版されていた。(10) なかんずく、難読だとされていた『李滄溟文集』は版を重ね、十三版本もの明刊本が出版された（注：表二を参照）。この事実は、明代後期ことに万暦期における李攀龍の漢詩文の流行ぶりを雄弁に物語っている。ところが、前章でもふれたように、明代中期以後、科挙に不合格の知識人を集めて編集チームを組み、模倣・剽窃などの手段を用いて、科挙のための実用書や有名人に仮託した評注がついた漢詩文選集などを編纂する書商が現れた[11]。附録の表三と表四に挙げた書物の多くも、そうした書商が著名人に偽託して作った本であろう。後にふれる『唐詩訓解』もその一つである。

次に、後述の徂徠の『唐後詩』が出版される以前の日本においては、表四で整理したように、類書に収録されたものと王世貞の史学関係の著作を除いても、少なくとも三十五種類の李・王の漢詩文関係の著作（そのうちに七種類の『唐詩選』の異本がある）が、享保以前に輸入されていた。すなわち、明代後期から清朝初期までに出版された李・王に関わる漢詩文集の半数ほどが日本に入って来ている。実際の数はおそらくこれより多いであろう。また、崇禎三（一六三〇）年に出版された『石倉十二代詩選』が寛永十二（一六三五）年に輸入され、崇禎年間（一六二八―一六四四）に出版された『皇明経世文編』が寛永十六（一六三九）年に輸入されている。これらの書籍は、中国で出版されてから十年も立たないうちに日本に持ち込まれている。このように、徳川前期においては、一部の中国の書物が出版後数年のうちに輸入されていた。

しかも、『唐後詩』が出版される前に、すでに多くの李・王の漢詩文関係の書物が日本に輸入されたのみならず、その一部は和刻もされていた。李卓吾編『明詩選』（延宝六（一六七八）年）、汪万頃選注・滝川昌楽点の『皇明千家詩』（貞享二（一六八五）年）、李卓吾編『続皇明詩選』（正徳五（一七一五）年）、伊藤蘭嵎編『明詩大観』（享保二（一七一七）年）である（『和刻本漢詩集成』による）。さらに、『江戸時代書林出版書籍目録集成』によれば、右の明詩集のほかに、『新刻陳眉公攷正国朝七子詩集註解』は元禄二（一六八九）年に出版されて「元禄五年刊書籍目録」にも掲載されている。また、『唐詩選』の異本の一つである『唐詩訓解』が「寛文十年刊書籍目録」「寛文十一年刊書籍目録」「延宝三年刊書籍目録」「元禄五年刊書籍目録」に掲載されている。徳川前期において、『唐詩訓解』は、『三体詩』と『錦繡段』など五山文学の伝統を汲んだ漢詩文集と同様、次第に広く読まれるようになっていったと推測できる。

2　徳川前期における明代古文辞派の関係著作の流行とその評価

このように、李・王を代表とする明代古文辞派の関係著作は、江戸の初めから輸入され出版された。徳川儒教の祖ともいえる藤原惺窩と徳川家康に仕えた若き日の林羅山との書信のやりとりの中で、すでに李・王関係の書籍とその内容についてふれられている。しかも、手紙の文面からは、惺窩が李攀龍の文章に対してある程度の興味を持っていることが読み取れる。[12] さらに、惺窩は林羅山宛の手紙で、「文」と「道」とを一致させる理学の載道主義の文学観から王鳳洲（王世貞）の文章を評したことがある。[13] では、羅山は李・王に対してどのように考えていたのか。彼は青年のころ、すでに明代古文辞派の文章について「世間の批評者は、その文章が難読で句読を打ちにくいという」[14] と述べている。羅山の李・王の文章に対するこうした見方は、晩年になっても変わらなかった。[15]

惺窩と林羅山は、李・王の文章に言及したが、彼らの詩あるいは李攀龍が編纂したとされる『唐詩選』については論じなかった。だが、惺窩の弟子であると同時に、羅山と師友の契りを結び、林羅山の推薦によって徳川頼宣に仕えて和歌山藩儒になった永田善斎（一五九六―一六六四）は、『膾余雑録』[16] において、『唐詩選』のみならず『七子詩集』『白雪楼詩集』『滄溟集』にもふれている。しかも、善斎はその著作の中で、いわゆる後期明代古文辞派の「七子」の出自などを説明し、『唐詩選』の唐詩解釈を「好的当」だと評価している。彼は江戸初期の和歌山藩の書庫を管理しており、林羅山と同様、輸入された多くの漢籍に接する機会があったので、このように明代古文辞派関係の著作を数多く読んだのであろう。とはいえ、『膾余雑録』は、彼が日ごろ読んだ和漢の書籍の語句を摘出・記載して簡単に感想を述べたノートであるから、李・王の漢詩文集と『唐詩選』について言及しても、特に李・王の文学主張にコミットしているわけではない。ただ、善斎と同じく和歌山藩に勤めていた那波活所（一五九五―一六四八）は、唐詩を学ぶための最適の選集として『唐詩選』を賞賛しており、明確に明代古文辞派の詩に言及した。[17]

しかし、この善斎と那波活所がどの版本の『唐詩選』を読んだかは不明である。それに対して、彼らの次の世代にあたる貝原益軒は、「詩集を編纂した人ははなはだ多いが、李攀龍が編纂した『唐詩選』が最もよい。……またその解釈もかなり詳細である」[18]と、『唐詩選』を推奨している。そして、ここでは、「訓解」という表現が使われ、彼の作とされる『初学詩法』の「考用書目」[19]では『唐詩訓解』が挙げられているので、彼は『唐詩訓解』を使っていたと推測される。また、元禄期前後に活躍していた鳥山芝軒（一六五五―一七一五）も、『唐詩訓解』を唐詩学習の教材の一つとして使っていた[20]。そのほか、木下順庵（一六二一―一六九九）門下の新井白石らも『唐詩訓解』を唐詩学習の教科書として薦めた[21]。

さらに、徂徠自身も南総にいたころに『唐詩訓解』を抄写し、「これは私が南総で生活していた時代の旧いものである（此南総之旧物）」と言った[22]。また、徂徠は、「数十年前、宿学・老儒は三体詩と古文真宝を四書五経のように信奉していた。周弼は無名の男で、林以正は出版商だということを知らなかった。近年、ようやくこの誤りに気づくようになり、三体詩と古文真宝を退けて唐詩訓解を使うようになった」[23]と述べている。

このように、前節で検討した出版史の事実と並行して、寛文ごろから出回り始めた『唐詩訓解』は、たしかに儒者・文人の間で次第に流行していった。だが、同書の中で徂徠は、「李攀龍には『唐詩訓解』があろうか（于鱗豈有訓解哉）」と、『唐詩訓解』が李攀龍に偽託されたものだと明確に判定しこれを退けた。このように、彼は宋元ないし五山の学問と繋がる『三体詩』だけではなく、明代後期に制作された粗雑な版本までを退けようとした。この徂徠の学問姿勢は、彼の『唐後詩』、および服部南郭（一六八三―一七五九）による『唐詩選』の校訂に繋がっていく。

李攀龍の編纂とされる『唐詩選』の流行は、徂徠が唱える以前すでに始まっていた。特に、木下門下の儒者は、徂徠学派の人と同様、明代古文辞派の盛唐詩を理想としてその詩論に賛同している[24]。たしかに、木門の白石は、徂徠に少し先立って李・王の詩論にコミットしており、『室新詩評』（元禄十五〔一七〇二〕年）[25]で、初盛唐詩を学ぶことを薦めているのみならず、「明の七子より以来は殊の外声律にも心を用候と相見候。唐詩訓解の中拗体此事を論し中候処に相見へ候へき」（傍点引用者）と述べている。彼は『唐詩訓解』を通し、明代古文辞派の七子が「声律」を重んじていたことを知り、その考えに与するようになったのである。

さらに、しばしば指摘されてきたように、白石だけではなく、同じく木門の後進たる祇園南海（一六七六―一七五一）が享保六年に書いた『明詩俚評』[26]の序文でも、漢唐詩を学ぶ階梯としての明詩（以下、明詩階梯論とする）が推奨されている。こうした明詩階梯論は白石と南海のものだけではない。『明詩俚評』の序文を書いた新井白蛾（一七一五―一七九二）とその書の跋文を書いた穂積以貫（一六九二―一七六九）にも共有されている。それだけではない。徂徠の『唐後詩』以前に出版された『明詩大観』の序文を書いた仁斎学派の香川修徳（一六八三―一七五五）は、正徳四年ごろ、「詩というジャンルの文学は唐代に至ってその極みに達した。これは異論がないことである。それ以後、唯一、唐代の詩と比べられるのは明代の詩である。……唐調の詩が書ける人には李攀龍より優れた詩人はいない」[27]と述べている。さらにさかのぼれば、同じく木門に所属する柳川震沢（一六五〇―一六九〇）という、李・王の書を愛読してその主張に明確に与した人物もいた[28]。また、松永尺五の門下生たる滝川昌楽は、貞享二（一六八五）年に出版された『皇明千家詩』の序文で「明代儒者の詩は詩学を学ぶための近道である（明儒為詩学之捷径[29]）」と述べている。

このように、盛唐詩重視の考えと明詩階梯論とは、徂徠が古文辞学を唱える以前にすでに存在していた。特に、朝鮮通信使たちが心から賞賛しその詩を「盛唐期の詩人のような口調がある（有盛唐人口気[30]）」と評した白石は、その先駆けともいえる。ただし、白石の明代古文辞派への接近は次の二点で徂徠と決定的に異なっている。まず、白石が「声律」を重んじる明代古文辞派の詩論を評価したのは、詩のみに限られている。それに対して、徂徠は詩論だけではなく李・王の文章論にも与している。しかも、徂徠は「声律」の点だけで李・王の詩論を評価したのではなかったのである。また、白石は明代古文辞派の詩を学ぶべきだと考えて『唐詩訓解』も教材として使っていたものの、彼は必ずしも宋詩を排除しない[31]。それに対して徂徠は、明確に宋詩を批判して、『唐詩訓解』をも偽書として退けた。しかも、彼の弟子の服部南郭によって校訂された『唐詩選』は、徳川時代における唐詩（特に盛唐詩）学習の定番になるほどであった。こうしたことが可能になったのも、徂徠と南郭が李・王の文学主張の精髄を把握していたからである。この点は、白石とは決定的に異なっているといえる。次節では、徂徠はなぜ李・王の漢詩文を評価したのか、また彼がどのように李・王の漢詩文選集を編纂したのかを検討する。

二　李・王の漢詩文を研究する契機とその漢詩文選集の編纂および出版

通説によると、徂徠が三十九、四十歳ごろにある破産した蔵書家から購入した書物の中に李・王の文集などがあり、それをきっかけにして古文辞を学び始めたという[32]。たしかに、徂徠の蔵書内容を示す『蘐園蔵書目録[33]』には『觚不觚録』『李空同集』『李滄溟集』『滄溟文選狐白』『四部稿』『唐詩選』『尺牘清裁』『七才子詩』『世説新語補』『弇洲史粋（料の誤写——筆者）』『七名公尺牘』などの明代古文辞派関係の書籍が収蔵されている。しかし、彼がいつからこれらの明代古文辞派関係の書物を読み始めたかは定かでない。彼が十代のころに読んだ『史記評林』『前漢書評林』にはすでに王世貞と李攀龍らの古文辞派の文学に対する見解が掲載されている[34]し、また、既述のように、二十代のころにはすでに『唐詩訓解』を抄写していた。この意味で、明確に古文辞学を唱えるようになる以前に、彼はすでに李攀龍と王世貞の名を知っており、李・王の文学に対する見解をある程度理解していたはずである。にもかかわらず、徂徠が明代古文辞派のものを本格的に研究し始めたのは、通説がいうようにやはり、四十歳ごろからではないかと思われる。

それ以後、彼は『詩題苑』『柏梁余材』（佚失）『唐後詩』『絶句解』『絶句解拾遺』『四家雋』『古文矩』などの明代古文辞派関係の著作をあらわした[35]。だが結局、一部の『唐後詩』以外、そのいずれの著作も徂徠自身によって出版されることはなかった。以下、徂徠が四十歳ごろから、どのように李・王の漢詩文に対する注釈・編纂に力を入れていたかを考察したい。そこでまず、彼が李・王の漢詩文を研究しようとした問題意識を検討する。

1　李・王の漢詩文を研究する契機——「復古」の志・「和訓」

徂徠は五十歳の時、過去を回顧して次のように述べる。「私は幼い時から文章の業を修め、心を奮い起こして復古に志した。そこで遠く千年の歴史を通覧したところ、明代の李攀龍先生と王世貞先生二人だけが私の志にほぼ近かった」[36]。この文によれば、彼を李・王の文学に導いたのは、幼時からの「文章の業」における「復古」の「志」である。彼がいつからそうした志を抱いたかは不明であるが、「文章の業」と強調しているように、ここで彼が復帰を望んだ「古」とは、かつて「文章の業」が隆盛していた日本の古である。彼は四十三歳の時「叙江若水詩」で、野篁（小野篁、八〇二—八五二年）・藤常嗣（藤原常嗣、八〇六—八四〇年）などの詩人が活躍していた「寧平の際」（奈良時代から平安初期にかけて）こそ回帰すべき「古」だという考えを示している[37]。

しかし、徂徠にとって、「寧平の際」が回帰すべきだというのは、その時代が単に平和で漢詩文が隆盛していたからではない。彼は「題唐後詩総論後」で、「奈良時代から平安初期にかけての盛世では、阿倍仲麻呂と藤原万里と小野篁と藤原常嗣の詩は、唐代詩人の詩とほとんど弁別しえないほど似ている。しかし、遣唐使の派遣をやめた後、人々は華音を知らず、漢籍を読み詩を作るのも和訓に頼るばかりになった[38]」と述べている。寧平の際の詩人が作った詩は和訓の弊害を蒙っておらず、唐代中国詩人の詩と区別できないほどの和習のないものだったというのである。

徂徠が抱いた「復古」の志は、日本人が盛世に相応する和習のない漢詩文を再び作れるようになるための志でもあった。彼が盛唐詩と秦漢以前の文を重んじる李・王の漢詩文論に共鳴を覚えたのも、李・王の漢詩文論が単なる復古の詩論であるにとどまらず、そこに日本人が漢詩文を作成する際に直面する「和訓」の弊害を克服する方法としての可能性が潜んでいたからである。つまり、既述のように、徂徠が三十代のころに提出した、「和訓」を克服しようとした「訳文の学」の延長線上で、彼は李・王の漢詩文論に新たな意味を発見して古文辞学を提出したのだと考えられる。

2　李・王の漢詩文選集の編纂と出版

徂徠は『四家雋』『古文矩』という明代古文辞派の文章を収録した文集二点を編纂した。二書とも彼の死後に宇佐美灊水によって校正され出版されたものである。『四家雋』と比べれば、『古文矩』は李攀龍が書いた「序」という文体の文章しか取らない。『古文矩』がいつ書かれたかは不明である。(39) しかし、灊水が「私たちの詩文観に共感を覚えた人々が古文辞を学ぼうとするなら、まず『四家雋』を読むべきである。『四家雋』を読解したい人はまずこの本を読むべきである(40)」と述べているように、古文辞学の入門書として出版されたものである。

次に、『蘐園雑話』によると、『四家雋』はもともと「漢後文」と名づけられたという。(41) 徂徠は五十五歳に書いた「与佐子厳第四書」で「私はまた『唐後詩』『漢後文』のうち数巻を選んだ。『唐後詩』のうち庚集と辛集の版木はすでに彫られている(42)」と述べ、『漢後文』を『唐後詩』と同じように出版しようとした。おそらく徂徠はこの時に「四家雋例六則」を書いたと思われる。(43) しかし、それは徂徠の生前に出版できなかった。その原因は版株（出版権）の問題で、京都の出版業者から、「韓柳の板本」からの類似出版だと訴えられ、出版中止に追い込まれたのだ、と指摘されている。(44)

『四家雋』は結局、その生前には出版できなかった。「四家雋例六則」によれば、彼が『四家雋』を編纂・出版しようとした理由は、「蒙学」（学問の初心者）のために新たな「作文之規矩準縄」を示して、「六経十三家(45)」といった秦漢以前の「古文辞」を読む基礎学力を得るための入門書を提供し、それまでの日本に流行していた『文章軌範』『文章正宗』『唐宋八大家』などの「宋調」的な文章選集（「宋文」）を退け、「修辞」が施された「古文辞」を重視する新しい文章観の基準を作ろうとするためであった。

それから、明代古文辞派の詩に関して、徂徠の名義で『唐後詩』『絶句解』『絶句解拾遺』『詩題苑』が出版された。上に挙げた諸書は、『詩題苑』[46]を除き、内容的に重なっている。徂徠が四十六歳の時に書いた山県周南宛の書信では、その時から明代古文辞派の詩選集の編纂に着手したと伝えた[47]。また、徂徠は同年に周南宛に書いた書信で、「『文罫』と『唐詩典刑』、すなわち王世貞と李攀龍の詩を選ぶ詩集は、新築の家に多くの俸禄を使ったので刊行できないことになった[48]」と述べている。この書簡によると、彼はこの詩選集を『唐詩典刑』と名づけ、「王李詩」を選んだことがわかる。この『唐詩典刑』はのちに出版された『絶句解』『絶句解拾遺』、ないし『唐後詩』の原型だと考えられる。

徂徠が五十五歳の時、『唐後詩』の一部分が初めて注釈と例言抜きの形で出版された。『絶句解拾遺考証[49]』での宇佐美灊水の序文によると、『唐詩典刑』は徂徠自身が「箋釈」を加え「例言」を付したものであるのに対して、出版された『唐後詩』は「箋釈」「例言」の付されていないものである。さらに、彼の死後に出版された『絶句解』は、徂徠自身が選び、『唐後詩』のベースにもなった「五言絶句」「滄溟七言絶句解」の一部分を削除して、「箋釈」が付いた形で出版されたものであり、また、『絶句解拾遺』は徂徠自身によって削除された「五言絶句」「滄溟七言絶句解」の部分を門人たちが集めて、『唐詩典刑』にもあった「弇州七言絶句解」を付して作られたものだという[50]。ともあれ、彼自身の手によって出版されたものは『唐後詩』の一部分だけである。しかし、徂徠はなぜ晩年まで、これらの詩集を注釈・編纂ないし出版しようとしたのか。「題唐後詩総論後」によれば、彼は五山僧侶および彼の同時代の儒者を魅惑した晩唐、宋的な詩風を中心にした『三体詩』『瀛奎髄律』『詩格』『錦繡段』などの漢詩文選集を退け、盛唐的な詩風を中心にした「明詩」を編纂・出版したが、それは、盛唐詩がこの百年足らずのうちに明代で再現されたことを紹介するためであるという。このような彼の意図の中には、盛唐詩の「気象」「気色」「気格」も徳川日本において再現可能だという期待も込められていたのである[51]。

すなわち、徂徠の李・王の作品を中心にして行った漢詩文選集の注釈・編纂作業には、それまで支配的だった訓読的な思惟による「宋調」的文学のスタイルを批判、改革しようとする意図が込められていた。次節では、さらに彼の詩文論を詳しく検討する。

三　徂徠の古文辞学と李・王（一）——宋文批判とその文章論

『徠翁雑抄[52]』には、部分的であるが、李の文集に関する読書ノートともいうべきものがある。その中には次のような一文がある。

「二三君子」とは茅鹿門ら唐宋古文を教える連中を指しているのだろうか。「二三君子」とは科挙の八股文を指しており、「俚言而布在方策」は宋儒の『近思録』などを指している[53]。

茅鹿門（茅坤）は『唐宋八大家文抄』の編纂者であり、「制義」は科挙で八股文を使って理学の経義を書くことを意味している。このように、徂徠は李の議論を、唐宋古文ないしそれを基礎にしている八股文に対する異議の申し立てと理解している。それをノートに記したように、そういう考えから何かを感じ取ったようである。徂徠がメモした原文は、すでに第三章でもふれたが、再び引用してみよう。

唐宋派の王慎中と唐順之らの文章は現在、広く読まれている。しかし、その持論の誤りは度を過ぎている。文章の持つべき気格を傷つけ、修辞を憚り、理ばかりが強調されているゆえに、気格と修辞が無視されるようになった。……今の読書人は文章を書くと、俗文になることをも憚らない。俚言にたよって文章を書くのみである[54]。

既述のように、この文は、唐宋古文を尊ぶ晋江（王慎中）・毘陵（唐順之）といった唐宋派の文章に対して、また、唐宋古文そのものが文章の形式に関わる「気格」と「修辞」よりも「理」を重視して「俗」に捉われたことに対して、李攀龍が批判した有名な一文である。「気格」「修辞」よりも「理」を重んじる宋文を問題視しているのは明代古文辞派の共通認識である。そこで注意したいのは、彼の批判は、「和訓」で「理の高妙を説く」徳川前期儒者に対する徂徠の批判[55]と、問題意識として重なることである。つまり、李・王と徂徠は「理」を重んじ、時代の習俗に捉われて学びやすい方を選ぶという考えに対して、ともに批判的な立場を取っている。しかも、徂徠が『訳文示蒙』「総論」で、「字義」「文理」を理解する文章の模範とした「朱子の文」と文章の技法を磨く模範とした韓柳の古文とは、ともに右の李攀龍の批判に含まれている。このように、徂徠は李の唐宋古文への批判に導かれて、嘗てほかの徳川儒者と同じく学んでいた唐宋古文、とりわけ朱子学者らの文章ばかりを模倣しても、「和訓」の弊害が克服できずに俚俗的な漢詩文しか書けない、という問題性に気づいたのである。

　徂徠は、古文辞学を体系的・全面的に出している『訳文筌蹄初編』「題言」で、「和訓」で漢籍を読むことと「欧曽」の文章（「宋文」）だけを学ぶこととは同じ病いだと明言している。この病いおよびその治療法について、徂徠は後年、自分が李・王に与した理由を説明し、次のように述べている。

> 「華言」のうち翻訳できる部分は「意」だけである。「意」のうち言葉にできる部分は「理」だけである。その文采の粲然としたものは翻訳できない。それゆえ、宋文と俚言、倭言とを比べれば、その冗長で衰弱した文様は同じである。古文辞を学ぶことによってのみ、倭人がかかりやすい和習という病いは直せる[56]。

つまり、「倭人」にとって、「宋文」は「冗長脆弱の相」を持ち、「理」の理解を重んじる文体であるから、同じく「理」の理解に重きを置く「和訓」の限界を理解するのは困難であり、「修辞」が施された「文采粲然たる」漢詩文のニュアンスまでを捉えることができない。既述のように、宋文を含む唐宋古文は、秦漢以前の古文を学びながら唐宋以後に創出された「文法」で書かれた文体であるので、程度の差があるせよ、訓読と同じく、唐宋以後の儒者文人自身が生きている時空間の漢文の「文法」によって、異なる時空間の漢文を再構築したものともいえる。しかも、唐宋古文は常に宋学の載道主義の文学観とセットで学ばれている。そうであるから、徂徠は李・王の議論に触発され、和訓だけではなく、当時の知識人が学んでいた唐宋古文、特に「宋文」の問題点を意識して、それを批判するようになったと考えられる。

「宋文」が特に問題だという徂徠の考えは、彼の漢文史観と関わっている。

六経は辞である。そこには法が具さにある。……六朝時代に至ると、過度に辞を重んじる弊害が出て、文章の法は問題を生ずるようになった。そこで、韓愈・柳宗元は古の文章に模範を求めて古文を唱えた。韓柳が過度の修辞を退けたのは六朝の文章の弊害を矯めるためである。……李・王が古文辞を唱えたのも古の文章に模範を求めたためである。李・王が叙事を重んじて議論を喜ばないのは宋文の弊害を矯めるためである[57]。

この徂徠の漢文史観によれば、唐代の古文大家である韓・柳（韓愈と柳宗元）は、古文辞派の李・王と同じく「古」に「法」を取る。こうした「古」に「法」を取る学問姿勢は、徂徠が韓・柳を評価したところである。また、徂徠が『訳文筌蹄初編』「題言」「第十則」で「達意」と「修辞」をめぐって展開した漢文史論でも、韓・柳が過度に「修辞」を重んじた六朝文学の弊害を正して、「修辞」と「達意」がともに重んじられた「三代」の「古」に範を求め、「達意」を強調して古文を復興したことを評価している。

しかし一方、徂徠は「孟子の時代になると、礼楽の教化の効果は薄くなり、その辞は実質本位になっている。これは変調である。韓愈の文章は孟子の文を模範として陳腐な言葉を使わないようにするので[58]、『左伝』の文章を「浮誇」と貶めた。……宋儒の文章はみな韓愈の文を模範にしているので、みな韓愈の奴隷である」、「要するに、韓愈は議論好きで、理をいうのを好んでいた。この風潮は宋代に至るとますます盛んになった[59]」と述べている。つまり、徂徠から見れば、韓愈が復興した「古」は主として『孟子』のような「理」を説く議論文である。また、韓愈が古代の叙事文たる『左伝』を「浮誇」と評したことや、その「陳言を去る」という主張は、古文辞が重視されないきっかけになったというのである。徂徠によれば、『左伝』など古代の「修辞」を重んじる叙事文の伝統が韓愈の影響によって衰えたことが問題である。そうであるから、彼は『訳文筌蹄初編』「題言」「第十則」で、韓愈以後、その文章自体が宋代の「欧・蘇」（欧陽修と蘇軾）などの古文家の模範とされ、そのため、古代の「修辞」を重んじる叙事文の伝統はさらに衰退し、元明になると俚俗的な「語録」の用語が文になり、「助字」の用法が古書と異なるようになった、と主張するのである。このように、徂徠は、唐宋古文の「文法」が後世儒者によって想像され操作されたものだという面を持つことを知り、複眼的に漢文の発展史上における韓・柳の功罪を捉えようとしたのである。

それでは、徂徠の漢文史観と明代古文辞派の文章観とを比べると、どのような異同があるのか。第二章で述べたように、王世貞が『芸苑卮言』で示した文論から、明確に六朝の美文主義を修正するために古文運動を起こして『史記』などの秦漢古文に復帰しようとした韓愈を、中国文章史における転回点だとする見方が読み取れる。徂徠の漢文史観はかなりの程度、この王世貞の見方を踏まえていると思われる。ただし、徂徠は王世貞より簡潔に「達意」と「修辞」および「議論」と「叙事」という対概念で漢文の史的展開を把握している。とはいうものの、王世貞の文論にはすでに、「修辞」と「達意」という対概念に繋がる考えや、「尚法」と「達意」を対立的に捉えた論法などが出ていた。これらの考えはやはり、徂徠の文論の構築にとって重要な示唆を与えたと思われる。さらにいうと、王世貞には孟子の文は「理」を論じる議論文の模範だという考えがある。(60) 徂徠はこれらの見方を踏まえ、さらに後述の「道」を中心にした歴史観にも対応して、「理」と「議論」を重んじる孟子から韓・柳、欧・蘇、理学者の語録に至るまでの文章の堕落史観ともいうべき系譜を考え出した。この二点は、徂徠が李・王らの文論に依拠しながら発展させてきた見方といえよう。

しかも、徂徠はこのような漢文史観を踏まえ、徳川日本の文学状況に即して次のように述べる。

中国人が韓愈と柳宗元の文章を模範として学べば、欧陽修と蘇軾になる。日本人が韓愈の文章を模範として学べば、ただ欧陽修と蘇軾の奴隷になるだけである。専ら欧陽修と曽鞏の文を学ぶ儒者の文章は言うまでもない。(61)

特に「欧・曽」の文（「宋文」）を専ら学ぶ対象とする前期徳川儒者らへの批判である。(62) この批判は実際、主に伊藤仁斎を念頭に置いていたのだと思われる。周知のように、徂徠は『蘐園随筆』に附録された『文戒』で仁斎の文章の和習を摘出して批判した。しかし、それだけでなく、『随筆』において、徂徠は次のように述べている。

仁斎が賞賛した王遵岩・帰震川はみな、たいしたものではない。特に取り上げて褒める必要もないであろう。まして日本の学者（儒者）は、およそ深遠にして含蓄ある思考と盛大雄偉の気象を持っていないので、その文章はみな冗長、疎漏で貧弱である。これが日本人の文章の通弊である。欧陽修と曽鞏らの宋文を基準にして文章を学ぶことは薪を揚げて火を消そうとするようなものだ。そうすれば（日本人の文章能力は）ますます落ちるであろう。(63)(64)

ここでは、仁斎はまさに王遵岩・帰震川といった唐宋派、さらに唐宋派が尊ぶ「欧・曽」の文章法を学んだ人だとされている。しかし、徂徠の批判対象はもとより仁斎だけではない。「冗長疎弱」という「通弊」を持つ当時の儒者・文人らの文章全体である。つまり、彼は日本における「文章大業」を復興するという「復古」の志を達成するために、「和訓」に頼って「宋文」を模範とした彼以前ないし同時代の儒者・文人らが漢文を学ぶ方法を批判して、「理」よりも「修辞」「気格」を重んじ、後世において創出された唐宋古文を超えて秦漢以前の「古文辞」を復活させようとした李・王の文章観に共感しているのである。

もっとも、第二章でもふれたように、李・王二人の文章には差異がある。徂徠にいわせれば、その差異の一つは「李攀龍は韓愈と柳宗元が作った文法をすべて使わないのに対して、王世貞はそれを使わないのではなく、それを用いるものの、辞を修めることをより重視することによって、韓愈と柳宗元より優れた文章を書くことができる」(65) というのである。ここで徂徠は、『四家雋』を編纂したように、韓・柳を批判しながらも文章の模範にした王世貞の漢文観を継承したといえよう。

しかし、徂徠の明代古文辞の漢詩文論評価について、彼の弟子たちないし後世の文論家が最も惑わされたことは、彼が王世貞よりも難読の李攀龍の文章をことに鼓吹することであった。[66] 彼の『古文矩』が専ら李の文章を選んだところからも、彼の李の文章への愛着が窺える。さらに、彼は自らの学問宣言ともいえる『学則』を「李于鱗体」と呼んだように、[67] 李の文体は彼にとって特別な意味を持っている。徂徠がことに李の擬「古文辞」文章に感心したのは、決して単なる秦漢以前の古文辞を剽窃・模倣するという表面的な作文技法によるのではない。それは、「修辞」[68] を重んじて、「古文辞」に備えた雅な「声韻」と燦然とした「高華」な「色」によってかもし出した「気格」ある文章こそよい文章だという、明代古文辞派の文章観に彼が賛同したからである。[69]

つまり、徂徠は「和習」克服を志しつつ、明代古文辞派の文章と出会った。そして、唐宋古文という文体に対する彼の認識の深化によって、日本人の思想を表現・創造する手段としての限界を感じた。それによって、唐宋古文におけるある程度の「文法」の創造性やそれに付きまとう載道主義の文学観などに対する明代古文辞派の否定的な観点が、徂徠にも受容された。そして、唐宋古文ばかりを学んでいた徳川儒者に対する批判に応用された。つまり、徂徠は直接に訓読という技法が発明される前の漢文を相手に、それを日本語の音声秩序に還元して読むよりも、書記言語としての漢文の「辞」の排列を目で読み、こうした古文辞風の文章を作ろうとしたのである。そのため、「修辞」「気格」を重んじる明代古文辞派の文章観に積極的に与するようになったのである。次節では、この点を念頭に置きながら、徂徠の詩論の検討に入る。

四　徂徠の古文辞学と李・王（二）——宋詩批判と詩論

徂徠は、「題言」と近い時期に書いた「答崎陽田辺生」で、次のように述べている。

詩の源流は『詩経』に収録された三百篇の詩である。……春風が吹くことによって自然の草木が燦然として花をつけるようになることに喩えられる。……六朝から唐朝までの詩はみな『詩経』の流れに繋がる。ただ宋代になると、学問は隆盛し、人々は聡明を尊び、うぬぼれて情を主とすることの愚かしさに似ているのを嫌い、遂に理知的な言葉で詩を作るようになった。すると、詩は詩の形を保ちながらも、実は文章になってしまう。蘇軾らがこのような詩風の創始者である。その余波は明代の袁中郎と銭謙益に及んでいた。胡元瑞がいったように、詩は宋代より衰えた時代はない。この原因はほかでもなく、宋詩が「意を主とする」からである。……情に至っても、その名は七つあるけれども、情を表す態度はいちいちで言葉で説明し尽せない。ただし、詩文の語（辞）が持つ気格、風調、色沢、神理は情を表現し尽せる。この点を見れば、達意だけを追求して語（辞）を修めることをしないならば、「情」を表現し尽せないことは審らかな事実である。そのため私は、詩を学ぶ方法は情を主として、相応しい語を求めることだと断言するのである。(70)

これはよく徂徠の詩観を表現している。この徂徠の詩論と右に述べた文論の主旨はともに、日本の儒者文人が「意」（理）を重んじる漢詩文だけを模範として学ぶなら、和訓を克服することはできないし、翻訳しえない漢詩文の「語」（「辞」）が持つ「気格・風調・色沢・神理」を感得してそこに含蓄された「情」を理解することもできない、ということを強調しているのである。

この徂徠の詩論は、李・王の詩論と同様、いわゆる「格調説」だとされる。(71) 前章で論じてきたように、「格調」は、詩の体格と平仄韻律など「声」の抑揚・軽重などを調和させる句法、字法といった外面の形式のほかに、詩が持つ「声」「色」「味」によって表現された「気象」、作者が表現しようとした含蓄的な意味（意象）、ないし詩の「気象」

によって現れた詩の品格としての「気格」「風格」と詩の韻致としての「風調」までを含意する概念として、捉えられている。特に、「格」には少なくとも、詩の形式としての体格と「調」によって生じた品格との二つの意味がある。「調」もまた、少なくとも「声調」と「風調」という二つの意味を持っている。徂徠がいう「気格・風調・色沢・神理」とは、体格と声律の分析だけでは捉えきれない含蓄に富む詩の境地を形容するための概念である。

そして、徂徠は「格調」について、次のように述べている。

およそ格は人の品格に喩えられる。ゆえに高尚が貴ばれる。調は人の外面の儀表に喩えられる。ゆえに、場に相応しい言動、外見が貴ばれる。崑崙山の山頂（閬風）に夕焼けが広がり、高く聳える峨眉山の山頂に雪が積もっているといった壮大なイメージこそ、「格」ではなかろうか。五種類の声と色が調和しているといったことこそ、「調」ではなかろうか。それゆえに、格を持ちながらも調を持たない詩は、日に千里も走れる荒馬に喩えられる。また、その「調」だけを取るものは、すなわちよく訓練されている駑馬である。(72)

この引用文では、「格」は身分の貴賤差異の品級（品格）に、「調」は人の外見に喩えられている。そして、「調」は調和的な「声」だけを意味しているのではなく、「色」が調和しているという意味を持つことが明白に説明されている。また、彼は「四家雋六則」で欧・蘇の文を「宋調」と述べているように、声律を重んじない文章についても「調」という概念で評している。「宋調」とは、虚字の多用によってもたらされた漢詩文の色の貧弱さについていっているようである。(73)

それはともかく、右の引用文では、「調」を得た詩をよく訓練されている駑馬に喩えている。徂徠にとって、よい詩は「調」を得ているだけでなく、その「格」が古くかつ高くなくてはならない。そこで、右の引用文にある「閬風蒸霞、峨眉積雪」(74)という王世貞が李攀龍の詩を評価した文に対して、徂徠が「「格」ではなかろうか」と述べているように、彼にとって「格」の高い詩とは、そのイメージとして、高く聳える峨眉山の山頂に雪が積もっている、あるいは崑崙山の山頂（閬風）に夕焼けが広がっているといった渾然とした気勢を持つ詩のようである。ここでは一々例を挙げないが、「峨眉」「積雪」、「閬風」「霞」のようなイメージが壮大な実字は明代古文辞派の愛用字である。そこで確認できるのは、「格」を「品格」として、徂徠が捉えていることである。このように、彼は「格調」の「格」を単なる詩文の形式ではなく、品格の次元で理解しており、また、詩の「辞」に着目して、聴覚にとどまらず視点からも「格調」を捉えている。

さらに、彼は次のように述べている。

> 唇を開ければ声調が生じる。声調があれば格調を持つことになる。……古の聖人の言葉には「温柔敦厚詩之教」とある。これは千万世の詩を評する人の基準・法則である。詩は『詩経』に収録された三百篇から李白、杜甫の詩まで、その調は時代の変化に従って変化するし、詩体はみな異なる。しかし、これらの詩は同じく、春風が物を吹いて生じたような見るべき輝かしい「色相」を持っている。(75)

この引用文によれば、彼はまず、「声」（声律）と関係で「調」を理解しているほか、「調」は時代・詩の体格・詩人によって変わるものだとしながら、『詩経』の詩と盛唐詩人である李白と杜甫の詩が時代を超えて、ともに「春風」が物を吹くような生き生きして豊富な「色相」を持っている、と捉えている。これは、詩が壮大で生気溢れる気象（「格調」「色相」）を持つことをいっていると思われる。すなわち、これは詩の修辞によって作り出した華やかで美しいイメージを肯定的に捉えた評価である。このように、徂徠は右に整理した明代古文辞派の格調説を深く理解したうえで、詩に使われる「辞」の修飾を重んじて、「気格・風調・色沢・神理」を持つべきだと強調している。

このように、徂徠が比興という詩法で実字の「辞」を多用する盛唐詩と明代古文辞派の詩（特に李攀龍の詩）を好んだ理由は、詩の声律だけによるのではない。「辞」に表現された「格調」（「気格」「風調」）「色相」（「色沢」）などによるものである。彼にとって、盛唐以前の詩句を模倣しそれに習熟する目的は、自らの詩に「格調」「色相」などを持たせて深い「意」を表現するためであるといえよう。この点は既述の「古文辞」文章の制作についても同じである。つまり、徂徠が明代古文辞派の詩文論に共感したのは、単に消極的に、ほかの前期徳川儒者・文人らの「和習」ある詩文を批判・克服するためだけではない。より積極的に、「修辞」が施された「格調」「色相」を持つ華やかで美しい詩文を肯定的に見ていたためなのである。

こうして、徂徠は「古文辞」の世界に入ったことによって、新たな思想を表現・創造する文体、美意識などを得た。そしてさらに「古言」の世界を発見して経書と「三代」に対する理解を一新することができたのである。次章では、右に検討してきた漢詩文方法論としての古文辞学を踏まえながら、徂徠がいかにして経書読解の方法としての古文辞学を立てたかを考察の対象とする。

（1）　このテーマに関する先行研究には、豊田穣「李・王の文学と徂徠の詩文」（『漢学会雑誌』第一巻第一号、一九四〇年）、吉川幸次郎「徂徠学案」（『荻生徂徠』日本思想大系三十六、岩波書店、一九七三年）、前野直彬「徂徠と中国語および中国文学」（『荻生徂徠　日本の名著十六』中央公論社、一九七四年）、日野龍夫『徂徠学派』（筑摩書房、一九七五年）、高橋博巳「古文辞と思想」（『宮城工業高等専門学校　研究紀要』第十九号、一九八三年）、片岡龍「十七世紀の学術思潮と荻生徂徠」（『中国──社会と文化』十六号、二〇〇一年）などが挙げられる。なお、このテーマと関連する著書として、高山大毅『近世日本の「礼楽」と「修辞」──荻生徂徠以後の「接人」の制度構想』（東京大学出版会、二〇一六年）もある。ただ、高山は江戸時代の出版事情を踏まえ、徂徠学派の詩文関係の著作に関する出版状況を解明し、さらに、それはどのように江戸時代の文人たちに読まれていたかを詳細に検討した。それに対して、本書は徂徠がどのように明代古文辞学派の文学を受容したかを検討する。

（2）　吉川幸次郎、前掲論文「徂徠学案」六六八頁。

（3）　同上、六九七―七一四頁。

(4) 片岡龍、前掲論文「十七世紀の学術思潮と荻生徂徠」一五七―一六三頁。
(5) 吉川幸次郎「鳳鳥不至」(『吉川幸次郎全集 二十三』岩波書店、一九七七年)、一一九、一二〇頁。
(6) 吉川幸次郎「日本的思想家としての徂徠」(『仁斎・徂徠・宣長』岩波書店、一九七五年)、二七四頁。
(7) 吉川幸次郎「民族主義者としての荻生徂徠」同上、四三一―四三七頁を参照。
(8) 吉川幸次郎、前掲論文「徂徠学案」六六六―六六九、六九八頁。
(9) 孫衛国『王世貞史学研究』(人民文学出版社、二〇〇六年)、二六五―二六九頁。
(10) 『古今詩刪』を除いて、附録の表三に掲載された十三種類の異本は、さらに分けてみると二種類の『唐詩広選』と八種類の蔣一葵註釈本の異本があるので、合計すると、二十一種類の異本があることになる。
(11) 井上進『中国出版文化史』(名古屋大学出版会、二〇〇二年)、第十四章を参照。
(12) 例えば、惺窩の羅山宛の書信には、「李于鱗帰足下之掌握否」(「与林道春第九書」『藤原先生文集』(『藤原惺窩集』国民精神文化研究所、一九三八年)巻十一、一五一頁)、「于鱗文不落足下之手云々。在足下則欲遂再見、在他則不要借焉」(同上、「与林道春第十書」一五一頁)などと再三に李の書の貸借を尋ねている内容がある。惺窩がいう「于鱗文」はおそらく羅山の即見書目に見られる『滄溟文選』のことを指している。
(13) 惺窩は「左逸終精覧、珍重一篇之品評。吾邦又不為無一鳳洲。文已然、道学豈不然乎。況道外無文、文外無道。足下立志已如此、彼鳳洲者不足多焉」(「与林道春四」、一四九頁)と述べている。なお、この点については、大島晃「林羅山の「文」の意識(其之一)――「読書」と「文」」(『漢文学　解釈と研究』第一号、一九九八年)、一九―二〇頁。
(14) 原漢文は「世之議之者謂佶屈聱牙、不為句読」(「示堀正意」『林羅山文集』京都史蹟会編纂、ぺりかん社、一九七九年、巻五、四五頁)である。
(15) 羅山は「初之則如眩目于光彩、熟読之、与(猶?)百結之錦繡不成章」(同上、『随筆 七』巻七十一、八八五頁)と評している。
(16) 東京大学総合図書館所蔵本による。

(17)『活所備忘録』には「李滄溟著唐詩選甚愜素心、学詩舎之何適哉」（巻二）とある。引用文は豊田穣の前掲論文「李・王の文学と徂徠の詩文」四五頁から転引したものである。
(18)原漢文は「集詩者甚多、独李攀龍之所輯唐詩選最佳……且其訓解亦頗精詳」（『格物余話』〔『益軒全集　巻之二』益軒会編纂、一九一〇年〕、三二八頁）である。
(19)貝原益軒『初学詩法』（『日本詩話叢書　第三巻』鳳出版、一九七二年）、一頁。
(20)東条耕子蔵『先哲叢談続編』（『近世文芸者伝記叢書』ゆまに書房、一九八八年）、巻四、二一五頁。
(21)新井白石『白石先生詩範』（『日本詩話叢書　第一巻』鳳出版、一九七二年）、二頁。
(22)『護園雑話』（『続日本随筆大成　第四巻』吉川弘文館、一九八一年）、一〇四頁。
(23)原漢文は「数十年前、宿学老儒、尊信三体詩・古文真宝至於四子五経並矣。殊不知周弼一無名男子、林以正書賈也。近来漸覚其非、而以唐詩訓解代之」（「与平子和第二書」『徂徠集』巻二十二、二三三頁）である。
(24)この点について、徂徠は、「有錦里夫子者出、而榑桑之詩皆唐矣」（「叙江若水詩」『徂徠集』巻八、七五頁）と述べている。ちなみに、『唐詩選』の盛唐詩は全体の六六％を占めて他を圧倒している（中島敏夫『唐詩選上　中国の古典二十七』学習研究社、一九八二年、二二頁を参照）。
(25)新井白石『室新詩評』（『新井白石全集　第六巻』国書刊行会、一九七七年）を参照。
(26)祇園南海『明詩俚評』（宝暦六年刊、新潟大学佐野文庫所蔵本）。
(27)原漢文は「詩至乎唐而極焉。不必言矣。唯明而後可庶幾也……優入唐域者莫滄溟如也」である。
(28)『先哲叢談続編　二』巻三、一六六頁。
(29)滝川昌楽『皇明千家詩』（『和刻本漢詩集成　総集編　第六輯』汲古書院、一九七九年）、一六四頁。
(30)正徳度の朝鮮通信使である趙泰億が『白石詩草』（『新井白石全集　第五巻』）のために書いた序文、また申維翰『海游録』を参照。
(31)池沢一郎「新井白石と宋詩――白石漢詩における蘇軾・唐庚・王安石の影響」（『明治大学教養論集』第三一七号、一九九九年)。

(32) 吉川幸次郎、前掲論文「徂徠学案」六四六頁。

(33) 静嘉堂文庫所蔵本による。

(34) 平石直昭『荻生徂徠年譜考』(平凡社、一九八四年)、三〇頁など。

(35) 筆者が利用した版本については、『詩題苑』『絶句解拾遺』は早稲田大学服部文庫所蔵本、『唐後詩』『絶句解』は新潟大学佐野文庫所蔵本、『四家雋』『古文矩』は東京大学総合図書館所蔵本による。

(36) 原漢文は「不佞茂卿自少小修文章之業、慨然有志乎復古。於是昭曠遠覧乎千歳、唯明李于鱗先生王元美先生、則殆庶乎哉」(「与佐子厳第一書」『徂徠集』巻二十五、二六六頁)である。

(37) 徂徠は「嘗窃揚搉詩所繇隆降論其世、則寧平之際於斯為盛。……野篁・藤常嗣之倫、皆渢渢乎治世音哉」(「叙江若水詩」『徂徠集』巻八、七五頁)と述べている。

(38) 原漢文は「其在寧平之際乎、如鼂衡・藤万里・常嗣・野篁廁諸唐人難可弁識。曁乎、皇華不航、而人不識華音、読書作詩、一唯和訓是憑」(『徂徠集』巻十九、二〇〇頁)である。

(39) 南郭『物夫子著述書目』(『南郭先生文集 近世儒家文集集成 第七巻』ぺりかん社、一九八五年、三八〇頁を参照)には、『古文矩』が「中歳作未成者、或起端而不竟者」とされた。灊水の『物夫子著述書目補記』は『古文矩』を「五十歳以後」の書としている。

(40) 原漢文は「吾党之士欲学古文辞者、当先読四家雋。欲通四家雋者、当先読此書」(『古文矩』序)である。

(41) 『蘐園雑話』には「「唐詩典刑」は、『唐後詩』の凡例に書れたり。『唐後詩』もとは「唐詩典刑』と云。『四家雋』を「漢後文」と云たるを、後に名を改たりとぞ」とある。

(42) 原漢文は「不佞亦選唐後詩、漢後文若干巻。其唐後詩庚集辛集既付剞劂」(『徂徠集』巻二十五、二六七頁)である。

(43) 平石直昭、前掲『荻生徂徠年譜考』によれば、この年に徂徠が春台に『四家雋』中の韓柳雋の校訂を頼んだ。

(44) 高山大毅、前掲『近世日本の「礼楽」と「修辞」』二八四―二八八頁を参照。

(45)「十三家」とは、『左伝』（『国語』を含める）『戦国策』『老子』『荘子』『列子』『呂氏春秋』『淮南子』、屈原と宋玉の楚辞、『荀子』『史記』『漢書』『文選』である。白石真子「荻生徂徠『四家雋』に見える文論」（『上智大学国文学論集』第三十号、一九九六年）注十四を参照。

(46)『詩題苑』については、南郭は「一時戯作、亦小児弁物爾、不必当弘行者」（「物夫子著述書目記」『南郭先生文集』三八〇頁）とコメントした。

(47)徂徠は「予間者又為髦生苦唐詩選大寥寥、不足以広其思。故手汰二公近体若干首、一取其合盛唐者、略加箋釈、行将問梓」（「与県次公第三書」『徂徠集』巻二十一、二二三頁）と述べている。

(48)原漢文は「文罫及唐詩典刑即選王李詩者、以予小築殺俸不少故、不能刊也」（「与県次公四」『徂徠集稿』所収、なお平石直昭、前掲『荻生徂徠年譜考』八三頁にも掲載されている）。

(49)宇佐美灊水『絶句解拾遺考証』（明和七年刊、早稲田大学服部文庫所蔵本）。

(50)原漢文は「曩徂徠先生欲選明詩諸体偏為之解、五七言絶句律詩選漸成、著述多端、未及終而歿。初命曰唐詩典刑。首載例言数條、後改曰唐後詩、而不載例言。其五言絶句、滄溟七言絶句解先成、後有刪去、命曰絶句解。其刪去者、門人以其解之可惜也、輯之。且附弇州七言絶句解、摠題曰、絶句解拾遺云」である。なお、出版された『唐後詩』の表記には「是編全部十集、歳陽為号、梨棗之費独力難支。故先刻庚辛二集、以便初学。自余八集、行嗣出終完璧観者、其勿以残本畸冊視之哉」と書いてある。これによれば、当時、徂徠はたしかにあらゆる詩のジャンルを包括した古文辞学者の詩集を編纂・出版する計画があったが、経費の問題で、とりあえず庚辛二集（五言絶句、七言絶句）を出版したのである。後に、丁（五言律詩）も出版されたが、それはついに完全な形で出版できなかった。なお、『唐後詩』などをめぐる出版の編纂と出版の事情について、高山大毅、前掲『近世日本の「礼楽」と「修辞」』二四五―二五一頁を参照。

(51)原漢文は「故今抄明詩、伝之寒郷学者、使藉是以識百年内外、亦有能游泳夫開元天宝盛者已」（『徂徠集』巻十九、二〇〇頁）である。

(52)早稲田大学服部文庫所蔵の写本による。

(53) 原漢文は「宋豈兼指茅鹿門輩邪。「治牘成一説」指制義。「俚言而布在方策」指宋儒語録近思録類」である。

(54) 李攀龍「送王元美序」『滄溟先生集』巻十六、三九四頁。

(55) 荻生徂徠「総論」『訓訳示蒙』四三七頁。

(56) 原漢文は「夫華言之可訳者、意耳。意之可言者、理耳。其文采粲然者不可得而訳矣。故宋文之与俚言倭言、其冗長脆弱之相肖。亦必従事古文辞、而後可医倭人之疾」（「答屈景山第一書」『徂徠集』巻二十七、二九六頁）である。

(57) 原漢文は「六経辞也、而法具在焉。……降至六朝、辞弊而法病、韓柳二公倡古文、一取法於古。其絀辞者、矯六朝之習也。……明李王二公倡古文辞、取法於古。其謂之古文辞者、尚辞也。主叙事不喜議論、亦矯宋弊也」（同上、二九四、二九五頁）である。

(58) 原漢文は「孟子時、礼楽之化漸漓、其辞質勝、是為変調。韓祖孟子、務去陳言、故貶左氏為浮誇。……宋儒皆韓奴」（「復水神童第二書」『徂徠集』巻二十四、二六〇頁）である。

(59) 原漢文は「要之昌黎好議論務言理、其風至宋益盛」（「復安澹泊第三書」『徂徠集』巻二十八、三〇三頁）である。

(60) 王は「不佞自少時好読古文章家言、窃以為西京而前談理者推孟子」（「念初堂集序」『続稿』巻四十二、五五二頁）と述べている。

(61) 原漢文は「中国人学韓柳則為欧蘇、此方人学韓柳則僅為欧蘇之奴隷。況於其学欧曽者乎」（「題言」『訳文筌蹄初編』第十則、一四、一五頁）である。

(62) この徂徠の議論の論法は、「正如韓柳之文、何有不従左史来者。彼学而成、為韓為柳。我卻又従韓柳学、便落一塵矣」という王世貞の弟である王世懋の『芸圃擷余』（『歴代詩話』芸文印書館、一九九一年、五〇〇頁）にある議論と似ている。それは徂徠に何らかのヒントを与えたかもしれない。

(63) 原漢文は「仁斎所称述王遵岩・帰震川皆小家数、何足数哉。況此方学者、率鮮有深遠含蓄之思、盛大雄偉之気象。故其文皆冗長疎弱、是為通弊。若以欧曽諸家為準、辟則揚薪救火愈見其甚已」である。

(64) 荻生徂徠『蘐園随筆』一四六頁。

(65) 原漢文は「蓋滄溟全不用韓柳法、弇州非不用之、迺修辞以勝之」（「四家雋六則」『徂徠集』巻十九、二〇二頁）である。
(66) 「二人（王世貞と荻生徂徠――筆者）心酔滄溟、誤其一生、理之不可解也」（齋藤拙堂『拙堂文話評』〔三村三清郎［ほか］編『日本芸林叢書 第四巻』六合館、一九二九年〕、六頁を参照。なお、徂徠の弟子である太宰春台および太宰春台の弟子である五味釜川の李攀龍の文章に対する批判については、太宰春台「読李于鱗文」（『春台先生紫芝園稿 近世儒家文集集成第六巻』ぺりかん社、一九八六年）巻十、二一六―二一八頁と、五味釜川『明文批評』（宝暦二年成立、東京大学総合図書館所蔵本）を参照。
(67) 荻生徂徠「与藪震庵第四書」『徂徠集』巻二十三、二四六頁。
(68) 荻生徂徠「答屈景山第一書」『徂徠集』巻二十七、二九五頁。なお、彼は『四家雋』で、「此段援漢証今者三層」（「送袁履善郎中讞獄広州序」巻三）というような評語を述べ、その修辞技法を指摘している。
(69) 李攀龍の『滄溟先生集』には「蓋古字少、寧仮借、必諧声韻、無弗雅者」（「三韻類押序」巻十五、三七七頁）とある。また、徂徠は「于鱗於盛唐諸家外、別搆高華一色、而終不離盛唐。細跡其集中、一篇一什、亦皆粋然不外斯色」（「題唐後詩総論後」『徂徠集』巻十九、一九九頁）と述べている。
(70) 原漢文は「詩原三百篇。……辟如春風吹物草木燁然著花……六朝至唐皆其流風。独宋時学問大闡、人々皆尚聡明以自高、因厭主情者之似癡、遂更為伶利語。雖詩実文也。蘇公輩為其魁首。余波所及、明袁中郎銭蒙叟以之。胡元瑞所謂詩之衰、莫衰乎宋者、是也。是又無它故也。主意故也。今観此方詩、多類宋者、亦主意故也。……〔和訓批判――筆者〕……至於情、其名雖七、而態度種種不可言尽、唯語之気格・風調・色沢・神理、庶幾可以発而出之。以此観之、得意而不得語者之不能尽夫情也。亦審矣。故予断以為学詩之法、必主情而求之語是已」（『徂徠集』巻二十五、二六五、二六六頁）である。
(71) 松下忠『江戸時代の詩風詩論――明・清の詩論とその摂取』（明治書院、一九七二年）、総論第六節などを参照。
(72) 原漢文は「大氐格猶人之品也。故貴高。調猶人之儀者也、故貴称。閩風蒸霞、峨眉積雪、非格乎。五声相和、五色相章、非調乎。故格得而調不得、譬諸千里之騮騠馬。徒取其調耳、則駑馬善馴者也」（「答稲子善」『徂徠集』巻二十七、二九三頁）である。

(73) 明代古文辞派の「後七子」の一人だとされた謝榛が「凡多用虚字便是講、講則宋調之根」(『四溟詩話』〔『続歴代詩話』〕六四頁)と述べている。
(74) 王は「李于鱗如峨眉積雪、閬風蒸霞、高華気色、罕見其比」(『芸苑卮言』巻五、一二〇八頁)と述べている。
(75) 原漢文は「一啓唇斯有声調、有声調斯有格調……古聖人之言曰、温柔敦厚詩之教也。是千万世言詩者之刀尺准縄。詩自三百以至李杜、雖其調随世移体毎人殊。而一種色相辟如春風吹物、燁然可観者、迺為不異也」(「題唐後詩総論後」『徂徠集』巻十九、一九九、二〇〇頁)である。

第二部　漢文圏における荻生徂徠の儒学

第五章　方法としての古文辞学
――荻生徂徠の経学と漢文圏における受容と比較

はじめに

荻生徂徠の古文辞学は、前章で検討した詩文論・漢詩文を制作・読解する方法論であるにとどまらない。儒教の経典（経書）を含む「古文辞」の原典を読解して「古言」（「古語」）を把握し、『弁道』『弁名』『論語徴』などで展開される経学を創出する方法としての意義をも有している。本章では、漢詩文の読解方法としての古文辞学がいかにして徂徠の経書読解の方法に転用され、新たな経学を創出することができたのかという問題について、一つの解釈を提出する。

この問題については、まず、既述のように丸山眞男が、徂徠の古文辞学を一つの「経典の文辞への忠実を主張する態度」で行う「実証的な精神」を重んじる文献学的な方法と理解している[1]。これは、これまで見てきた漢詩文方法としての古文辞学との関連を軽視しており、近代西洋の学問方法論に引きずられた把握の仕方だといえよう。これに対しては、吉川幸次郎をはじめ、多くの研究者から、古文辞学の実態にはそぐわないとの批判が上がっている[2]。

吉川は、「道はすなわち辞」という理解を踏まえ、漢詩文の方法としての古文辞学が、「古文辞」の模倣と習熟によって「古文辞」を理解し、古代に存在していた「標準的事実」としての「物」（道）を把握する学問方法に転用されたと捉えている。[3] さらに吉川は、事実を尊重する実証家であるはずの徂徠の古文辞学と清朝考証学の方法とを比較して、徂徠の方法としての古文辞学について、古音学と文献批判学を主要な内容とする清朝考証学の方法論を踏まえ、[4]事実を尊重する学問方法であると捉えつつも、日本的思考の影響で思弁的、演繹的な方法になったと考えている。[5] この吉川の古文辞学理解は、徂徠の学問と明代古文辞派の詩文論との繋がり、および清朝考証学の方法論との差異を適切に捉えている反面、方法としての古文辞学のあり方や目的を捉え損なった面がある。つまり、「道」を普遍的で自然的なもの（「理」「理義」）と把握してから、それを明らかにするために経書の真偽を弁じて経書の「字」の本義と変化を考証する清朝考証学とは異なり、徂徠の方法論は、たしかに「古文辞」の読解のほかに、「字義」の解明もするものの、経書の真偽と経書に載せる「字」の本義ないしそれに対応する「理義」の解明は、最終的な目的とはされていない。本章で論じる如く、徂徠が『弁道』『弁名』で解明しようとした「名」は、経書にもある「字義」であるが、「字義」の原義よりも、聖人と三代の君子たちがどのようにこれらの「名」（「字」）を用いていたか、ということこそ、徂徠の古文辞学が解明しようとした問題である。この意味で、清朝考証学の方法を基準にして古文辞学の実証性の足りなさを批判するのは容易であるが、そうした批判は、字の本義の実証を目的としない徂徠の古文辞学にとってやや不公平だといえよう。

実際、平石直昭が早くから指摘しているように、吉川は「物」を平板的に「標準的事実」と理解したことによって、「物」自体の持つ二重規範性（「物」、「義」と「徳」）を把握し損ない、「物」の規範性の根拠を不明確にしている。[6] それに対して、平石自身は、学問方法としての古文辞学は、「能動的」に自己の体験を「古文辞」で書くばかりではなく、自分の持つ言語や認識の枠組みを自覚的に対象化して、現実認識との関連で、「古文辞」世界に内在することによって、「物」（「六経」）と「物」に含蓄される「義」を媒介的に捉えようとした方法だと鋭く主張している[7]。また、澤井啓一も方法としての古文辞学を一つの認識論的方法と指摘している[8]。

ただ、平石と澤井は、彼らの見解からさらに、方法としての古文辞学と、前章において検討したような徂徠の詩文論との関連にまで立ち入って分析する方向に踏み込んでいくことはなかった[9]。本書では、この方向へと分析を進め、さらにこうした考えに沿って、明代古文辞派と明代中国の経学（評点学を含む）との関連に着目し、方法としての古文辞学を一つの経書読解の方法、また歴史認識の方法と捉え、その成立とあり方を検討する。すなわち、漢詩文読解の方法としての古文辞学が、歴史が記載された叙事文たる「古文辞」を解釈する方法（経書読解の方法）、さらに「名」を解明する『弁道』『弁名』の方法、『論語』を解釈する方法としての『論語徴』の方法に転用される論理の過程を考察する。

とはいえ、清朝中国、朝鮮王朝に輸入されて清朝考証学者と朝鮮儒者にも評価された太宰春台（一六八〇―一七四七）、山井崑崙（?―一七二八）らの業績に注目すると、たしかに、徂徠学派も清朝考証学に近づく面を持っている。それゆえ、本書では、徂徠の弟子の業績まで視野に入れ、徂徠学派全体の業績はどのように、清朝中国と朝鮮王朝の文士に受容されたかを検討する。こうした検討を踏まえ、漢文圏における徂徠の経学の特徴と展開を明らかにする。さらに、清朝中期思想史の最高峰ともいうべき戴震との比較を通して、詳細に徂徠の古文辞学の特徴を説明する。

一　荻生徂徠の経書読解の方法

1　理学と古義学の経書解釈に対する徂徠の批判

徂徠の儒教学説が展開された『弁道』『弁名』『論語徴』などの準備作業ともいえる『蘐園十筆』で、徂徠は朱熹と伊藤仁斎の経書解釈の方法を念頭に置きつつ、次のように述べている。

後世の経書解釈は的確に解釈することに努めている。……（彼らは）古代人が経書を引用する時はみな「断章取義」で的確な字義に拘る必要がない、ということを知らない。なぜなら、聖人の言は包含するところ広大であり、そのうちほんの一部を引用したとしてもその教えの全体に関わるからである。[10]

徂徠は、経書の文句と字義の注釈・分析を重んじる、後世の朱熹および仁斎の解釈方法を批判している。彼から見れば、経書を含む「古書」には残欠があり、古書に記載された経書の「聖人の言」（古言）は、「断章取義」という「詩学」の方法で使われていた。したがって、語義は非常に広範であり、固定的なものではなかった。しかも、聖人の教えはそもそも、学者の主体的な思索と自得に待つものであり、分析的に説明して学者に学ばせるものではないのである。そのため、徂徠にとって経書解釈とは、理学者のように「理」で、あるいは仁斎のように「仁義の説」に基づいて、経書の字義を分析的に説明するものではない。経書解釈によって、学者は古書に現れる『聖人の言』（「古言」）の含蓄を把握し、「先王の道」（「物」［礼と義］）（後述）を思考、自得すべきなのである。この意味で、彼は宋儒の経注は古注に基づくのだから、新注を読む前に古注を読むべきだというものの、新注を退けて古注に逆戻りしたのではない。

ただ、徂徠は経書の字義を勝手に「断章取義」的に解釈してもよいと考えているのではない。『論語徴』における宋儒と仁斎の字義解釈に対する徂徠の批判には、主に二つの型がある。一つは、その字義解釈が直接「聖人の道」を理解せずに、理学の学説ないし孟子の「仁義の説」（仁斎の場合）の視点から強引に整合的に解釈している、という形である。[12]もう一つは、宋儒と仁斎を含む後儒の字義解釈は、「詩学」という比喩的な修辞方法で説かれた経書の「微言」および引用された「古言」を知らないまま、直接「字義」を訓詁して為された解釈だ、とする型である。[13]つまり徂徠は、後世儒者の経書の字義解釈に対して、主に①「道」を知らない、②経書の字義が「古言」を引用する

「詩学」の方法で説かれたことを知らない、という二つの点において批判を加えているのである。

徂徠は「聖人の道」（「物」）と、「古文辞」で書かれた経書における「古言」（「詩書」の「古言」、狭義の「古言」）（後述）を引用することによって弟子を悟らせるという「詩学」の修辞方法（古代君子の言語使用の方法）を理解したうえで、文脈的に経書の「字義」が持つ含蓄が捉えられるはずだ、と考える。しかし、「古文辞」を読解するために、古書の訓詁や、朱熹および仁斎の字義解釈も時には参照されるし、音韻学的な知識も必要とされる(14)。

要するに、徂徠は「古文辞」「古言」における「修辞」の方法を理解してから、古注、音韻などに依拠して『論語』などの経書を解釈しているのである。この方法は、明代古文辞派の「古文辞」論から導かれたものである。次にこの点を見ていこう。

2　明代古文辞派の詩文論と経書読解の方法としての古文辞学の成立

古文辞学は経書一般の解釈方法ではなく、「古文辞」で書かれた経書を解釈する方法である。徂徠は『論語』『大学』『中庸』の解釈を行ったが、それは、「古文辞」というコンテクストで為された解釈である。『弁道』『弁名』以前の『蘐園十筆(15)』は、基本的に、『老子』など儒教に属さない書籍をも含む、「古文辞」で書かれた書籍に対する徂徠の読解内容の記録である。既述のように、彼は『蘐園十筆』の最初（『一筆』）で、通常の経書読解の方法を否定した。その代わり、彼は「先王之道」を把握しようとしていた。その思索の結果は、『弁道』『弁名』（特に『弁名』）にまとめられている。そして、『論語徴』などの経学作品も上述の如き方法に基づいて展開されたものである。『弁名』と『論語徴』などの経学作品は、おそらく同時に書き進められていた著作と考えられる。『弁名』は明らかに、『論語』を含む経書に対する読解を踏まえた作品である。そこで、『弁名』の方法を論ずるにあたって、まず、徂徠の経書観と経書読解の方法としての古文辞学の成立について、検討する。

① 「古文辞」としての経書

徂徠は、「六経」を「天下を治める」ための「六種の事」「六つの道具」「物」と捉える。孔子以後に「六経」が初めて書籍化されたとし、それ以前の「書物」は『詩』と『書』しか存在しない、とする。[16]しかし、彼は孔子以前には「礼」「楽」「易」など「事」を説明する「文」「辞」が存在していたことを認めている。[17]また、孔子以前、古の諸侯の国々の歴史記録としての『春秋』があったと考えている。[18]しかも、徂徠によれば、現存の『左伝』は実は魯国の『春秋』の事実を伝へ記せる」もので、孔子が作った『春秋』はその目録である。[19]つまり、徂徠は後世のように、孔子の『春秋』と『左伝』を、経と伝として分けて捉える見方を否定して、孔子の『春秋』と『左伝』はともに魯国の歴史記録たる『春秋』に基づくと見る。このように、徂徠の考えでは、孔子以前にも、『詩』『書』および諸侯の国々の『春秋』など文字化された書籍が存在していたほか、「易」と「礼」「楽」を説明する文章も作られていた。しかし、それらはあくまで断片的だった。それに対して、孔子以後、孔子一門が右の現存している記録と逸文に拠り、「六経」を整理してすべて書籍化したのだ、と彼は見る。それが現存の『毛詩』『尚書』『礼記』『儀礼』『周礼』『大戴礼』『易経』『春秋』などになったのだ、というのである。孔子は「六経を脩めて以てこれを伝う」[20]という『弁道』に見られる考えは、右のように理解すべきであろう。

したがって、徂徠にとって、孔子以後に書籍化された「六経」は、六つの神聖な書籍という意味を有していない。彼が「六経は物なり」と述べる時、「六経」は孔子以前の聖人が国を治める道具を指しているが、「六経に求めてその「物」を知る」[21]という時、「六経」は右の書籍群を指している。そして、『論語』と『礼記』などについては、孔子とその門人たちが「先王之道」を論定して、門人たちが記録したものとして伝えられてきた「六経」の「伝」と「記」である、と彼は明言し、「六経」の「義」を説明する書として位置づけている。[22]

そこで、重要なのは、経学史の観点からいうと、徂徠の経学はむろん、四書（『論語』『孟子』『中庸』『大学』）の義理を重んじる四書学ではなく、宋代以前の五経中心の経書の訓詁義疏学でもなく、また仁斎のような『論語』『孟子』ないし『中庸』を重んじる三書主義でもない[23]、という点である。徂徠学には、いわゆる五経を注釈した業績がない。彼の著作の中で、伝統の経学研究の対象になるものは、『論語徴』『中庸解』『大学解』のはずである。これは一見仁斎の三書主義のような経学体系であるが、実は、『論語』ともともと『礼記』に内包された『中庸』『大学』はともに、「六経」の「伝」として、注釈の対象になったのである。そして、ほかの秦漢以前の書籍は『論語』や『礼記』と同じく古文辞として、類似の「修辞」が施され、また共有の歴史事件（「事」）と聖人が命じた「名」が記録された。それゆえ、徂徠は『学則』で、「管晏老列」など子書にその「辞」を求めると述べている（二則）ほか、『弁名』序では、「秦漢以前書」にその「名」を求めると述べている。このように、古文辞学という方法の解釈対象は、「六経」の書籍群と『論語』『礼記』を含む経書のほか、秦漢以前の子書と史書をも含んでいる。そのため、徂徠の経書読解の方法としての古文辞学は、最初から経書にとどまらず、こうした「古文辞」全体を対象としている。こうした「古文辞」のコンテクストの中で経書を読解する方法は、徂徠が明代古文辞派の詩文論から発展させてきたものである。

②　明代古文辞派と経書読解の方法としての古文辞学

右に述べたように、徂徠は明代古文辞派から示唆を受け、宋学と異なる文観・経書観を持つようになったと考えられる。既述のように、王世貞は、明確に経書を「文」「史」とみなして、文体の視点から、「六経」および「六経」を源流とした古今の文章はみな「史」の叙述に関わる叙事文のバリエーションだ、という考えを表明している。このように、「道」を学ぶための神聖化された「経」から、「辞」が修められて「事」が記載された「史」「文」としての経書への認識転換ともいうべき経書観の変化において、明代古文辞派が重要な役割を果たしたといえるかもしれない。

実際、明代文学思想には、六経を「文」として見る趨勢が見られる、と指摘されている[24]。

中国では、明代における経書観の変化と連動し、明代後期に至ると、古代史書ないし経書に対して評点を行う学問が盛んになっていた。評点は文字の訓詁のみにとどまらず、特定の観点から文章の修辞法と典故としての「事」などを批評するものであった。明代古文辞派が「古文辞」を模倣・習熟する目的は、「古文辞」に存在する文章の「法」ないし文章の「辞気」などを体得し身につけて表現するためである。それゆえ、模倣・習熟を重んじる作文方法は、翻って文章の修辞法などを読み・評点する方法に繋がっていった。以上述べた明代古文辞派に関わる経書観の変化と明代の評点学との二点こそ、経書を含む「古文辞」読解の方法が成立する前提であろう。続いて、明代古文辞派の文学上の主張と、経書読解の方法としての古文辞学との関連について検討する。

③「古文辞」の習得から解釈へ

徂徠によれば、彼の「古文辞」の習得過程は、次のようなものであった。『徂徠集』に収録された彼の手紙（「答屈景山」「復安澹泊」）からその流れをまとめておく[25]。

まず、「古文辞」の特質を認識することである。つまり、李・王の文章を読んでいくうちに、多くの「古語」が利用されていることなどに気づき、彼らの文章を読解するためには、「六経」をはじめとする「古書」全体の「辞」「事」、ないし「辞」を修める「法」を理解する必要があるという考えにたどり着いた。次に、「古文辞」を繰り返して読み、書くことによって、徂徠は、古書の「辞」「事」とその「法」を把握できるようになった。さらに、「古文辞」の「辞」「事」「法」を使って文を書き、習熟していくうちに、個々の字の「訓詁」をしなくても、「古書」の「文意」の解釈は互いに通底することを理解するようになった。しかし、徂徠は、文章の制作と評点など「文章之業」だけを行った李・王とは異なり、「辞」を貴ぶ李・王の「古文辞の学」を「経術」として認識する（「窺う」）方法へと、独自に応用した。

こうしたことが可能になった前提として、前に述べた経書観の転換があった。実際、徂徠の考えでは、「六経」は「史」で、『左伝』『史記』と同じく「修辞」が施された「叙事」の文であるが、難解である。そのため、まず『史記』『左伝』のような古代叙事文から学び、それらを踏まえたうえで同じく「史」たる叙事文の「六経」を理解すべきだ、と彼は考えた(26)。

このように、徂徠が「六経」を読解したのは、「六経」を「史」「文」とみなし、それとほかの秦漢以前の「古書」との間における「辞」「事」の相互解釈性や、「辞」の「法」の継承性・関係性が存在することを認識し、そのような知識を経書に応用することによってである。この意味で、徂徠は明代古文辞派の詩文論を踏まえ、「訓詁」で捉えきれない「古文辞」までを読解できる古代漢文の批評方法を身につけた。そして、それを経書解釈に応用して、経書読解の方法としての古文辞学を創出したのであろう。

④　評点学と経書読解の方法としての古文辞学

このように、徂徠の方法としての古文辞学は、明代の評点学と繋がる。実際、徂徠は「古文辞」で書かれた経書について、「古書ヲ看ルノ法例アレドモ、コレハ文罫文考ナドニ弁シ置キ(27)」と述べている。『文罫』と『文考』は逸失したので、具体的な内容はわからない。しかし、右の文から、徂徠が経書を読むために、その「法例」を知るべきだと考えていたことがわかる。ほかの「古文辞」で書かれた子書と史書についても、その「文法」を説明する明代の評点書を薦めている。例えば、『荘子』については「能く文章を析論」する『荘子因(28)』を、『左伝』については『左伝』の「一家の文法」を説明した『左氏練要』『左伝明文(29)』を、『史記』『漢書』については「茅鹿門・王弇州・徐中行ナドガ文ノ評ニ心ヲツケテ見ルベシ(30)」というように、それぞれ薦めている。徂徠によれば、「文法」さえ理解できれば、その書の旨は自然にわかる。これは明代の評点学の方法を踏まえた考えであろう。

そこで、「古文辞」で書かれた経書ではないが、徂徠が編纂した『古文矩』『四家雋』など李・王らの文章選集に対する注釈では、文章の横あるいは上に、その「文法」や、特殊な「修辞」の技法、典故などを説明する評点方法を取っている。徂徠は「文章を学ぶ時、法を知るべきである。……一時に憶測で書いたもので深く考える必要はない……意味を理解すれば、法を忘れて拘る必要はない(31)」と述べている。文章を学ぶ要務は「法」を知ることであるが、「法」はさまざまな形で分析できるから、自分なりに「法」を読解し、どのような「魚（意）」を捉えるかが重要だ、と注意している。実際、『古文矩』と『四家雋』に選ばれた李攀龍の文章は重なっているが、その批評内容に関する徂徠の説明は異なっている。徂徠自身でさえ、李攀龍の擬古文辞文章に対し、用いるテキストによって異なる読解を施した。この意味で、徂徠は、李・王の擬古文辞文章と真の「古文辞」について、多様的な読みの可能性を認めていた。

次に、徂徠がどのような「法」に注意を向けていたかを検討する。

専ら李攀龍の文章を分析する『古文矩』では、徂徠は段落を分けて、各段の大意や段落と段落の照応などの篇法を説明し、さらに、助字をめぐって、「二「也」字相比、以「而」字接之、亦上双下単法」「「矣」字法」「「哉」字法」などを評するなど、文章の章法、句法、字法を説明している。そして、徂徠は「看助字法是古今文異処」「古今文句法自殊」と述べ、「古文辞」あるいは擬古文にはそれなりの「法」があり、「助字」の用法を含めて、古文と今文の「法」の差異を見分けるべきだ、と強調している。さらに、「引古事切今事、斯公長技、学者味諸」（『古文矩』）と、既述の如く李攀龍が得意とした叙事文の「修辞」技法についても指摘している。このような「文法」と修辞法に対する分析は『四家雋』にも詳細に説かれている。例えば、「贈王元美按察青州諸郡序」で「上四「如」字設対、下二「不得」字設対、中間挿一単句是法」といった指摘をしている。そのほかに、「叙事行議論之一法」（巻一）「次引詩及伝以明之」（巻二）と、その修辞法の解説をも行っている。

このような評点の対象として経書を取り上げることによって、一つの経書の「文法」「法例」を読解し、その旨を理解する経書読解の方法が成立する。この意味で、経書読解の方法としての古文辞学は往々誤解されているような訓詁学的な方法あるいは文献学的方法ではない。後述のように、それは訓詁学ないし文献学の成果を吸収しながら、評点学的な方法あるいは文学批評的な方法なのである。

しかも、方法としての古文辞学は、「古文辞」を読解すれば、それで終わるのではない。経書を含む「古文辞」は李・王の擬古文辞と異なる。そこには一つの「古言」の世界が存在しており、「聖人の道」という価値規範・制度が貫かれているのである。方法としての古文辞学は、経書の「古文辞」を読解したうえで、「古言」と「聖人の道」を理解することを目的としている。古文辞学を明代末の経学（特に経書評点学）[32]から区別する特徴の一つはまさしく、単に経書を文学書・歴史書とみなして主観的な文学見解を述べるのではなく、経書から規範・制度としての「聖人の道」（「礼」と「義」）を積極的に引き出そうとしたことにある。つまり、方法としての古文辞学は「古文辞」（古代漢文）としての経書に対する文学批評的な方法を踏まえ、「古言」と「古義」（「聖人の道」）を解明する方法である。

二　方法としての古文辞学の解釈対象――「古文辞」「古言」と「聖人の道」（「物」と「名」）

「古文辞」「古言」、そして「聖人の道」の関係について、徂徠は次のように述べている。

> 読書の道は古文辞を知ることと古言を知ることを先にすべきである。……その教えに従って古今文辞が異なる原因がわかれば、古言を知ることができ、古義を明らかにすることができる。そして、古の聖人の道を語ることもできるようになる。[33]

徂徠の考えでは、李・王の教えに従い、古今の「文辞」の差異を知り、「古言」「古義」を読解できれば、「聖人の道」を明らかにすることができる。では、「古言」（「古語」）とは何か。

1　「古言」

この節では、『論語徴』によって、徂徠のいう「古言」の意味を分析する。

①宋儒性如仏氏性相之性。大失古言。（『論語徴』甲、一六頁）

②本、始也。……。徳者本也。財者末也。皆謂所始、古言為爾。古之言、皆主行之故也。後世体用之説興、以体為本、以用為末、以理為本、以事為末、皆主所見故也。（同上、二四、二五頁）

③礼与其奢也寧倹、喪与其易也寧戚、盖古語。孔子不直語其本而引此、使放思而得之、孔子之教皆爾。（同上、乙、一〇三頁）

④是訓民為人、訓義為宜、昧乎古言、而恣作訓解三年之喪。言而不語、対而不問、可見語非答述也。然是古言也。非孔子之時言也。琴張引古言、以見孔子行之己。（同上、戊、八二頁）

⑤挙直錯諸枉、挙枉錯諸直、蓋古言也。而孔子引之也。孝経曰、非先王之法言、不敢道、古之道若是焉。後儒不知、迺謂聖人以意造言、謬矣哉。……蓋以積材之道為喩。積材之道、以直者置於枉者之上、則枉者為直者壓而自直矣。故它日語樊遅而曰、能使枉者直、直、謂材之良者、故喩諸善也仁也。枉、謂材之不良者、故喩諸悪也不仁也。枉、直喩也。故当不拘字義、以善与仁解釈之、宋儒不識其為喩。（同上、甲、八〇、八一頁）

⑥宋儒恣以己意品目古人、僭哉。但古言穀与禄殊、士曰穀、稟穀也。大夫以上曰禄食、土毛也。（同上、庚、一八四頁）

右のように、「古言」はまず、宋儒の用いる後世の言とは異なる使用方法と意味を持つ言語である。この意味の「古言」は、特に仏教用語を吸収した宋儒の言葉・宋儒の教えと比べた時、意味の相異がある（①②⑤⑥）。そして、徂徠によれば、「古言」は宋儒らが使う後世の言と異なり、古代中国の制度にも密接に関わる（⑥）。また、「喩」を多用してそこに含まれた含蓄の伝達を図ろうとした言語である（③⑤）。

特に、後者については、徂徠は「おおかた詩学は伝わらないから、後世の儒者は微言を知らない」と述べているよう[34]に、「古言」（聖人と孔子の「言」）は「詩学」の方法で対話の相手あるいは学者を導き、「微言」を伝えて自得させる言語である。しかし、こうした「詩学」による言語伝達という方法は後世の儒者に忘却された。彼の考えでは、「古言」はこのような「詩学」の方法で説かれたがゆえに含蓄を有するのであろう。それゆえ、徂徠のいう「古言」は、特に引用された「古言」を指している場合が多い。例えば③④⑤の例文では「古言」は「孔子の言」と区別され、孔子ないしその弟子が引用した「古言」だとされている。

つまり、徂徠がいう「古言」には、少なくとも二つの次元がある。一つは宋儒が使う「今言」と対比的な、秦漢以前の君子たちが使っていた言語そのもの（広義の古言）である。もう一つは孔子の時代からすでに「古言」だとされていた「詩書の言」としての「古言」（先王の法言、狭義の古言）である。

徂徠は「孔子は詩書の言を解釈していたはずである。彼自身が言う言葉も多くの古語を引用している[35]」と述べている。こうした引用された「古言」（「古語」）は「義の府」としての「詩書」の言葉で、特に『書経』から引用して古の君子が誦した「先王の法言」を指す。すなわち、現存の『書経』にも載せられている「先王の大訓・大法」「帝王の大訓」として、「援きて以て事を断ずるに足る」「片辞隻言」である[36]。しかし、徂徠がいう「書」は必ずしも現存の『書経』だけを指しているのではなく、現在は逸失してしまったが孔子の時代にはまだ存在していた、「史官」（「史」）が「簡冊」に記載した言葉をも含んでいる[37]。例えば、『論語』のほかに『左伝』にもある「克己復礼」という「古言」は、『左伝』に「古也有志、克己復礼」（昭公十二年）と記載されている。「志」とは古代から綴られてきた制度書にほかならない。そのため、徂徠がいう「古言」は多くの場合、現存の『書経』および孔子の時代の史官が書いた「志」

という類の「書」（各国の史書たる『春秋』）から引用された先王の言葉を指している。

さらに、「詩」と「書」との関係について、彼は「書は聖人賢人の格言である。詩はそうではない。詩の言は教えにならないが、人情を知るためには詩よりよいものはない……書は政治をいうが、必ず詩を学んでから、書の義を自由自在に使えるようになる」[38]と述べている。すなわち、彼によれば、「詩」は、人情を表現する言語手段であるので、「書の義」を理解して応用するために必要な「人情」を知るための手段であると同時に、「書の義」を表現する言語手段でもある[39]。それゆえ、『辞を修めてその誠を立つ』。詩書は古の法言である。古の法言を学んでそれによって自分の言を美しくすることを修辞という[40]」。「修辞立其誠」（『易』「文言」）のいう「修辞」とは、「文章」の装飾ではなく、古代の君子たちが政治の目的で「詩書」を運用する言語の技術なのである。

さらに、彼の見方では、古の人が「詩書」の「古言」に載せた「先王の古義」は、政治実践の場において「事」を判断して解決する根拠、手段ないし自らの主張の論拠として、そのまま用いられていた[41]。そして、古の君子の「政事文章」はみな「詩書」から出たものであった[42]。古の君子たちは共通して「詩書」の「古言」に関する知識を持っていたため、「古言」による隠喩的なコミュニケーションと紛争の解決が可能だったのである。「聖人の道」が衰えた時代に生きながら「聖人の道」を教えていた孔子は、こうした「詩書」の「古言」による「修辞」の技術を教育の場で実践したのである。また、孔子はこのような実践を通じて、「詩書」の「古言」とそれを応用する方法を弟子たちに教えていた、とも捉えられている。

この意味で、孔子が弟子たちに対して、特定の道徳よりもむしろ「詩書の言」によって政治を行う方法（「詩学」の方法）を教えていたと、徂徠は理解しているのである。

2 「古言」と「古文辞」

右のように徂徠の「古言」を理解する時、「古言」と「古文辞」との関係はいかに捉えるべきか。まず、徂徠の考えでは、「言」は「辞」とは異なるが、修飾された「言」は「辞」になる(43)。この意味で、「詩書は辞」である(44)。修飾のために使われた「詩書」の「古言」は「辞」であり、「詩書」の「古言」で修飾された「古言」もまた「辞」である。しかし、徂徠は次のようにも述べている。

口に任せて言うことと筆で書くこととは違いがある。論語は聖人の言であり門人の辞である(45)。

世間の儒者の多くは諸書には直接に孔子の言が記録してあると述べている。しかし、彼らは言が筆では書けないものだということを知らない(46)。諸書に記録してある孔子の言は皆修辞である。修辞はそれを記す人の意に従って行われる。そのため違いがあるのである。

彼の考えでは、『論語』のような古書では、「古の言」と物事とを記述して文字化した際に「修辞」が施された。このような場合には、「辞」は先に検討した「言」としての「辞」と区別し、文章の修辞として理解すべきである。

右のように、「辞」は言語生活における修飾された言語（「言」）、あるいは文章を書く時に修飾された文字（「文」）である。したがって、古文における「辞」（古文辞）は、記録された古代君子の言語生活における修飾された古代音声言語としての「古言」（古言としての「古文辞」）と、修飾された文字によって構成された古代漢文（古代漢文としての古文辞）とに分けて理解できる。このように理解すると、古代漢文としての「古文辞」（例えば『論語』など）には二重の「修辞」が存在する。一つは筆記者による文章の「修辞」である。もう一つは記録された現実の古代君子の言語世界（広義の古言）に存在していた「詩書」の「古言」（狭義の古言）などによる「修辞」である(47)。

徂徠は明らかに、「古文辞」を読む時、二重の「修辞」が存在する可能性に注意していた。彼はまさにこのことによって、「古文辞」の読解を通し、古代君子の言語世界（広義の古言）では「先王の法言」（狭義の古言）による「修辞」が行われていたことを見出した。この発見によって、彼は「聖人の道」が行われている言語世界に入り、「聖人の道」を再構築することが可能になったのである。『弁道』『弁名』はこのための作業であった。(48)

3　「物」と「名」――『弁名』と「聖人の道」の認識、再構築

『弁道』『弁名』は仁斎の『語孟字義』を強く意識して作られた著作である。現に、「四端之心」「良知良能」「聖賢」といった『孟子』特有の概念以外、『語孟字義』に論じられた字はほぼ『弁名』にも取り上げられている。しかし、徂徠は『弁道』『弁名』の冒頭で、次のように述べている。

私は天の寵霊によって李攀龍と王世貞との二人の書を得た。それを読んでから、初めて古文辞というものがあることを知った。そこで、六経を取り出して少し読むと、少し物と名を合わせることができた。物と名が合って初めて訓詁が明らかになり、六経を語ることができる。六経は物であるが、『論語』と『礼記』はその義を説明する書である。義は必ず物に属するから、道の内容が定まる。(49)

人民が生じて以来、物があれば名がある。……無形の物については、一般の人には見えないので、聖人がその名を立てた。それ以後、一般の人にも無形なものが見えて認識するようになった。これを名教と謂う。……だから、聖人の道を求めようとした人は必ずこれを六経に求めてその物を知るべきである。秦漢以前の書籍に求めてその名を知るべきである。名と物が違わなければ、聖人の道を語ることができる。そのため『弁名』を作ったのだ。(50)

このように、仁斎が『論語』『孟子』に現れた重要な「字」の「古義」を説明するのとは徂徠の方法は異なる。彼は『論語』『孟子』を含む「秦漢以前書」で検出された「聖人の道」を構成する「物の形無き者」の「名」（名教）を解明しようとしている。『弁名』の前半にあるのは、『書経』に見られる概念で、「道」「徳」など聖人が命じた「名」で

あるのに対して、後半の多くも『書経』に見られる概念であるが、天理人欲・体用・本来・王覇など、後世儒者が愛用するが、古にはない対概念に対する批評もある。徂徠にとって重要なのは、いうまでもなく、聖人が命じた「名」を解明することである。すなわち、「名」と「物」（「六経」）との関係を明らかにすることである。このような、『弁名』という作業を通して、徂徠が意図していたこととは何であろうか。

まず「物」について、徂徠は「教の条件」と説明した。その主要な内実は「礼」と「義」である[51]。まず指摘されているように、徂徠がいう「義」とは、何か本質的な義理を指しているのではなく、聖人の設計意図を指している[52]。たしかに、徂徠がいう「義」（特に「礼」の「義」）にはこのように理解すべき面がある。ただし、徂徠がいう「義」には、聖人の設計意図のほかに、聖人がその意図を踏まえ「物」（礼）を使う時、それぞれの情況に応じた説明、意味づけ（そうした説明はまた学ぶべき対象になる）という意味も含まれている。

そもそも、徂徠の理論では、「礼」と「義」の関係は複雑である。というのも、「義」は先王が「礼」を「制する所以の意[53]」（設計意図）であるのと同時に、「礼」には「衆義」（諸種の設計意図）が含有されている[54]。それだけではなく、「義」は「礼」に準拠して天下の「事」に応じて聖人によって与えられた説明でもある[55]。彼によれば、「詩書」の「辞」（特に「書」）は、聖人たちが「礼（楽）」に依拠して「事」を行う際に説いた言葉（聖人による説明、「義」を持つ「古言」）が「修辞」の言葉として使われて、「辞」となったのである[56]。こうした「辞」には「先王の道」の「義」が含まれている。そのため、「義の府」としての「詩書[57]」は、後世の君子たちの言動の規範となり、「礼楽」とともに君子の養成・教育などに使われ、「物」の体系に入れられたのである。このように、「物」には、諸種の「義」を含有・生成できる「礼（楽）」のほかに、「義」を含む「詩書」の「古言」も含まれている[58]。そこで、『弁名』で論じられた特定の儒教規範になる「名教」としての「名」を弁ずることは、三代の聖人たちが「物」を行うことによって生産された「義」によって、その意味（「字」としての「字義」）を正すことになる。彼はこの立場から、後世の儒者が「理」に訴えて「今言」によって特定の規範概念としての「名」の意味を決めるのは、「我意で自ら取る」ことだ、と批判しているのである。[59] そして、徂徠は、「秦漢以前書」という「古言」の世界に入り、「物」に依拠して制作された「義」を理解することで、「名」の意味を解明することができる、と考える。

例えば、徂徠は、聖人が立てた「徳」という「名」について、「六徳」「三徳」「尚徳」「以徳報怨」「達徳」「明徳」など「古言」の世界における文脈によって異なる「徳」の使い方から、「徳」という「名」の基本的な意味（聖人が与えた意味）を「徳は得である。人がそれぞれ道から得たところをいうのである」[60] と判断する。しかし、文脈に従って、「徳」の意味は変わる。例えば、「尚徳」という場合は通常、「有徳の人」を指しているのに対して、「明徳」という場合は「君徳」の意味である。

さらに例を挙げれば、徂徠は「恭」という「徳の名」についての宋儒の「恭主容敬、主心之説」を退けて、「允恭」「恭己」などの「詩書」の「古言」の意味分析を通して、この「字」[61] の「義」（名の意味）は『自ら高しとせざる（不自高）』ことだと説明している。[62] 徂徠が右のように「恭」の「名」を弁ずるのは、宋儒が「恭」と「尊崇する所ありて敢えて忽せにせざる（有所尊崇而不敢忽）」という意味の「敬」の「名」とを混同したからである。そして、徂徠は「敬」を内面的な「持敬」の意味で把握したことを批判し、「聖人の道」における「天」という至高の対象に向いて「敬する」べきだという教えの重要性を指摘する。[63] さらに、徂徠は『周礼』などに依拠し、「古言」では「鬼神」という「名」は「天神地示人鬼」を指している、という。[64] これは聖人が民を導くために「鬼神」という「物」を立てた「義」に即した解釈である。[65] そして、宋儒が「陰陽の霊」で「鬼神」を解釈したのは、易における古人の鬼神という「義」を理解できなかったからだと見る。[66]

このように、徂徠は、「古言」の世界におけるある特定の「名」（「名教」）の用例を文脈的に把握した上で、その「名」の持つ意味を判断して説明しようとした。彼にとって、これは「物（礼）」の「義」（聖人の設計意図とその説明）を解明することで、「物と名が合する」ということに繋がり、そこから「聖人の道」が語られるようになるのである。

まとめていうと、われわれは次のような徂徠の多層的な経書読解の方法としての古文辞学の公式が得られる。

古文辞（古代漢文意味の古文辞）→古言（広義の古言、古言意味の古文辞）→聖人の道（「物」と「名」（聖人が「物」によって生産された「義」））

徂徠がこうした方法としての古文辞学の操作を得た「名」はある字の「字義」でもあるが、その背後には普遍的「理」を含むことが想定されていない。それは聖人が命じた「名」として、「物」によってその「義」を理解すべきである。『弁道』と『弁名』はこの方法で「聖人の道」を読解した結果とその思想の結晶である。

4　『論語徴』――孔子の「正名」と徂徠の『弁名』

しかし、「義」の媒介によって繋がる「物」と「名」との関係は安定的ではない。聖人が命じた「名」は文字化された後、一種の「記号」として、いつも「物」に関わらない「義」で解釈されうる危機状態に常に置かれているからである。そうであるから、孔子の「正名」を踏まえた徂徠自身の「弁名」が必要になってくるのである[67]。徂徠がいう「義」にも、次の三つの次元の意味があると考えられる[68]。

① 既述の聖人の設計意図と「詩書」の「古言」に記載された「古義」。
② 孔子とその弟子たちが諸種の「物」の「義」を整理して「論定」した「義」。
③ 「空言」で伝わる「義」。

このように、「物」自体に「義」があると同時に、「六経」の「物」を説明する孔子とその弟子たちが「名」を正して説いた「義」もある。要するに、二つの意味の「古言」が存在していると同じく、二つの次元の学ぶべき「義」が存在している。一つは①「先王の義」である。もう一つは②の孔子ないしその弟子たちが、それまで伝えられてきた「物」（礼楽と詩書の「義」）を整理して論定した「義」、ないし彼らが「詩書」の「古言」「古義」を応用して説いた「義」などである。後世に生まれた徂徠は、②の「義」を通して、①の義を理解するゆえに、①と②の「義」は同じく学ぶべき規範であるとする。つまり、「聖人の道」を再構築しようとした徂徠にとって、孔子の「正名」を継承して、「名」を把握する必要がある。[69] このように、「名」を解明することは、「秦漢以前書」の「古文辞」における「古言」の世界で、「物」の「義」を見定めることでもあるゆえに、「六経」における「物」の再構築にも繋がる。それゆえ、孔子の門人たちが論定した「義」が含まれる『論語』ないし『礼記』は徂徠が重視する経学解釈の対象になっている。[70]『論語徴』のほかに、『礼記』関係の『中庸解』と『大学解』はこの脈絡で書かれたものである。これらの経書に見られる注釈方法は、従来の訓詁学（古注と新注〔宋学の注釈〕ないし仁斎の注釈、明代の経書注釈）などの成果を批判的に吸収しながら、さらに評点学という文学批評的な方法を踏まえて「聖人の道」の解明と説明を目的として構築された方法としての古文辞学である。

また別の観点からいうと、『論語徴』の方法は徂徠自身が古文辞学の実践によって得た「聖人の道」論を準拠にして、従来の古注、新注ないし仁斎の注釈、明代の経書注釈などを踏まえたり、批判したりすることによって、『論語』に見られる孔子ないし孔子門人の発言の意味を解釈した方法である。例えば、『論語』「公治長篇」には孔子が「臧文仲、蔡を居き、山節藻梲す。何如ぞそれ知ならん」という発言をした記録がある。まず、朱熹は、「居」という字を「蔵」という意味で理解して、また次の「山節藻梲す」という文を一緒に結びつけ、臧文仲が奢侈をして亀を蔵する室を華麗に装飾して鬼神に諂うから、孔子に批判されたのだ、と主張している。それに対して、徂徠は朱子が「居」という字の意味を知らないと批判した。彼は「蔡を居く」という意味について、『史記』「貨を居く」ないし『漢書』「居を廃す」という「古文辞」の表現に見られる「物を買って貯蓄する」などを参考にして、「蔡を買う」という意味で捉えるべきだ、と主張している。さらに、徂徠の「聖人の道」論によれば、古代中国の礼儀制度として、王者は宗廟で祖宗を天に配って祀り、国に大事なことが起こった時、亀の媒介で鬼神に伺い、謀略をするので、亀は天子の宗廟に蔵されるもののはずである。それゆえ、臧文仲が亀を買う行為は僭越な行為で、また礼を知らない行為と孔子は批判したのだと、徂徠は主張している。また、徂徠は「古注」を参照して、「蔡を居く」ことと「山節藻梲す」は二つの関係のないことなのに、朱熹が二つのことを連結して理解したことを批判した。このように、徂徠は自らの「聖人の道」論を基準にして、「古文辞」ないし古注を参照しながら、新注を批判して、『論語』に見られる孔子の発言の真意を明らかにしようとした[71]。

ともかく、徳川国家に生れた徂徠自身には、「物」に囲まれた環境で聖人の道を学ぶ可能性がなかった。残缺している「六経」に所載の「物」を読解するために、「物」全体を構成するさまざまな「名」の「実」（「義」）を理解する古文辞学の方法を取るしかない。孔子の「微言」を理解し、その「正名」行動を継承して徂徠が『弁名』で行ったような「正名」作業が必要とされたのである。また、「六経」だけでなく「秦漢以前書」全体を「正名」のための情報源として、「秦漢以前書」に含まれる『論語』『礼記』に記載された孔子が説く「物」（六経）の「義」を読解すべきだ、と徂徠は考えたのである。その成果が『弁道』『弁名』および『論語徴』などである。

5　徂徠学派における経学の展開――太宰春台、山井崑崙、根本遜志をめぐって

徂徠以後、徂徠の経学成果を踏まえて為された経学関係の著作は多くあるが、漢文圏の視野で見ると、最も重要なのは太宰春台と山井崑崙（一六九〇―一七二八）と根本遜志（一六九九―一七六四）の業績である。

実際、春台の著作には、『論語古訓』『論語古訓外伝』『詩書古伝』のような経学関係の業績がある。そのほかに、『古文孝経』（『古文孝経孔氏伝』）を重刻して出版させたのみならず、『古文孝経国字解』『重刻古文孝経序略解』『孔

子家語増註』を著し、『孝経』と『孔子家語』を重視する学問の態度を示した。さらに、徂徠と比べれば、春台は孔安国だけではなく、漢代儒者の経書解釈ないし議論を比較的に信用している。例えば、彼は『訓詁ハ爾雅ヲ本トシテ、漢儒ノ説ニ従フベシ。漢儒ノ訓詁ニモ、恃ミガタキ処アレドモ、十ニ七八ハ、孔門伝授ノ説ナリ』[72]と述べている。そのゆえ、「聖人の道」に対する春台の理解も徂徠からずれている。[73]

次に、徂徠自身の学問は漢代の古注への回帰を目的としなかったが、宋学を批判して、「聖人の道」の再構築を目的とした徂徠は宋学以前の古注の整理と閲覧などを励ます。実際、徂徠の弟子たる山井崑崙と根本は三年ぐらいの時間をかけて足利学校で古籍の整理と校勘に努めていた。[74]山井の努力によって、『七経孟子考文』（享保十一〔一七二六〕年）は刊行された。その後、徂徠の弟たる荻生北渓は徂徠門下の石川之清（大凡）、三浦義質、木村晟、宇佐美灊水らの協力によって、さらに校正、補遺をしてから、『七経孟子考文補遺』（享保十六〔一七三一〕年）を出版させた。山井崑崙は主として足利学校に所蔵された七経（『易』『書』『詩』『礼』『春秋』『論語』『孝経』）と『孟子』的古鈔本、宋刊本、明刊本の経文で校勘を行った。[75]それに、遜志は一七五〇年ごろ、『論語集解義疏』を出版した。このように、徂徠後学は宋代以前の古注を重視し、また経書の校勘にも努めていた。

三　清朝中国における徂徠学派の経学の受容と比較

1　徂徠学派著作の輸入と受容

日本に七次も往来した汪鵬（汪竹里）は清朝中国と徳川日本の間に行われた文化交流で、重要な役割を果たした。彼は多くの日本で再発見した古代漢籍の佚存書を中国に持ち返った。[76]前述の『古文孝経』『七経孟子考文補遺』『論語集解義疏』は彼によって将来されたものである。そのほかに、荻生徂徠の『論語徴』と『論語徴』を収録した『論語徴集覧』と太宰春台『論語古訓』と『論語古訓外伝』は、全部彼によって中国に輸入されたのである。藤塚鄰によれば、文化六（一八〇九）年の「唐船和板書籍数種を輸出す」には、すでに『論語徴』『大学解』『中庸解』および太宰春台『詩書古伝』ないし徂徠学を批判した『非徂徠学』が記録されている。[78]そのほかに、『弁名』『弁道』『徂徠集』も中国に将来された。[79]これらの徂徠学派の著作において、主として『七経孟子考文補遺』『論語集解義疏』『古文孝経』および徂徠の『論語徴』は多くの清儒に知られている。

まず、『四庫全書』と鮑廷博編選の『知不足斎叢書』に収録された『七経孟子考文補遺』は清朝考証学者に高く評価された。盧文弨（一七一七—一七九六）はその著作を読んだ後、「その海外の小さい国にはまだ読書できる人がいる（彼海外小邦猶有能読書者）」と嘆いた。[80]阮元（一七六四—一八四九）も経書校勘における価値の観点からその著作を評価したことがある。[81]そのほかに、王鳴盛（一七二二—一七九七）らも経書を校勘した時に、その著作を引用した。[82]また『論語集解義疏』を出版した。この本は『七経孟子考文補遺』と一緒に、清朝の校勘学の発展に刺激を与えた。[83]しかし、彼は足利本を底本にして、皇侃の『論語義疏』を校勘した時、明刻注疏の様式で編纂し直し、また書名を『論語集解義疏』に変えた。それゆえ、『論語集解義疏』は清朝考証学者の作と疑われていたことがある。[84]近代日本の中国学の大家たる狩野直喜はおそらく、この流れで漢文圏経学史における『七経孟子考文補遺』などの価値と意味に気づけ、「山井鼎と七経孟子考文補遺」を著したのではないか。[85]このことは多かれ少なかれ後の日本の研究者が清朝考証学者の観点から徂徠学を捉えることと繋がると思われる。

それから、太宰春台が編纂・校勘した『古文孝経』も『古文孝経孔氏伝』というタイトルで『知不足斎叢書』と『四庫全書』に収録されたので、広く読まれていた。その本の真偽も清朝中期から論じられるようになった。結論からいうと、多くの清朝学者はその著作を偽作だと思っている。偽作説にはまた、次のように、四つのタイプがある。一つ目は『漢書』「芸文志」中に記載された「孝経古孔氏一篇」はもともと、誰か孔安国の名に託して書かれた偽作だという主張である。[86] 二つ目は『古文孝経孔氏伝』は（魏晋）王粛による偽作だという説である。[87] 三つ目は隋朝の時、劉炫が偽作あるいは補綴したという説である。[88] 四つ目は特に日本人の春台による偽作を強調する説である。[89] それでは、なぜこのような偽作と思われた著作が『四庫全書』に収録されたのか。その『四庫全書』の編集者によれば、それは「古を好むものを惜しむ」ゆえに、記録して遺ったのである。[90] このように、山井崑崙と比べると、春台に対する清朝学者の評価は高くない。

　次に、徂徠の『論語徴』はどのように清朝学者に理解されていたかという問題に対して、藤塚鄰はすでに詳細に論じたことがある。[91] 藤塚鄰は、呉英『経句説』、翁廣平『吾妻鏡補』、狄子奇『経学質疑』、劉寶楠『論語正義』、兪樾『春在堂随筆』などに、『論語徴』がどのように引用されたかということを論じた。さらに、彼は、劉寶楠『論語正義』に引用された『論語徴』の部分は実はその子たる劉恭冕が加えたもので、また劉恭冕と兪樾が見た『論語徴』は皆戴望が同治五年に杭州の書店で購入した版本だということを指摘している。また、銭泳（一七五九―一八四四）が『弁道』『弁名』を編纂し直し、自序と『先哲叢談』を踏まえて書いた「日本国徂來先生小伝」を付け加え、『海外新書』というタイトルで出版したことも彼によって紹介された。[92] 右に言及された徂徠の『論語徴』を閲覧した人には、最も知られているのは、劉寶楠の『論語正義』であるが、しかし、二か所を引用しただけである。それに、『春在堂随筆』には十七条を引用したが、評論はなかった。[93] 最も力を入れて『論語徴』を自作の中に引用して批評したのは呉英『経句説』である。それには十一か所で『論語徴』が引用された。[94] その内容を見ると、肯定的に引用したところは二か所だけである。[95] また、当然とも思われるように、彼は徂徠の「聖人の道」論を理解できずに、徂徠の孟子論などの批判をした。[96]

　右のように、清朝中期に輸入された徂徠学派の著作はある程度清朝中国の文士に注目され、また受容されている。しかし、徂徠の説はまじめに受け入れられたとはいえないのではないか。清朝末期になると、黄遵憲（一八四八―一九〇五)、唐才常(一八六七―一九〇〇)、章太炎のような日本に長期滞在していた経験を持つ人が出てきた。彼らはどのように徂徠学派の著作と思想を見ていたのか。まず、黄遵憲は『日本国志』で、徂徠の系譜、古文辞学方法論、脱宋学的な儒教思想の精華と重要著作などを簡潔でありながら正確に紹介した[97]。それはおそらく清朝末期において、中国人による最もまとまった徂徠論といえるかもしれない。

それに対して、唐才常は『万国史記』における議論を踏まえながら、日本の開国には徂徠の議論も関わったと主張している[98]。ほかの文章で、彼はさらに、「孔孟平権の旨は荻生徂徠(「物茂卿」)によって闡明された」と主張している[99]。彼はなぜ、このような観点から徂徠の思想を見ているのか。これは実に興味深いが、ここではさらに追究する余裕がない。

しかるに、徂徠はやはり、主として経学者(漢学者)と見られている[100]。この観点から見る徂徠論としてはおそらく、章太炎の議論が代表的だといえる。既述のように、彼の考えでは、徂徠とその弟子たる春台の経学研究は、「訓詁考証、時に善言がある」が、清朝考証学の最高峰ともいうべき戴震、段玉裁らと比べると、徂徠のような日本儒者の学問的水準は低く、所詮言語が異なるのだから周秦以前の音韻も読解できないだろう[101]、とされていた。章太炎の徂徠論は中国から日本の漢学を見る時、よく見られるステレオタイプの一つだといえる。このような見方にはある種の華夷意識があり、一方的なものといわざるを得ない。後述のように、漢字音韻学は徳川日本において、すでに発展していたし、徂徠学派にも関わっていた。また、徂徠の方法は清朝考証学のそれと共通の源流を持ちながら、違うあり方をしている。清朝考証学の観点から、方法としての古文辞学を評すべきではない。この二つの方法論には異同があるので、次にはこの問題を考えてみる。

2　徂徠と戴震の比較

清朝考証学は明代の経学の研究成果を踏まえているが、音韻学は特に優れている。「音声で意味を求める（以音求義）」という法則の発見と研究は、清朝考証学における最高の達成だといわれる[102]。それゆえ、顧炎武（一六一三―一六八二）の『音学五書』などの研究成果はよく清代考証学の源流といわれる。考証学の大家たる恵棟（一六九七―一七五八）も経書を読解するために、古音を重視すべきだと考えているが、古音の研究は体系されていない[103]。また、彼の経学思想は顧炎武から影響を受けたが、顧炎武と異なり、さらに「漢学」（漢代経学）と宋学（理学）を区別し、また より「三代」に近い漢代経学（東漢の経学）を擁護する[104]。このような漢代経学を重んじる態度を取る考証学者は呉派と名付けられた。それに対して、漢代経学よりも音韻学を特に重視する戴震らは皖派と名付けられた。章太炎がいっているように、戴震は清朝考証学の最高峰であるし、徂徠と同じく、理学を容赦なく鋭い批判をして、いわゆる「新義理学」を展開している[105]。それゆえ、次に戴震を主要な比較対象とする。

戴震は彼の弟子たる段玉裁に送った私信の中で、現実政治への関心によって、自らの主観的な意見を「理」とし、さらに「意見を以て人を殺す」「理を以て人を殺す」ようなことを批判している[106]。このような批判は実に、理学に対する徂徠の批判と通じるところがある。しかし、戴震の思想と方法は必ずしも徂徠と一致するわけではない。

戴震の経書読解の方法を論じる時、次の文はよく引用された。

故訓が明らかになれば、古経がよく理解でき、古経が理解できて賢人聖人の理義も明らかになる。すると我々の心が一様に納得できることわりが、やがてそこから、明らかになるのである（「我心之所同然者」）。……賢人聖人の理義はほかの何ものでもない、それは典章制度に存在するものである[107]。

経のつまるところは道である。道を明らかにする手だては言葉である。言葉の成り立つ原理は小学、文字をおいてありえない。文字から言葉に通暁し、言葉から古の聖人賢者の心志に通達するのである[108]。

右の文で述べられた方法論は、次のような公式にまとめることができる。

「小学文字」（文字、語言の「故訓」）→古経（「六経」）→「道」（「賢人聖人の理義」）

つまり、戴震は、字義訓詁、特に音声の還元で字義を理解する方法を重視し、それによって経書（「六経」）を読解すれば、それに含まれる「道」が把握できるようになる、と考えている。しかも、経書に掲載された「道」は聖人によって闡明したものであるが、やはり普遍的な「理義」として、みなが納得できるものである。

さらに、戴震の著作から、彼の方法論を検討する。まず、文字語言の研究に関して、彼には『尚書義考』『毛詩補伝』『毛鄭詩考正』『中庸補注』『経考』『方言疏証』『続方言』『声韻考』『声類表』『屈原賦注』『爾雅文字考』などの著作がある。[109] これらの著作を見ると、戴震は特別に『詩』『書』を重視したことがわかる。また、彼は『爾雅』に基づいて『詩』『書』を研究してから、その研究成果を踏まえて秦漢以前の古籍を研究する方法論を提出した。[110]『爾雅』はただ字義訓詁の書籍なので、彼は『爾雅』ないし『方言』のほかに、「義に疑うものは声でこれを求める。声に疑うものは義でこれを正す（疑於義者以声求之、疑於声者以義正之）」という方法論をも提出した。[111] まさに、このような文字の字義訓詁と音声との間の関係を重視する方法論の研究によって、戴震は清朝考証学の新方向を開拓し、段玉裁、王念孫などほかの考証学者の研究に深遠な影響を与えている。[112]

しかし、戴震の議論によれば、考証によって得た義理（「理」「理義」）はみなが納得できるだけではなく、聖人もそれによって「儀文度数」を構築した。[113] それゆえ、戴震の研究対象には文字語言だけではなく、古代聖人が建てた礼楽制度（「儀文」）ないし天文地理学ないし算数（「度数」）も含まれている。たしかに、著作面から見ると、礼楽制度に関して、戴震には『考工記図』[114]、『深衣考』があるほかに、その文集にも多くの礼楽制度論の文章が見られる。さらに、戴震には『策算』『算学初稿四種』『九章算術訂訛補図』『五経算術考証』といった算数関係の著作のほかに、『原象』『続天文略』『水地記初稿』『水経考次』といった天文地理学の著作もある[115]。

実際、戴震の算数に対する興味と研究はおそらく明清中国における西洋学問の発展に関わっている[116]。一方、彼の礼楽制度を重視する学問方法と態度は凌廷堪らに継承されている。凌は戴震の学問を理解し[117]、戴震と同じく理学を否定的に見て、礼楽制度の研究に取り組み、『礼経釈例』などを著した。彼はその著作において、古代中国宗法、喪服制度関連の礼制を分析、条列化して、自らが生きる清朝中国の宗法社会に実践しようとしていた[118]。つまり、戴震思想の展開という点からいうと、清朝考証学者の学問は決して文字語言の考証にとどまらず、「義理」の闡明および礼楽制度の研究をも重視し、近代科学の発展に関わる算数、天文、地理学等の学問の展開とも関わっている。

右の議論を踏まえていうと、戴震の経学は少なくとも、次のいくつかの点で、徂徠のそれとは異なっている。まず、戴震が経書を研究することによって、「賢人聖人の理義」(「古聖賢の心志」)を捉えようとした考えは徂徠の思想に似ているが、差異がある。すなわち徂徠が求める「聖人の道」は同じく聖人の「心志」による表現であるが、彼は「聖人の道」あるいは聖人の「心志」の背後に、普遍的な「理義」を想定していない。別の言い方をすれば、徂徠思想における聖人と異なり、戴震が考えている聖人と一般の人との距離はそれほど隔たっていない。このことは孟子思想に対する二人の理解と重視する程度の差異に繋がる。実は、戴震の最重要の著作たる『孟子字義疏証』の研究対象は孟子思想であることからわかるように、戴震は理学を批判したが、やはり一種の孟子尊重の儒学(孟子系統の儒学)である。それに対して、徂徠ないし徂徠学派の儒教思想においては、孟子はまさに「聖人の道」を後世の学者に曲解させた張本人である。その意味で、徂徠の観点から見ると、いわゆる戴震の「新義理学」は依然として孟子系統の儒学になっている。

それから、礼楽制度に対する研究からいうと、顧炎武から戴震、凌廷堪まで、実は彼らが重視しているのは中国宗法社会に関わる礼制である。これは後に述べる兵農一致且祭政一致的な国家制度を重んじる徂徠の礼楽論と比べると、やはり異なっている。

また、戴震にあるような算術、天文、地理関係の著作は徂徠学には見られない。実際、徂徠はある程度の暦学方面の知識を持ちながら、それに関連する著作を残していない[119]。そもそも、彼の考えでは、天は「活物」であるゆえに、暦学者が完全に正しく自然の運行を把握できない[120]。この点をさらにいうと、指摘されているように、「戴震の方法が近代科学や近代思想と同じく数学的な確実性を尊び、どんなに斬新であろうとも、……ひっきょう近代的意味の懐疑主義——ドグマへの懐疑を理念としていささかも内包していない」[121]。それに対して、荻生徂徠の活物的な自然観はある種の懐疑主義と理解することが可能である。しかし、ここで、徂徠の思想が戴震のそれより近代的だと主張するつもりはない。むしろ、戴震と徂徠はそれぞれ、彼らなりの思想と方法で古代中国の学問への回帰を通して、日本と中国の知識人を宋学にも内包された術数的な自然観、自然解釈のモデルから離脱させるために一役を買ったといえるかもしれない[122]。

また、戴震が重視する音韻学についても差異が見られる。既述のように、徂徠も経書解釈における音韻の重要性に気づき、『韻槩』を著した。徂徠によれば、彼は「古文辞」を学んで以来、ついでに「音韻の学」も学ぶようになり、またそれを「古書」に応用したことによって、経書解釈の奥深いところがわかるようになった[123]。彼は「六経」『論語』『爾雅』だけではなく、漢代の孔安国の経書注釈と許慎『説文解字』および劉熙『釈名』などの言語学関係の著作にはすでに音韻で漢字の意味を解釈する方法が応用されていたことを指摘している[124]。既述のように、実際、徂徠は『論語徴』で音韻学的な知識を利用して解説をしている。このように、「音韻の学」は実は、方法としての古文辞学には内包されている。そこで、徂徠はたしかに戴震と同じく、『爾雅』など古代中国の漢字字義の訓詁書を重視し、それを通して経書解釈の方法に気づいた[125]。しかし、両者には次のような重要な差異がある。まず、徂徠は、南宋の張麟之によって校正・刊行された『韻鏡』は「古韻」ではないし、その方法には信頼できないところがあると考えながら、やはり『韻鏡』の音韻体系に頼って、また日本に伝来した「漢音」「呉音」で、漢字背後の「古音」の体系を理解しようとした[126]。しかし、彼は「字母和読漢呉清濁図」などを示しただけで、漢字音韻学に対する体系的な研究は展開しなかった。それに対して、『韻鏡』は早くも、中国では逸失して、清末ごろ再輸入されたので、戴震はむろん、『韻鏡』には頼っていない。彼は明末清初に活躍していた顧炎武らの音韻研究を踏まえたが、象数学の影響を受けた漢字音韻学の伝統から脱出して、さらにおそらく満州語との接触によって再発見された等韻学に頼って『廣韻』といった韻書に対する研究を通して、『声類表』にまとめた体系的な漢字音韻学を展開している[127]。そして、戴震はその成果によって経書の「古音」を勘案して、「道」を把握しようとしたのに対して、段玉裁らは戴震の研究による啓発を土台にして、古音学と経書研究を展開していく。

　このように、音韻学に関して、徂徠は戴震ほどの精密度と体系性を持つ漢字音韻学を展開できなかったし、その音韻学の研究成果もおそらく後世の研究者にさほどの影響はなかったようである[128]。そもそも、徂徠の学問の重要性は経書解釈の精密度と科学性にあるのではなく、多くの研究が示したように、その方法が蘭学と国学ないし近世日本の文学を啓発したことと、その方法から導かれた「聖人の道」論が持つ革命性ないし思想史の影響力にあると思われる。とはいえ、徂徠学が蘭学の方法を啓発したこと[129]、および後述のように、彼の弟子たる太宰春台らも漢代注釈と漢字音韻学を重視するようになっている点からいうと、日本思想史における徂徠の地位は実に戴震と似ているところがあるといえるかもしれない。

　ともかく、清朝考証学と徂徠学はともに明代の経学から発展してきたものと見ることは可能であると同時に、徂徠学派内部にも清朝考証学派に近づいていくところもある。本書はこうした漢文圏の問題意識を踏まえ、さらに朝鮮王朝における徂徠学派の経学の受容を検討する。

四　朝鮮王朝における徂徠学派の著作の輸入と受容

後にも検討するが、日本儒学は主として朝鮮通信使の紹介によって将来されたものである。徂徠学派の著作より、朝鮮の文士は比較的に早く林家、山崎闇斎、貝原益軒、伊藤仁斎の儒学に注意した。[130] 明和元（一七六四）年の甲申通信使節たる元重挙（一七一九―一七九〇）の『和国志』（一七六四年）[131] はおそらく最も早く徂徠学派の学問を紹介する書籍かもしれない。彼が引用した書籍には『荻生徂徠文集』があるので、それを読んだはずである。[132] そのほかに、彼は徂徠学派の文士と筆談をしたので、徂徠学に対して一定の知識を持っている。『和国志』[133] 巻之二「異端之説」において、徂徠の古文辞学の立場、および孟子と宋学を批判した学問の特徴などを理解している。一方、彼は徂徠を「奇偉大特抜の才」だと称え、徂徠が「華音で韻書をその弟子たちに教える」ことを評価しているし、春台が「議論」の方面において徂徠より優れていると称賛したこともある。[134] 次に、李徳懋（一七四一―一七九三）は『蜻蛉国志』（一七七八年）巻一「人物篇」で、多分『和国志』の記述を踏まえ、徂徠が李王から影響を受けたことと理学を批評したこと、および唐話学と春台を論じ、また徂徠を「海外の傑士」と称えている。[135]

しかし、真に徂徠学派の経学と思想に立ち入って読んだのは丁若鏞（一七六二―一八三六）である。丁若鏞は「日本論」で仁斎と徂徠と春台との学問を根拠にして、徂徠らが論じた「経義」は「燦然とした文」だから、日本からの侵略を憂う必要がなくなると主張している。[136] 彼はたしかに徂徠、春台らの経書解釈を読んだことがあり、また、その主著たる『論語古今注』の中に大量に引用した。[137] しかし、彼が実際に使ったものは『論語古訓外伝』だけである。[138]

徂徠学派の経学と丁若鏞の経学との関連については、すでに多くの研究がなされた。まず、河宇鳳によれば、徂徠と春台の経説に対する丁若鏞の引用は、反対の方が多いが、徂徠の経説を激しく批判したのに対して、比較的に春台の経説を評価し、自らの経説の論拠として引用している[139]。また、河は丁若鏞には徂徠、春台とともに「脱朱子学」的な「古学」と「経世学」の傾向が見られるが、徂徠と春台ほど徹底していない[140]という。特に人性論においては、丁若鏞は理学の人性論を批判しながら、春台が賛同した「性三品説」をも批判した。その代わりに、彼はみな「性相近」という万民平等の人性論を展開し、徂徠、春台の愚民論を批判した[141]とする。

さらに、張崑將は河宇鳳の議論を踏まえながら、似ていることを論じた後、孟子と古注に対する徂徠、春台と丁若鏞の差異を指摘している。つまり、徂徠と春台の孟子批判の思想的な立場と比べれば、丁若鏞は明らかに孟子を尊崇しているし、古注に対しても比較的に信用しない立場を取っている[142]。それに、蔡振豊は、近世東アジアにおける反朱熹の四書学の趨勢が見られるが、仁斎の三書主義（『論語』『孟子』『中庸』）と徂徠の『六経』主義あるいは『論語』主義と異なり、丁若鏞の学問は朱熹の四書学を批判しながらも、依然として一種の四書学だ、と指摘している[143]。彼はさらに、丁若鏞の四書学は理学の理気論の世界観から脱出して、心性論と王者の礼楽刑政の関係と結びつけて理解したゆえに、四書学の理論基礎たる『大学』における格物致知説に対して、異なる解釈をしたのだ、と論じている[144]。それに対して、李基原は丁若鏞の論語解釈と徂徠、春台の解釈との継承関係を強調している。彼によれば、丁若鏞は春台が「異端」を「多端」に解釈したことから啓発され、「異端謂不纘先王之緒者」（『論語古今注』「為政篇」）という考えを提出してから、朝鮮朱子学を異端として批判を加えた[145]。さらに、徂徠学派の「古語」を利用した経学解釈の方法論から丁若鏞が受けた影響について論じたほかに、人性論、天論における茶山と徂徠、春台との差異をも検討した[146]。

これらの先行研究をまとめていえば、丁若鏞は徂徠学派と同じく宋学（理学）の経書解釈を批判し、また人性論などの解釈は異なっているが、やはりある種孟子尊重の儒学あるいは四書学である。本書では、この結論に対して別に異議はないが、これから、春台と徂徠との思想的な差異にも配慮しながら、この問題に対する研究を深める必要があると考えている。

それから、右に徂徠の経学方法と清朝考証学のそれとの差異を検討したが、丁若鏞もかなり清朝考証学を意識している。例えば、丁若鏞は『梅氏書平』において、毛奇齢（一六二三―一七一六）、閻若璩（一六三六―一七〇四）、朱彝尊（一六二九―一七〇九）といった清朝考証学の大家の著作を引用しながら自らの議論を展開した。しかも、既述の『知不足斎叢書』に収録された太宰春台の『古文孝経孔氏伝』にも言及し、それが偽書だと批判した[147]。ちなみに、成海応（一七六〇―一八三九）も『古文孝経孔氏伝』『論語義疏』が日本人による偽作だと批判した[148]。また、朝鮮における清朝文化の将来に多く貢献した金阮堂（一七八六―一八五六）も阮元を通して、『七経孟子考文』を読んだことがあるという[149]。また、金邁淳（一七七六―一八四〇）は太宰春台の『論語古訓外伝』における議論が阮元の「性命古訓」の議論と似ているところがあると指摘しながら、孟子に対する態度の差異などを論じた[150]。さらに重要なのは、清朝の梅曽亮（一七八六―一八六五）は金邁淳の議論を読み、その批評に賛同して、孟子までを批判した徂徠と春台は「異端の尤もなるもの」だと批判した[151]。

このように、通信使以外にも、清朝考証学者の徂徠学派論が載せてあった書籍は燕行使らによって朝鮮に持ち帰られた。また、朝鮮文士の徂徠学派論も清朝中国で読まれていた。この意味で、十九世紀の漢文圏においては、徂徠学派の経学は、批判的に見られていたが、共有の知識になりつつあった。しかし、その孟子までを批判して構築された思想体系は実に、ほかの宋学の批判者の思想と比べれば、相当に独特なものになっている。それゆえ、一部の徂徠学派の経説の引用とそれによる議論はあったが、日本以外に対する思想的な影響力はそれほどないのではなかろうか。

（1）丸山眞男『日本政治思想史研究』（東京大学出版会、一九八三年）、一〇一頁、一一四頁。

（2）相原耕作「古文辞学と徂徠の政治思想――荻生徂徠『弁道』『弁名』に即して」（『東京都立大学法学会雑誌』第四十六巻第二号、二〇〇六年）、四九〇頁など。

（3）吉川幸次郎「徂徠学案」（『荻生徂徠』日本思想大系三十六、岩波書店、一九七三年）、六七〇―六八一頁。
（4）吉田純『清朝考証学の群像』（創文社、二〇〇六年）、導論を参照。
（5）吉川幸次郎「日本的思想家としての徂徠」（『荻生徂徠』）、二六八―二七四頁
（6）平石直昭「戦中・戦後徂徠論批判――初期丸山・吉川両学説の検討を中心に」（『社会科学研究』第三九‐一、一九八七年）、第三節を参照。
（7）同上、一二〇頁。
（8）澤井啓一「〈方法〉としての古文辞学」（『思想』第七六六号、一九八八年）を参照。
（9）一々列挙しないが、この点は、多かれ少なかれ、従来の古文辞学論の問題点だといえる。
（10）原漢文は「後世解経、務求的切、……不知古人引経、皆断章取義、不必拘拘。何則、聖人之言。含容広大、繾引一絲全体皆動」（『蘐園二筆』四十七条、三四三頁）である。なお、『蘐園二筆』四十四条、百四条をも参照。
（11）荻生徂徠『蘐園二筆』九十七条、三五〇頁を参照。
（12）例えば、徂徠は「大氏宋儒忽略字義、遷就以成其説……夫任口言理、莫不可言……宋儒昧乎字義、而不知道、乃以文質釈之、謬之大者也」（『論語徴』乙、一〇四―一〇七頁）と述べている。
（13）例えば、徂徠は仁斎の注釈について、「可謂不知字義已。大氐詩学不伝矣。後儒之不知微言也」（『論語徴』乙、一四八頁）というような批判を加えている。
（14）『論語徴』における音韻を利用する解釈について、岡井慎吾「論語徴にあらはれたる音韻論」『柿堂存稿』（有七絶堂、一九三六年）を参照。
（15）『年譜考』によれば、『蘐園十筆』の執筆は、享保元年、徂徠が五十一歳ごろだとされている（一〇三頁）。それに対して、『弁道』の成稿は享保二年七月（一〇七頁）で、『論語徴』の成稿は享保五年ごろで、『弁名』とほかの経書の成稿はそれ以後だとされている（一一五頁）。
（16）荻生徂徠『経子史要覧』「総論」五〇四頁を参照。

(17)　同上、「礼記」五一二頁と「易経」五一三頁を参照。
(18)　同上、「春秋」五一三頁を参照。
(19)　同上、「左伝」五二八頁を参照。
(20)　荻生徂徠『弁道』二〇〇頁。
(21)　荻生徂徠『弁名』序、二一〇頁。
(22)　荻生徂徠『論語徴』序と『経子史要覧』「総論」と『弁道』一を参照。
(23)　蔡振豊「丁若鏞的四書学」(黄俊傑編『東亜視域中的茶山学与朝鮮儒学』台湾大学出版中心、二〇〇六年)、一五六、一五七頁。
(24)　郭紹虞『中国文学批評史』(藍燈文化公司、一九八八年)、三八九―三九四頁。
(25)　本文の分析は以下の二つの引用文による。
「二公之文資諸古辞、故不熟古書者不能以読之。古書之辞、伝注不能解者、二公発諸行文之際、渙如也、不復訓詁。蓋古文辞之学、豈徒読已邪。亦必求出諸其手指焉。……二公之文主叙事、于鱗則援古辞以証今事。故不諳明事制、雖熟古書、亦不能読焉。夫六経皆事也。皆辞也。苟嫺辞与事、古今其如眎諸掌乎。……李王二公没世用其力於文章之業、而不遑及経術。然不佞藉其学以得窺経術之一斑焉」(「答屈景山第一書」『徂徠集』巻二十七、二九五、二九六頁)。

「中年得李于鱗王元美集以読之、率多古語、不可得而読之。於是、発憤以読古書、其誓目不渉東漢以下、亦如于鱗氏之教者、蓋有年矣。始自六経、終于西漢、終而復始、循環無端、久而熟之、不啻若自其口出、其文意互相発、而不復須注解」(「復安澹泊第三書」同上、巻二十八、三〇二頁)。
(26)　「六経皆史也。是言也、知言哉。……六経之文其猶化工之物乎。無已乎。請由盲腐令始之」(「左史会業引」同上、巻十八、一八五頁)。
(27)　荻生徂徠『経子史要覧』「総論」五〇四頁。
(28)　同上、「荘子」五二四頁。

(29) 同上、「左伝」五二九頁。
(30) 同上、「史記」五三一頁。
(31) 原漢文は「学文章要識法……一時取諸臆、不必深考……得魚忘筌其勿拘拘哉」(『四家雋』「四家雋例六則」五)である。
(32) 孫鉱には『孫月峰先生批評詩経』『批評書経』『批評礼記』といった経書を評点した著書がある(漢籍データベースによる)。孫鉱については、張小鋼「孫月峰の文章論――『孫月峰先生批評史記』を中心に」(『関西大学中国文学会紀要』第二十三号、二〇〇二年)を参照。
(33) 原漢文は「読書之道、以識古文辞、識古言為先……然苟能遵其教、而知古今文辞之所以殊、則古言可識、古義可明、而古聖人之道可得而言」(『弁名』学八、二五一頁)である。
(34) 原漢文は「大氏詩学不伝矣。後儒之不知微言也」(『論語徴』乙、一四八頁)である。
(35) 原漢文は「孔子当有解詩書之言、其自言亦多称引古語」(『論語徴』戊、三五頁)である。
(36) 『書』について、徂徠は次のように述べている。「蓋書者、先王大訓大法、孔子所畏、聖人之言、是也。古之時、舎此則無書、書唯此耳」(『弁道』二十二、二〇六頁)、「古以詩書為義之府、書者帝王大訓、万世奉以為道、而其片辞隻言、足援以断事。故謂義之府者、不亦然乎」(『弁名』義五、二二二頁)など。
(37) 「書紀於史官」(『弁名』経権三)を参照。「史官」のことについて、徂徠は「史掌文書、故朝廷制度・朝会・聘問・儀節莫不通暁、而徳性不必皆有也」(『論語徴』丙、二五一頁)と述べている。
(38) 原漢文は「書者聖賢格言、詩則否。其言無可以為教者焉。然悉人情莫善於詩。……如書道政事、然必学詩、而後書之義神明変化」(『論語徴』庚、一六四、一六五頁)である。
(39) 荻生徂徠『弁名』義五、二二二頁。
(40) 原漢文は「修辞立其誠、詩書古之法言也。学古之法言、以美己之言、是謂修辞」(『蘐園十筆』三十条、五二五頁)である。
(41) 徂徠は「義者詩書所載先王之古義也。古之人拠先王之古義以裁決事之宜」(『論語徴』乙、一八三頁)と述べている。
(42) 荻生徂徠「復水神童第二書」『徂徠集』巻二十四、二五八頁。

(43) 前引の「与平子彬第三書」(『徂徠集』巻二十二、二三五頁)を参照。
(44) 同上。
(45) 原漢文は「矢口之与渉筆有間也。論語者聖人之言而門人之辞」(『論語徴』甲、七頁)である。
(46) 原漢文は「世儒多謂諸書直記孔子之言、殊不知言也者、不可筆者也。故諸書記孔子之言、皆修辞者也。修辞随記者之意、故不同焉」(『論語徴』庚、二一二頁)である。
(47) 三代の君子たちの言語コミュニケーションと古代漢籍における「詩書」の「古言」による「修辞」が多用されていたことは徂徠学派学者の共通認識である。太宰春台が著した『詩書古伝』(内閣文庫所蔵本による)はまさに、秦漢以前の書籍に詩書を引用した例文を引き出して整理した書籍である。徂徠の主要な弟子の服部南郭と山県周南もその書の序文を書いた。そして、周南の序文によれば、徂徠が晩年その初稿の一部を見たことがあり、書名を決めたという。
(48) 荻生徂徠『学則』二、二五六、二五七頁を参照。
(49) 原漢文は「不佞藉天寵霊、得王李二家書以読之、始識有古文辞。於是、稍稍取六経而読之、稍稍得物与名合矣。物与名合、而後訓詁始明、六経可得而言焉。六経其物也。論語礼記其義也。義必属諸物、而後道定焉」(『弁道』一、二〇〇頁)である。
(50) 原漢文「自生民以来、有物有名。……至於物之無形焉者、則常人之所不能睹者、而聖人立焉名焉。然後常人可見而識之也。謂之名教。……故欲求聖人之道者、必求諸六経、以識其物。求諸秦漢以前書、以識其名。名与物不舛、而後聖人之道可得而言焉已。故作弁名」(『弁名』序、二〇九、二一〇頁)である。
(51) 荻生徂徠『弁名』物を参照。なお、『弁名』には「礼、物也。衆義所苞塞焉。雖有巧言亦不能以尽其義者也。是其益在黙而識之矣」(礼、二一九頁)、「集衆義而礼立焉、仁成焉」(義八、二二三頁)とある。すなわち、「衆義」を持つ「礼」を「物」だとしている。さらに、徂徠は「夫六経物也。道具存焉」(『学則』三、二五七頁)と、「物」には「道」が具さにあるといいながら、「礼義皆道也」(『弁名』義八、二二二頁)と述べている。すなわち、徂徠は「礼」と「義」がみな「物」に内包されていると見ている。
(52) 高山大毅、前掲書、四二頁。

(53) 荻生徂徠『弁名』義一、二二〇頁。
(54) 同上、義八、二二三頁。
(55) 徂徠は「礼以制心、義以制事。礼以守常、義以応変」(同上、義一、二二〇頁) と述べている。
(56) 徂徠は「詩書辞也。礼楽事也。義存乎辞、礼在乎事。故学問之要卑求諸辞与事」(「復水神童第二書」『徂徠集』巻二十四、二五九頁) と述べている。
(57) 荻生徂徠『弁名』義五、二二二頁。
(58) 同上、物、二五四頁を参照。
(59) 同上、序、二〇九頁。
(60) 原漢文は「徳者得也。謂人各有所得於道也」(『弁名』徳一、二一二頁) である。
(61) 「古言」のコンテクストで解明された「名」は文字化された場合、「古文辞」に使われた「字」になっている。
(62) 荻生徂徠『弁名』恭敬荘慎独一、二二七頁。
(63) 同上、恭敬荘慎独二、二二七頁。
(64) 荻生徂徠『弁名』天命帝鬼神九、二三七頁。
(65) 同上、天命帝鬼神十一、二三七頁。
(66) 同上、天命帝鬼神九、二三七頁。
(67) 『読荀子』「正名篇」の注釈では、徂徠は「正名一篇、名必当其実意、即孔子正名之遺旨」(『読荀子』一九二頁) という見解を示した。しかも、彼は「正名篇」の解説で、「名」を「記号」と捉え、先王の命名行為は、「万国の言」を正して「万民」を諭して惑わさないために、「万民」と相約し、既存の「実」に「名」を命じて「記号」とし、「実」と「名」との対応関係を成立させたのだ、というふうに捉えている。なお、彼は「弁説也者、不異実名以喩動静之道也」との一文を「言弁説者、務使名実不相析異、以暁其離道与不離道也。如此則諸子百家之言、析異名実者、非真弁説也」と解説している。また「正名而期」を「言名必当其実、以為記号」と説いている。彼の『弁名』という書名はおそらくこの『荀子』「正名篇」から取ったのだと思われる。ともかく、彼は「正名」を先王によって確立した「名」と「実」との対応関係を解明することとして理解し、さらに諸子百家の行動はその対応関係を乱したのだと考えている。右のように「正名」の意味を理解すれば、徂徠の『弁名』はまさに、彼が孔子の「正名」行動を踏まえながら行った「正名」行動といえよう。

(68) 荻生徂徠『弁名』義、二二〇―二二三頁。

(69) この点について、徂徠はおそらく『荀子』「正名篇」の議論から思想的な影響を受けたと思われる。これについて、Hung Yueh Lan, "The Xunzi in Edo Japan," *Dao Companion to Xunzi* (Netherlands: Springer, 2016, translated by Eric L. Hutton) を参照。

(70) 徂徠は「六経其物也。論語礼記其義也。義必属諸物、而後道定焉」(『論語徴』序) と述べている。

(71) 荻生徂徠『論語徴』丙、五四一、五四二頁。

(72) 太宰春台『聖学問答』(『徂徠学派』日本思想大系三十七、岩波書店、一九七二年)、一三二頁を参照。

(73) この問題に関して、藍弘岳「太宰春台と徂徠学の再構成――「聖人の道」と日本批判をめぐって」(『思想』第一一一二号、二〇一六年) を参照。

(74) 高橋智「慶長刊論語集解の研究」(『斯道文庫論集』第三十巻、一九九六年)、一一二頁。

(75) 末木恭彦『徂徠と崑崙』(春風社、二〇一六年)、一五九―一六二頁。

(76) 松浦章『江戸時代唐船による日中文化交流』(思文閣、二〇〇七年)、二〇四―二〇七頁。

(77) 藤塚鄰『論語総説』(弘文堂、一九四九年)、二九五頁。

(78) 同上、二九六頁。

(79) 同上、三一三頁。

(80) 盧文弨「周易注疏輯正題辞」『抱経堂文集 上』(『国学基本叢書』商務印書館、一九三七年)、巻七、八八頁。

(81) 阮元の「刻七経孟子考文竝補遺序」には「山井鼎所称宋本、往往与漢晉古籍及釈文別本、岳珂諸本合、所称古本及足利本、以校諸本、竟為唐以前別行之本」(『揅経室集』『国学基本叢書』商務印書館、一九三七年)、三七頁) とある。

(82) 顧永新「『七経孟子考文補遺』考述」（『北京大学学報（哲学社会科学版）』第三十九巻第一期、二〇〇二年）、八四―九一頁。
(83) 高橋智、前掲論文「慶長刊論語集解の研究」一一〇頁。
(84) 『論語義疏』と清朝考証学について、大坊真伸「根本武夷の『論語義疏』翻刻に見られる改編について」（『大東文化大学漢学会誌』第四十六号、二〇〇六年）と、「『論語義疏』と清朝考証学――『四書考異』を中心に」（『人文科学』第十三号、二〇〇八年）を参照。
(85) 狩野直喜「山井鼎と七経孟子考文補遺」（『支那学文藪』弘文堂、一九二八年）を参照。
(86) 趙紹祖「古文孝経孔氏伝」『読書偶記』（『学術筆記叢刊』中華書局、一九九七年）、巻七、九九頁。
(87) 丁宴「日本古文孝経孔伝弁偽」『孝経徴文』（呉平等編『孝経文献集成 十二』廣陵書社、二〇一一年）、一七―二一頁。また、盛大士「『孝経徴文』序」にも同じ意見がある。
(88) 盧文弨「新刻古文孝経孔氏伝序」『抱経堂文集 上』巻二、二一―二三頁。
(89) 孫志祖「孝経孔伝」『読書脞録続編』（『清代学術筆記叢刊 二十七』学苑出版社、二〇〇五年）、一七三頁。
(90) 紀昀ほか「古文孝經孔氏伝　提要」（『景印文淵閣四庫全書　五経総義類一八二冊』台湾商務印書館、一九八三年）、二頁を参照。
(91) 藤塚鄰『論語総説』二九一―三六一頁。
(92) 銭泳編『海外新書』（鄭照校録、一八三六年、慶應義塾大学所蔵本）を参照。
(93) 蔣薫誼「《論語徴》與経句説」的思想比較――兼論清儒對荻生徂徠的批判」（台湾大学修士論文計画書）、三頁。
(94) 同上、六頁。
(95) 「居蔡山節藻棁」（『経句説』巻二十四）と「如用之、則我従先進」（『経句説』巻二十五）である（蔣薫誼、前掲論文からの転引）。
(96) 彼は「唐虞禅讓之義、惟孟子能發明之。昌黎韓子所以推尊孟子、謂功不在禹下者也。乃反謂自孟子而不明、何其謬歟」

（『経句説』巻十八、蔣薫誼前掲論文からの転引）と述べている。

(97) 黄遵憲は「徂徠又号蘐園、江戸人。其先有仕南朝、為物部者、以官為族、称物部氏或単称物氏。初伊藤仁斎倡古学於平安、徂徠乃著『蘐園随筆』以距古学。既而読明人李王之書、有所感発、以古文辞為古経階梯、創立一家言。自称復古学。曰：「古言不与今言同。偏采秦漢以上古言、玩味容経、則宋儒之妄章章乎明矣」。又曰：「道者文章而已。六経亦此物、舎此而他求、後儒所以不知道也」。又曰――「孔子之道、先王之道也。其教則詩書礼楽四術。自子思孟子与諸子争乃降爲儒家者流矣。其教人読書六経之外、専以史漢。謂其言近古、易以識古人之意。其詩文専宗李王、以歩趨盛唐、視宋元人文不啻如仇讎也。所著有『論語徴』『弁道』『弁名』等書。大罵宋儒幷及思孟」」（「学術志一」『日本国志』〔『黄遵憲全集　下』中華書局、二〇〇五年〕、巻三十二、一四〇三頁）と述べている。

(98) 唐才常は「日本痛改其鎖国之謀、君民一心、孳孳求勝。然伊藤諸人助保王権、如俾士麥之于徳。其余衍物茂卿之余論」（「各国政教公理総論」『唐才常集』巻一、岳麓書社、二〇一一年、二四頁）と述べている。

(99) 唐才常「日本寛永以来大事述」『唐才常集』巻一、二一四頁。

(100) 俞樾は「日本之講漢学自伊藤仁齋始、而物茂卿成之」（「記日本国人語」『茶香室叢鈔　学術筆記叢刊』巻九、中華書局、一九九五年、二二七―二二八頁）と述べている。朱一新はさらに、「物茂卿、太宰純之徒又詆程朱、尊漢学、皆視吾中国之好尚以為趨舍。物徂徠乃陳同甫之流、非専漢学也。太宰純、山井鼎輩乃真漢学」（『無邪堂答問　学術筆記叢刊』中華書局、二〇〇二年、巻四、一六三頁）と述べている。

(101) 章太炎は「自徳川幕府以来、儒者著、書多有説六芸諸子者、物茂卿、大宰純、安井衡輩、訓詁考証、時有善言、然其学位特旁皇閭百詩、陳長発間。於臧玉林、恵定宇諸公、猶不能渉其庭廡、又況戴銭王段之学乎。豈日本諸通儒、其材力必不漢人若。正由素未識字、故擿埴冥行如此也。復討其原、終以声音不同為礙、土風異操脣舌相戾、雖強用其文字、所謂削趾適屨者。嘗観日本發音、重濁簡少、計紐則穿徹不殊於心審、言韵、則東鍾無異於文魂。今韵未分、況能遠識周秦部類」（「論漢字統一会」『太炎文録初編』別録巻二、三三二頁）と述べている。

(102) 周予同「孫怡譲与中国近代語文学」（朱維錚編『周予同経学史論』上海人民出版社、二〇一〇年）、五四一頁。

(103) 張素卿「「経之義存乎訓」的解釈観念――恵棟経学管窺」（林慶彰・張壽安主編『乾嘉学者的義理学 上』中央研究院中国文哲研究所、二〇〇三年）、二〇八―二一六頁。

(104) 同上、二八三―三〇八頁。

(105) 張壽安『以礼代理――凌廷堪与清中葉儒教思想之転変』（中央研究院近代史研究所、一九九四年）、三頁。

(106) 段玉裁は戴震について、「古賢人、聖人以体民之情、遂民之欲為得理、今人以己之意見不出於私為理、是以意見殺人、咸自信為理矣。此猶舎字義制度・名物、入去語言・訓詁、而欲得聖人之道於遺経也」とその思想を紹介している（『戴東原年譜訂補』乾隆四十二年、『戴震全書　第六冊』張岱年主編、黄山書社、一九九五年、七〇〇頁）。

(107) 戴震は「故訓明則古経明、古経明則賢人聖人之理義明、而我心之所同然者、乃因之而明。……賢人聖人之理義非它、存乎典章制度者是也」（「題恵定宇先生授経図」『戴氏雑録』（『戴震全書　第六冊』）、五〇五頁）と述べている。本文の日本語訳は吉田純『清朝考証学の群像』（創文社、二〇〇七年）二一八頁の訳を参照。

(108) 戴震は「経之至者、道也。所以明道者、其詞也。所以成詞者、未有能外小学文字者也。由文字以通乎語言、由語言以通乎古聖賢之心志」（「古経解鉤沈序」『東原文集』（『戴震全書　第六冊』）巻十、三七七、三七八頁）と述べている。本文の日本語訳は吉田純『清朝考証学の群像』二一九頁の訳を参照。

(109) 『尚書義考』『毛詩補伝』『毛鄭詩考正』は『戴震全書　第一冊』に収録、『中庸補注』『経考』は『戴震全書　第二冊』に収録、『方言疏証』『続方言』『声韻考』『声類表』『屈原賦注』は『戴震全書　第三冊』に収録されている。また、『爾雅文字考』はすでに逸失した。これに関して、種村和史「戴震の詩経研究に於ける『爾雅』の意義」（『芸文研究』第六十一号、一九九二年）、九八―一一九頁を参照。

(110) 戴震は「余窃謂儒者治経宜自爾雅始。……夫援爾雅以釈詩書、據詩書以証爾雅、由是旁及先秦以上、凡古籍之存者綜核条貫、而又本之六書音、声、確然於故訓之原、庶幾可与於是学」（「爾雅文字考序」『東原文集』巻三、二七五頁）と述べている。

(111) 戴震「転語二十章序」『東原文集』巻四、三〇五頁。

(112) 荘雅州「論高郵王氏父子経学著述中的因声求義」（蔣秋華編『乾嘉学者的治経方法　上冊』中央研究院中国文哲研究所籌備処、二〇〇〇年）、三五一―四〇五頁。

(113) 戴震は「礼者、天地之條理也。言乎條理之極、非知天不足以尽之。即儀文度数、亦聖人見於天地之條理、定之以為天下万世法」（『孟子字義疏証』〔『戴震全書　第六冊』〕巻下、二〇六頁）と述べている。なお、これと関連して、段玉裁は「先生之治経、凡故訓・音声・算数・天文・地理・制度・名物、人事之善悪是非、以及陰陽気化、道徳性命、莫不究乎実」（「戴東原集序」『経韵楼文集補編』〔趙航・薛正興整理『段玉裁全集　二』鳳凰出版社、二〇一〇年〕、一〇頁）と述べている。

(114) 『考工記図』は『戴震全書　第五冊』に収録されている。

(115) 『戴震全書　第四冊』に収録されている。

(116) 艾爾曼（Benjamin Elman）著、曹南屏〔ほか〕訳『経学・科挙・文化史――艾爾曼自選集』（中華書局、二〇一〇年）、七三―一〇四頁。

(117) 凌廷堪は「故其為学、先求之於古六書九数、継乃求之於典章制度。以古人之義釈古人之書、不以己見参之、不以後世之意度之、既通其辞、始求其心、然後古聖賢之心不為異学曲説所汨乱」（「戴東原先生事略状」『校礼堂文集』中華書局、一九九八年、巻三十五、三一七頁）と述べている。

(118) 張壽安『以礼代理――凌廷堪与清中葉儒教思想之転変』第二章、三一―七〇頁。

(119) 徂徠は「復水神童第二書」で、暦学と数学に関して、「未だこれを学ぶ」ことがないと述べているが、当時の数学に批判的に言及したことがある（『徂徠集』巻二十四、二六〇、二六一頁）。

(120) 荻生徂徠『蘐園随筆』一五二頁と「復水神童第二書」などを参照。

(121) 川原秀城「戴震と西洋暦算学」（川原秀城編『西学東漸と東アジア』岩波書店、二〇一五年）、二一八頁。

(122) 川原秀城「西欧学術の東漸と中国・朝鮮・日本」、同上書、八三―一〇一頁。

(123) 荻生徂徠『韻槩』六六九頁。

(124) 同上、六七三頁。ここでは立ち入って検討する余裕がないが、彼は漢代以前に見られる音韻による経書注釈の方法を十則にまとめた（同上、六七三—六七五頁）。

(125) 林少陽『「文」と日本学術思想——漢字圏 1700 — 1990』（中央編訳出版社、二〇一二年）、九三頁にはすでに似た指摘をした。

(126) 荻生徂徠『韻槩』、六七五頁と『韻槩』に付録された「五音七音相通図」と「字母和読漢呉清濁図」を参照。

(127) 木下鉄矢『清代学術と言語学——古音学の思想と系譜』（勉誠出版社、二〇一六年）、第四章、第五章を参照。なお、筆者は未見であるが、右に言及した木下鉄矢の議論は、また平田昌司「『審音』と象数——皖院派音学史稿序説」に依拠している。

(128) 湯沢質幸「近世韻学における呉音漢音の分類と韻鏡——徂徠と文雄」（『筑波大学地域研究』第二十七号、二〇〇六年）を参照。

(129) 佐藤昌介『洋学史研究序説——洋学と封建権力』（岩波書店、一九六四年）、第二章と杉本つとむ「徂徠とその言語研究——蘭語学との関連を主として」（『国文学研究』第五十六号、一九七五年）を参照。

(130) 河宇鳳『朝鮮実学者の見た近世日本』（井上厚史訳、ぺりかん社、二〇〇一年）、八三—八六、一五三—一五六頁。

(131) 記述年代の推測は河宇鳳『朝鮮王朝時代の世界観と日本認識』（金両基・小幡倫裕訳、明石書店、二〇〇八年）、二二〇頁による。

(132) 同上、二二一頁。

(133) 元重挙は「略有詩文名、後得王世貞、李于鱗文集於長崎唐船。不但慕其詩文、謂之正学而学之、遂自名王李之学。自著論語徴、自孟子以下一皆詆侮、至程朱尤甚。其説比維禎尤極狂戻」（李佑成編『和国志　栖碧海外蒐佚本三十』亜細亜文化社、一九九〇年、三二五頁）と述べている。

(134) 元重挙『和国志』三二六、三六二、三六一頁。

(135) 李徳懋『蜻蛉国志』（『青荘館全書巻六十四　標点影印韓国文集叢刊二五九』景仁文化社、二〇〇〇年）、一六一、一六二頁。

(136) 丁若鏞「日本論　一」『文集』（『校勘。標点定本与猶堂全書　二』다산학술문화재단、二〇一二年）、巻十二、三三二頁。

(137) 荻生徂徠の見解は五十次、春台の見解は百四十八次と、それぞれ引用されている（河宇鳳、前掲『朝鮮実学者の見た近世日本』二七三頁を参照）。
(138) 同上、二七五頁を参照。
(139) 同上、二七六、二七七頁。
(140) 同上、二七八—二九一頁。
(141) 同上、二九一—三〇二頁。
(142) 張崑將「丁若鏞与太宰春台対『論語』的解釈比較」（黃俊傑編『東亜視域中的茶山学与朝鮮儒学』台湾大学出版中心、二〇〇六年）、四三—九四頁。
(143) 蔡振豊「丁若鏞的四書学」（『東亜視域中的茶山学与朝鮮儒学』）、一五六—一六三頁。
(144) 同上、一六三—一七六頁。
(145) 李基原『徂徠学と朝鮮儒学——春台から丁若鏞まで』（ぺりかん社、二〇一一年）、二四三—二四六頁。
(146) 同上、二四六—二六七頁。
(147) 丁若鏞『梅氏書平』（『校勘。標点定本与猶堂全書　十三』다산학술문화재단、二〇一二年）、六一頁。
(148) 成海応「題日本牘後」（『研経斎全集　外集第二』巻二十一、旿晟社、一九八二年）二頁と、「倭本皇侃論語義疏後」『研経齋全集　外集第一』四三三頁。
(149) 藤塚鄰『清朝文化東伝の研究——嘉慶・道光学壇と李朝の金阮堂』（国書刊行会、一九七五年）、一〇七、一〇八頁。
(150) 金邁淳は「嘗見日本人太宰純所著論語訓伝、凡言仁、必以安民釈之。凡言礼、必以儀制釈之。力斥集註本心天理等訓、以為釈氏空虚之学。又曰、私欲浄尽、乃禅家修善提之教。心之有私欲、亦理也。若果浄尽則非人也。其説与阮氏不謀而同、但純則罵詈程朱、不遺余力、又上及孟子、以性善為謬説。而阮氏則雖於程朱、内懐訕誹、而不欲顕肆口気、孟子得与論語幷学、不失聖賢之尊者」（『台山集　三　韓国歴代文集叢刊七五八』景文出版社、一九九九年、巻十七、二五〇、二五一頁）と述べている。

（151）　梅曽亮「台山氏論日本訓傳書後　庚子」『柏梘山房詩文集』（上海古籍出版社、二〇一二年）、巻六、一二八、一二九頁。

第六章　歴史認識と政治思想

——「聖人の道」の再構築と政治改革論

はじめに

方法としての古文辞学は経書を叙事文たる歴史書として、聖人が制作した「物」と「義」に関わる秦漢以前の「古文辞」を読解する方法である。この意味で、古文辞学は古代中国の歴史を認識する方法でもある。そもそも、荻生徂徠は「学問は歴史に極まり候事に候」(1)と述べているように、歴史の観点から日本だけではなく、中国を認識している。実際、徂徠は方法としての古文辞学を応用して中国の歴史的変化を深く認識しており、政治、経術（経学）、文学（詩文）など、各方面の変化を捉えたうえで、その儒教思想としての宋学（理学）に対する批判を展開し、「聖人の道」を再構築したのだと考えられる。この意味で、古文辞学は古今などの差異を認識する方法でもある。その方法には、差異を自覚、認識する徂徠の思想が練りこまれた(2)。

そこで本章では、脱宋学と比較制度論の視角から、徂徠はどのように古文辞学で古代から近代までの中国と日本の歴史を認識していたかを検討する。まず、「封建」と「郡県」をめぐって現れた、徂徠の「三代」像の特色とその中国史に対する重層的な認識を整理する。さらに、彼の日本史認識と政治改革論を検討する。そのうえで、漢文圏思想史における彼の政治思想の特色と意義を検討する。

一　古代中国における政治の起源と維持――「道」の制作

1　「利用厚生の道」

徂徠によれば、「道」の形成は、「三代」以前に始まっていた。まず、堯以前の「道」を「利用厚生の道」とし、それ以後の「道」を「正徳の道」とする。[3]「利用厚生の道」とは、「聡明睿智の徳あり、天地の道に通じ、人物の性を尽」したとされる「伏羲・神農・黄帝」といった上古聖人が作ったものである。[4]それは主として「畋漁・農桑・衣服・宮室・車馬・書契」など、文明的な生活を営むために必要的な道具、施設を指している。[5]また、『易』などの解釈から、文化の歴史的蓄積を保証する儀式装置（「鬼神と人の礼」）、および、人情を利用して民を導く「教の術」も、この時代の聖人が「不可知」の「天」と「鬼神」を「敬」したうえで、天地に依拠して作為したものである。[6]さらに、「礼」だけではなく、楽の「律呂」ないしそれを基準にした「度量衡」が「三代」以前にすでに発明されていた。[7]また、父母兄弟などを「養う」ための、「五倫」（「孝悌忠信」）という基本道徳もこの時代に作為された、と彼は見ている。[8]

つまり、徂徠の認識によれば、この時代においては、伏犠などの聖人が天地を観察する（「窮理」[9]）ことによって、「鬼神と人の礼」が立てられた。[10]そのため、堯舜三代以前に、基本的な道徳規範が作られ、「天」「鬼神」を敬して父母、民などを養うため、ある程度の政治観念が芽生えた。しかし、長く維持する政治制度の制作はやはり堯以後のことである。

2　「堯の思」と「正徳の道」の制作

徂徠が指摘しているように、『書経』「堯典」の第一義は「稽古」である。堯は「古を稽える」ことによって「今を知る」模範であるだけでなく、孔子が祖述した「正徳の道」の制作者でもある。[11] すなわち、「正徳の道」(「礼楽」)は、堯が「利用厚生の道」における鬼神祭祀の礼に「因って、制作した」ものである。[12] 堯以前の鬼神祭祀の礼と、堯以後の「その教えを神にする」[13] ために作られた「礼(楽)」とは、同じように聖人が「天」を敬して人情を考慮して作り上げた統治技術という意味において連続する。ところが、徂徠は、「道は古からあったが、礼楽はまだ立てられていなかった。そこで、堯の思考は深遠であるので、礼楽を初めて作った。ゆえに、「文思」という」と述べている。[14] すなわち、堯の「文思」をきっかけとして、堯以前にはなかった「礼楽」が新たに立てられたと、彼は捉える。また、堯がその位を舜に禅譲して礼楽製作の功業を受け継がせたことも、堯の「文思」に含まれている。[15]

堯の「文思」を検討する前に、徂徠の「天」に対する理解を説明する。彼は宋儒の「天即理」という解釈を退け、天を「万物が命を受けて百神が尊び崇めるもの」、すなわち天命を賦与する超越者と見ており、さらに「日月」などがめぐって「風雨」が発生して万物を養う複雑な仕組みとしての「天道」と捉えている。[16] そして、天命を賦与する超越者と複雑な自然の仕組みとの二つの意味で「天」の不可知性を主張している。しかも、徂徠は「天の人と倫を同じくせざる」[17] と述べ、「天人の分」の世界観を展開している。こうした天人分離の観点によって、彼は宋儒・漢儒と異なり、理気や象数の観点から天人関係を理解することはしない。

徂徠によれば、「天を敬する」ことは「聖門第一義」であり、「六経」に載せられたすべての「聖人の道」の根本である。[18] さらに、「古文辞」としての「六経」・「古言」には「敬」に言及した箇所が多い。既述のように、「古文辞」における「敬」は、「尊崇する所ありて敢えて忽せにせざる」[19] という意味である。しかも、「六経」に見られる「祇・

粛・斉・荘・寅・恭・欽・畏」といった「言」もみな「敬」に関わる。[20]「敬」という行為には必ず外在的な敬すべき対象がある。「敬」と「恭」という「名」との主な差異は、「恭」の意味が「己を主とする」のに対して、「敬」は「必ず敬する所ある」という点である。[21]徂徠はこのように「敬」を理解することによって、「大」を「理」と解して「天が我にある」と捉えた宋儒の「持敬の説」を批判し、新たな儒教学説を展開するための基軸を持つようになったのである。[22]徂徠によれば、「敬」はむろん、「心」に関わる行為と態度であるが、「敬」という「名」が作られるのは「敬」すべき対象の存在を前提としているのである。

右の点と関連して、徂徠は「礼は敬を本とする。天と祖宗を敬することである[23]」と述べている。「道」の中核になる「礼」は、君子と「天」「祖宗」（鬼神）など「敬」すべき対象との関係を規制する秩序原理、および規範・制度として捉えられている。こうすることによって、彼は「礼」を内面的な「徳」と捉える孟子以後の儒教を退け、古代儒教を再構築しようとした。すなわち、徂徠は従来の「持敬の儒教」を「敬天の儒教」に旋回させたのである。

むろん、徳川思想史の流れでは、理学の持敬説を批判したのは徂徠だけではない。例えば、伊藤仁斎もその一人である。[24]しかし、仁斎が古代儒教における「敬」の重要性を退けたのに対して、徂徠はむしろ、古代儒教における「天」との関係で「敬」の重要性を強調している。さらに、中江藤樹らも「天」を敬すべきだと述べている。しかし、藤樹がいう「天」は、鬼神次元の「上帝」と「皇上帝」とを融合させ、人間の内面に存在し得るものである。[25]それに対して、徂徠のいう「天」は、内面化され得ず、内面道徳に影響されない超越的存在ないし自然そのものである。徂徠が捉えた古代儒教では、人間と「天」との繋がりは一旦断ち切られ、その上で、聖人たちが作為した「文」としての「聖人の道」（「礼楽」を核とした制度）の実践によって媒介されていたのである。

そうだとすれば、徂徠が考える堯の「文思」とは「天」を敬してその「天命」を自覚し、「仁」（「安民」）「智」（「知人」）の「大徳」によって「礼（楽）」という秩序原理・制度の枠組みを提示し、秩序を長く持続させようとする意識と行為である。この意識と行為は、後述のように、君が「天を敬する」ことと、自らの「民を安ずる」責任に対する自覚と実践である。徂徠の考えでは、そうした意識と行為という人事の努力の有無が、「利用厚生の道」の時代と「正徳の道」の時代との決定的な差異であった。すなわち、政治が自覚的な「仁」によるか否かということが、この二つの時代の差異であった。

こうした「天人の分」「養」を重んじる思想には、既述の彼の初期医学思想との繫がりがあるが、『弁道』『弁名』ではそれが、古文辞学の方法で創出された「聖人の道」として語り直されている。そして、「聖人の道」論においては、「敬天」というテーゼは「仁」の媒介によって「安民」というテーゼと繫がっている。「民を安ずることは天を敬することに基づく（安民本於敬天）[26]」と彼がいうように、「仁」に基づく「民を安ずる」行為は、根本的には「天」を敬する意識に基づくとされたからである。そのため、「仁」について、徂徠は、「「天地之大徳曰生」という教えに聖人は則っており、ゆえにまた「好生之徳」である[27]」と述べている。また、「仁とは、養の道である[28]」、「聖人の道の要は安民に帰すのみ。衆美あるといえども、みな仁を輔けこれを成す所以[29]」と述べている。このように、「仁」は、天地自然が万物を養うように、天地の営為にあわせて人間社会の秩序を維持するために、「民を安ずる」（民を養う）、さらに君子と民の「徳」を養わせて天職に就かせる政治能力である。

ところで、「仁」に基づく政治思想は、「贈右大夫右田君」という書簡で詳細に論じられている。

先王の道においては、仁より大なるものはない。仁とは養の道である。民を安ずることを大とする。民を安ずる道は寛を本とする。それは寛容であるということである。……寛容であるから、民を養うことができる。民を養って徳を持つ人間に成長させ、民が徳を持つ人間に成長すればそのうえで選んで相応しい職を務めさせる[30]。

このように、「養」という概念は、徂徠が再構築した古代儒教では、「敬」と同じく極めて重要である。もちろん、理学においても「養」という概念は重要である。しかし、理学者が説く「養」は「理」の「存養」「涵養」である。「養」は理学用語としては、「敬」と同じく、内部の「理」を対象とする行為である[31]。他方、徂徠の古文辞学では、敬する対象が主として「天」および「天」と関連する鬼神、君、民であるのに対して、養う対象は、主として自分の「性」(徳)と「体」および民などである(後述)。徂徠の用語では、「敬」と「養」という行為は「仁」の実践によって繋がっている。つまり、政治主体としての君あるいは臣がその下位者ないし民の「性」を養わせ、それを「材」(徳)として完成させ天職に就かせること、すなわち「天」から預かった民を養うことは、仁(「民を安ずる」)の実践だけではなく、彼ら自身が「天を敬する」意思の表れでもある。そこで、徂徠の構図では、万物を養う「天」は敬すべき対象であるのに対して、「性」は養う対象である。この理解は、天人合一論を唱える宋学と異なる儒教的な政治理論モデルであるといえよう。それのみならず、「敬」「養」以外に、徂徠は「寛」(「容」)の重要性を説いている。彼の考えでは、「天」が選り好みなく万物を生養するのと同じように、「仁」を持つ君臣は寛大な心ですべてのそれぞれの「性」を持つ民を善悪の区別なく養うべきである。そして、「材」として成長した人(「徳」を身につけた君子)を選んで相応しい職に就かせるのである。

このように、徂徠が孔子の教えを通して古代儒教から発見したのは、「敬天」「安民」の政治観である。それは「敬」「養」「寛」といった観念に支えられている。それは堯の「文思」から始まり、「三代」において具体的に展開されている。そのため、徂徠は『書経』「二典三謨」に依拠し、舜と禹とを、堯の提示した「礼楽(文)」(秩序原理・制度の枠組み)を具現化した聖人と見る一方、禹によって完成された礼楽制度が殷と周王朝の制度制作のモデルにもなったと見る[32]。徂徠は、世間の儒者が「夏は忠を尚び、殷は質を尚び、周は文を尚ぶ」という文に拠り、周王朝において初めて「文」が存在したと見ることを批判している。徂徠の考えでは、三代の聖人が作った礼楽制度は、それぞれの時代における風俗の差異に応じて、聖人が前王朝の制度を「損益」(修正、補正)したものであるが、堯舜が立てた「道」(礼楽)という秩序原理によって作られていることにはいささかの変わりもなく、同じく「文」なのである。[33]

「聖人の道」は「文」である。それは、聖人が制作した礼楽制度を意味するだけではなく、聖人の謀略までをも含めている。[34]つまり、徂徠は聖人の政治的自覚と謀略の観点から「聖人の道」が「文」たる理由を理解していると思われる。この意味の「文」は、「文」と「武」の対立を超え、ある種の文明的な状態を意味している。

一方、徂徠が「聖人の道」を「文」とした理由は、「三代」におけるある種の制度の継承性と伝統にある。徂徠は周の道と「夏商古道」の差異を意識しながらも、[35]主に周代制度で「聖人の道」論を展開したのである。さらに、「孔子の道は先王の道なり」[36]というように、彼は周朝制度を整理して継承した孔子思想と周以前の鬼神祭祀を行う文化伝統との継承性を確認し、それと同時に、孔子思想を通して、ある程度周以前の鬼神祭祀を行う文化伝統を合理化したともいえる。[37]そうすることによって、徂徠は「鬼神」を「天」に配祀する政治作為の意義を強調すると同時に、「天」の不可知性（人間の宗教感情に関わるもの）をも認めたのである。

二　「三代」（「封建の世」）における「道」の構成と運用

徂徠の考えでは、「三代」は堯の「文思」を継承した「封建の世」であった。「封建の世」には、君子には士と大夫などの階級の差異はあるが、みな天子と共に「安天下」の「天職」を担う。[38]そして、「封建の世」の制度は「風俗」によって差異が生じるが、いずれも礼楽文化（「文」「道」）を持つ。以下、徂徠の「三代」における学校、祭祀、軍事、土地といった制度の理解を説明し、彼の「道」の構成様態を考察する。

1　学校制度――「道術」（経術）と「吏治」

徂徠が理解する「三代」においては、「学校」は重要な基礎制度で、君子が「道術」を学ぶ場所である。[39] 所謂「道術」は「礼・楽」の「詩・書」をも含む。また、特に「礼」と「詩」を「道術」の代表とする。徂徠によれば「詩（書）」は前章で検討したように、言語と修辞に関わる技術であるのに対して、「礼（楽）」は外部の身体の活動に関わる技術である。[40] こうした技術はまた君子の「徳を養う」手段でもあり、「士を造る」教育手段ともいえる。[41] つまり、統治階級の「君子」は学校で「詩書礼楽」などの「経術」を学んでから、その「性」によって「道の一端を得」てその「材」と「徳」をなすことができる。[42] それから、「士」（君子）として「政事」を行う時、「経術」によって行い、「恩愛」の情で民を統治する。[43]

では、「礼」はどのように統治効果を持つのであろうか。徂徠によれば、君子が内面に「徳」を身につけると、外面には自然に威儀（「光輝」）が生じて、「文」を持つ人間になる。[44]「礼を学ぶことによってその威儀を善くする」[45] とあるように、士に「物」としての「礼」を学ばせるのは、外面の「威儀」を正すことで、おのずと自らの行動に威儀が現れるようにするためであった。そして、徂徠によれば、「礼は見習わせる効果を持ち、民に恥を知らせることができる」[46]。操作する「術」としての「礼」は、君子が統治の場において自らの身体の容儀、衣服による威儀を民に見せつけ、見倣わせようとしながら、民に「恥」を知らせ、おのずから敬させてその「分」を自覚させる政治技術でもある。徂徠の考えでは、「文」を表現する礼の「光輝」「威儀」は、権威・刑罰のように民を恐怖させるものではない。忠信という「美質」を持つ人間の身につけた「礼」が表す色鮮やかな美によって、民を自然に順服させるものである。[47] これはまた風俗を改善して民を自然に「善に遷して悪から遠ざける」統治技術でもある。[48]「礼」は視覚的な効果によって民を敬させて統治する「術」である。

それに対して、楽は聴覚効果を重んじる統治技術といえる。[49] 当時の理解では『楽経』もあったが、後世の経書体系では、「楽」は「礼」に吸収された。[50] しかし、徂徠は教育と政治手段としての「楽」を重要視する。そして、「聖人の治」における「楽」と世俗の楽を区別する。彼の考えでは、世俗の楽たる「俗筝三弦」には「応」と「節」だけがあり、「和」はない。それに対して、堯舜時代と三代では、「楽」には「節」のみならず、「応」と「和」があった。[51]「応」とは歌と古琴などの楽器が調を同じくして応ずることをいう。「和」とは歌と楽器の調が異なるにもかかわらず、相互に調和することをいう。[52]この意味で「和」を目的とする「楽」は「天地の和気」に感応して、知らず知らずのうちに、君子の「徳」の養成とよい風俗の形成に効果を及ぼす。[53]さらに、彼はこうした楽理から「聖人の道」における「和して同ぜず」[55]の道理をも理解する。[54]中国漢代以後の、数理で音楽と宇宙の関係を推測する音律学、律暦思想ないし理学の音楽思想と異なり、徂徠は政治運営における音楽の効果を重視しているのである。

2　祭祀制度――「宗廟」「学校」と「天」「鬼神」

『左伝』『礼記』などは、君と祖先の「鬼神」・「天」の間に行われた「礼」が見られる。これは、「宗廟」「学校」で、民を統治するために、または戦争という危機に陥る時、君の決定を根拠づけるために、「天」と祖先の「鬼神」を敬する意を示す目的で行う「礼」である。これは君主にしか許されない。「物」としての「礼」の核心である。既述の「敬天」思想に基づき、徂徠は「先王の道は天に基づき、天地を奉りながら行う。その祖先を天に配祀するのは、天は道の根源だからである」[56]と述べている。さらに、彼は「王者は天と祖宗から命を受ける。祖宗を天に配祀するのは、天と祖宗を一つにするためである。そのため、国に大事がある時は鬼神に窺う。これを祖宗の鬼神というのである」[57]という。これらの見方に示された徂徠における「天」と「鬼神」との関係は以下のように理解できる。

政権を継承した君にとって、「天」および「天命」と「徳」を持つ祖先は「道」の根源である。君にとって、「天」と祖先の「鬼神」を合祀することは、自らが祖先から「天命」を継承して保有することを証明し、祖先の「鬼神」の媒介によって、「天命」を政治決定および統治を維持する根拠とするためである。つまり、統治者は「天」と祖先の

「鬼神」への祭祀によって政権を維持するのである。

そもそも、儒教の王権理論では、「天命」の獲得と継承に関わる儀礼は重要である。しかし、ここでは、漢代儒者のように、五徳始終説と感生帝説を含む象数的な天人相関論を利用して、祖先の「鬼神」と「天」（上帝）との合祀および「天命」の獲得、継承、移転などを説明することを、徂徠はしていない。また、理学者のように、「天」を「理」と捉えた天人相関論を利用して、君が身を修めて「理」に適う政治を行うことが君主になった天命を維持する条件であるとする考えにも、徂徠は与しない[58]。右の漢代儒者と理学者の王権論にはともに、天命を受けた君主が政治的支配を維持するためには自ら道徳を修めて民を教化すべきだという教化としての政治観が潜んでいる。それに対して、天人相関論を信用しない徂徠においては、祭祀における天の崇高性と不可知性、および天と合祀される「上帝」としての上古聖人[59]と祖先の「鬼神」の媒介性を強調することによって、鬼神祭祀の制度を政治操作の道具とする。しかも、これは、人間が行う「裁成輔相の道」として、「鬼神」を養うという「仁」の行為でもある[60]。「天」と祖先（特に「始祖」）の「鬼神」を合祀するのは、君主が祖先の「鬼神」を養いながら、自らが祖先を通して受けた「天命」を維持するためでもある[61]。すなわち、学校制度の媒介によって、教育と祭祀と軍事は一体として政治運営を支える。こうした政治形態では、君主は祭司であり、祭政一致的な政治制度ともいえる。

3　封建制度——官職と経済、軍事、土地などの制度

「封建」と「郡県」は官職と身分の世襲の有無、租税と軍事が独立するか否か、そして土地制度などにおいて異なる。また「三代」はまとめて「封建之世」と捉えられているが、秦漢以前の書籍に記載された封建制度は概ね周朝の制度である。『周礼』などでは、三代の官職制度としての「礼」が記載されている[62]。徂徠は『周礼』を偽書とはしないが、『周礼』をすべて信用して用いるわけではない。周知のように、『周礼』に記載された周王朝の制度と『礼記』

「王制」と『孟子』に記載されたそれとの間には差異がある。この差異をいかに解釈するかは、重要な問題である。徂徠の立場は古文辞学の方法で選別して利用する。この点に関して、徂徠は例えば、こう述べている。

古ニ祀ト戎トハ国ノ大事ナリモイヒ、周官ノ制度ニモ六卿ヲ以テ国ノ政務ヲ司ル事ナルニ、出征ノ時ハ六卿即六軍ノ大将タルトイヘリ。又出征ノ時ハ成ヲ学ニ受トテ、軍法ヲ日ハ学校ニ納メオキテ、出陣ノ時ハ学校ヨリ古法ヲ受ル事ナリ。聖人ノ道ハ治国ノ道ニテ、軍旅ハ治国ノ一大事ナリ。(63)

ここで、徂徠は明確に「周官ノ制度」に言及している。「古ニ祀ト戎トハ国ノ大事ナリ」の出典は『左伝』で、「出征ノ時ハ成ヲ学ニ受トテ」云々は『礼記』「王制篇」である。右のように、徂徠は『周礼』だけでなく、『左伝』『礼記』などの記述(64)を利用し、「聖人の道」においては、学校を一つの媒介として祭祀と軍事が絡み合って政治の運営を支えると考える。祭政一致のみならず、兵農一致なのである。特に、制賦は「軍法ノ根本」「万事ノ制度ヲ建立スル根本」(65)である。田制は兵制のみならず、「万事ノ制度」の基礎である。さらに、車戦が行われていた古は「人ニ文武ナシ。公卿・大夫・士ハ皆君子ノ人ナリ。戦アルトキハ軍ノ将校トナル」のであり、兵農一致の三代の古では「文武」の区別もない。「術」「官」「政」としての「文武」の区別は、戦国以後のことなのである。(66)

平時では、政務を行う「六卿」が、戦時になると「六軍の大将」になる（『周礼』「夏官司馬」）。すなわち、平時の官職体制は簡単に戦時体制に転換する。これは徳川政治体制と同じである。そして、軍事制度は根本的に土地制度に基づいている。

徂徠曰く、

兵賦ト云ハ軍役ノコトナリ。軍役ノ割リヲ定ムルヲ制賦ト云。是建国ノ大制ニシテ軍法ノ根本ナリ。……諸侯ノ国ヲ建立スルニハ兵賦ノ多少ヲ定メテ、是ヨリシテ万事ノ制度ヲ建立スルコト聖人ノ道ナレバ、建国ノ大制ナルコト明カナリ。……三代兵賦ノ制、公侯ノ国ハ山川都邑ノ地ヲ除テ田地バカリ方百里ノ地ナリ。方百里ハ一万井ナリ……伯ノ国ハ方七十里……子・男ノ国ハ方五十里……右ノ方百里・方七十里・方五十里ト云モ大概ノ数ニテ、大抵田地六町ニ軍兵一人出ス割ナリ。秦漢以後ハ郡県ノ世ナレバ、民ヲ募テ兵トスルユヘ兵賦ノ定法ナシト知ベシ。[67]

つまり、彼の認識では、「郡県ノ世」には「兵賦ノ定法」がなく、「兵賦」（「軍役」）こそ三代の「封建」政体における「万事ノ制度」の基礎であった。ここで、徂徠は『礼記』「王制篇」あるいは『孟子』「万章下」に依拠して、諸侯の統治面積を「百里」「七十里」「五十里」と理解しているが、『礼記』「王制篇」および『孟子』では井田制に基づく兵賦制度は説かれていない。むしろ、『礼記』「王制篇」や『孟子』（甲系統）とは異なる系統の井田制を説いた『周礼』『司馬法』（乙系統）に、井田制度（田制）に基づく兵賦制度（兵制）が説かれている。徂徠は井田制に関する甲と乙二つの系統の議論を彼なりに統合したのである。[68]

これらの経書・兵書・史書にはいずれも、田制と兵制とが一つに結ばれた三代像が見られる。これらの経書の記述は戦国ないし漢代ごろに書かれたものにもかかわらず、徂徠は明らかにこうした理解に依拠して、それが古代聖人の統治した国家形態であると認識している。しかも、こうした国家では、六十石（「田地六町」）に軍兵一人を兵賦として出すという制度が実施されていた、と彼は理解している。彼にとって、こうした「兵賦」を「万事の制度を建立する」基本とする制度の体系が、「聖人の道」にほかならない。そのため、彼は『鈐録』で、『論語』「子路篇」の「庶・富・教」の議論を利用して、以上のような三代の「封建の世」における兵農一致の国家像を示しながら、自らの説く土着政策の目標を説明している。

ところで、井田制度と「王道」を結びつけて説いたのは『孟子』である。[69]特に、『孟子』における十分の一の税制を取るという井田制度の説明[70]は、後世儒者の三代像の形成に大きな影響を与えている。しかし、徂徠は、それは「民心を収める」ための議論で、『孟子』の説は当時「民間の制度」論ではないという見解を示し、当時行われていた年貢における四〇ないし五〇パーセントという税率を減少する必要はない、と考えている。[71]

4　礼儀制度——「君」と「臣」、「君子」と「民」

『左伝』などには、朝廷、あるいは外交、戦争の場で、主客、あるいは君主・諸侯・大夫・士などの身分階級の差異を確認するために行う「聘・会・軍旅・巡狩」などの儀礼と諸制度の規定が、多く見られる。[72]徂徠は『論語』に依拠し、こうした三代の君臣の間に行われた「礼」を、後世の君尊臣卑的な礼と区別し、臣の主体性が尊重されて君と臣が互いに敬する「優游不迫の礼」だったと強調している。[73]つまり、徂徠の考えでは、三代の君臣関係は、権力と刑罰による命令と服従との関係ではなく、同じく天から頂いた「役」（「天職」）を果たすべき存在として、「仁」の実現を自らの責務として、天の営為に調和する政治を行うために存在した。[74]そこでは、彼らの上下関係を表すために「礼」が必要とされるのである。

また、君子としての君・臣が被治者たる民を相手に行った儀式としての「礼」がある。徂徠の認識では、民は、鬼神を恐れるような人情に従って行動し、「営生」に努めつつ「安民の心」がない「小人」である。[75]この見方だけからすれば、徂徠は民を専ら政治操作の対象とみなしている。しかし、徂徠は、民は非主体的な存在でただ騙されるばかりの受動的対象だと考えているのではなく、何かの「役」（天職）を背負う存在であるとも見る。そして、彼は「民」は、天が私に命じて治めさせているものである。そのため、民を敬する[76]とさえ述べている。君子が自らの「天職」を完成するためには、「仁」を実践して、民を敬すべきだけではなく、「養って安す」べきである。[77]彼にとって、民は君に所属する臣と異なり、天に所属しているので、「民を敬する」ことは「祖先を敬する」ことと「聖人を敬する」ことと同じく、重要である。[78]つまり、君子は統治者の責任を自覚して、民の面倒を見るべきである。[79]そのため、民に関わる「礼」として、『礼記』「大学」には、天子・諸侯が「大学」で民に「孝弟の道」を教えるため「歯」を序する養老礼がある。[80]そのほか、「長幼の序を明らかにする」ために立てられた「郷射の礼」[81]などもある。

さらに、『儀礼』には冠婚葬祭などの「礼」が掲載されている。これは、『儀礼』を重視して三代の制度から「宗法」の原理を再発見・応用しようとした朱子学者ないし明代・清朝の礼教改革者が重んじた礼であるが[82]、徂徠の主要な改革対象ではない。この種類の「礼」については、それぞれの国の俗に従ってやればよいと徂徠は考える[83]。

5　刑罰制度——「仁」と「寛」

次に、「術」としての「刑政」について検討する。徂徠がいう「刑政」は、概ね「法」といい換えることができる[84]。「法」について、徂徠は次のように述べている。

法は禁令である。法の命令で行わせたり禁止したりする。……法は禁令として使い、民に避けさせる[85]。

つまり、外面的な威儀を重視する統治手段としての「礼」と異なり、「法」は言語による命令と刑罰による抑制力である。「法」の統治効果は、統治者の権力と刑罰の威嚇にある。しかし、徂徠は『周礼』などによって、封建・礼治の世においては、「法」の発動は専ら民を対象にし、「礼」による統治・予防・教化が失敗した後で取らざるを得ないものとして捉える[86]。刑罰としての「法」も時代の治乱によって軽重の別があると見る。彼は厳罰を支持する。しかし、「徳」を持つことが「法」の執行の前提である[87]。

しかも、彼は「刑」についても、先王の「養の道」の一環とする[88]。しかし、なぜ刑罰が、「養の道」（「仁」）といえるのか。徂徠によれば、「聖人の道」は天地の働きと同じく、善悪の区別なく、すべてのものを養うが、やむを得ず刑罰を使う時も、その「悪」を憎むのではなく、「養の道」（「仁」）全体の実行に害を生じたからである[89]。このような考えの延長で、徂徠は戦争や刑罰など暴力的な手段を行使することを「仁」のための手段と認める[90]。しかしながら、舜が「四凶」（共工、驩兜、三苗、鯀）を刑したのに、自分を殺そうとした父（瞽）と弟（象）を刑しなかったという難問[91]に対して、徂徠は「上に居る道は、皆寛を以て本と為す」と答えている[92]。つまり、舜は寛大（「寛」）な心を持つので、その父と弟の悪を憎まずに、その悪の改善を待つ。それに対して、「四凶」は公的領域における政治の実践（「仁」の実践）を妨げる行為を行ったので、刑罰を受けたのである。[93]

この難問を、徂徠は『孟子』のように縁故主義の視点から解釈せずに、治者が「寛」という態度を持つべきだという視点から見る。これが、彼の政治観が、治者の道徳修養と民に対する道徳的教化を重んじる一般の儒教の政治観、または権力支配を重んじる法家の政治観と異なるところである。つまり、徂徠は専ら道徳の視点から治者の適任性を考えるのではないし、権力支配の視点から権謀と厳罰を行う治者像を描いた法家的政治観にも与しない。徂徠の考えでは、君子は「敬」「養」「寛」などを重んじ、天地全体の育成を畏敬・配慮しながら、民を養うことに尽力して寛大な心で政治に臨むべきなのである。

そこで、孔子以前の子産が提示した「寛」と「猛」との二つの統治技術論に即していえば、徂徠は明らかに「寛」の統治技術論に与している。[94]法家は基本的に、「寛」よりも「猛」の統治技術論に与すのに対して、儒家は「寛」に即する。徂徠の「寛」の重視も孔子と荀子を踏まえている。[95]一方、彼は、孟子以後の「修身」を「安民」に先行させる考えに反対して、「修身」（「養徳」）は「安民」を目的としなければならないし、[96]「安民」の場に臨む時は「寛」に基づくべきだ、と考える。そして、「安民」の実践は、結局、「敬天」という「聖人の道」における至高の原則を完成することでもある。

ここで徂徠が考えている聖人の作為は、対象を機械的にまた物体として作り出すような営みではない。その医学思想と深く繫がる天地自然と人間を「養う」営為である。それが徂徠の秩序観を深く規定している。それは、「郡県の世」と君権の維持を前提にして、「天即理」という主張に基づき、内面において自然（天）を同一化する道徳的な聖王による統治という理学の理想政治論とは異なり、現実の刑罰と武威による武家の支配を是正するための理論でもある。ただし、それは祭政一致と兵学謀略的な思惟を認め、宗法を問題にしない。彼は三代全体を、祭政一致かつ兵農一致制度体系（「文」としての「聖人の道」）を持つ「封建の世」として、把握しているのである。

徂徠の歴史認識によれば、「礼楽」が崩壊した後、（聖人の道と同様に）「情」（人情）を重視する政治学説として「法家」が興った[97]。それに対して、「先王之道」を蘇生させようとする子思、孟子などの思想家が出てきた。孟子は、先王の制作した「礼」に従ってその「義」を説くことなく、直接先王の「礼」を行う「心」に訴え、言語によって「先王之道」の有効性を説いた[98]。しかし、孟子以後の儒者は、ただ「仁義」を重んじ、言語による教化を説き、その結果として、「物」としての「礼」が忘れられ、その「義」も先王ないし孔子の説いた「義」から逸れていった[99]。つまり、徂徠から見れば、孟子が説いた「義」は、もはや聖人の説いた「古言」の持つ「古義」ではない。そこでは、すでに「物」と「名」が分裂し始めていた。孟子は「聖人の道」を回復しようとしつつも、その戦略は失敗に終わったのである。そしてその失敗は、結局、「礼法混合治の世」の到来に繋がった、というのである。

三　秦漢以後の中国

1　「封建」から「郡県」へ

徂徠は「周道が衰えてから、天下は夷に落ちぶれた。秦漢以後、中国は華でありながら夷である[100]」と述べている。そして、それはまず、「封建」から「郡県」へ、「礼楽」から「法律」への変化である[101]。それは、法家の「法律」が秦王朝に採用された後、法家の「法律」が「礼楽」に代わり、「郡県」とセットになることで、歴代中国王朝の統治制度の基本的な枠組みが規定されていったことを指す[102]。

法家の「法律」が秦漢以後の中国に対してもたらした影響は、「法律」による統治体制の成立のみならず、その成立に伴う君尊臣卑という君臣関係、またそうした関係を表現する儀礼の確立をも含んでいる[103]。ここで注意すべきは徂徠の次のような考えである。

秦王朝に至ると、法律で天下を治めることになるので、礼は廃れてしまった。その後儒臣には先王の制度を薦める人がいた。朝廷はそれに賛成して、礼を法として立てた。そこで、礼と法は混用されて一つになってしまった。この礼法混用の状態は、唐王朝と明王朝の法律を観ればわかる。法は威力で治めるものである。そのため、礼を法にしたら、民は憚るようになり、礼が持つ「見倣う」効果はなくなるので、それを行うことはできない。そのため、礼は遂に廃れたのである。礼が廃れてしまい、民はその分を知ることがなくなった(104)。

徂徠はここで、漢代以後の「法律」は、実は秦王朝が採用した法家の「法律」そのものではなく、むしろ儒家の「礼」と混合したものだ、と指摘している。ここでいう「法」とは、秦漢以後の皇帝の権威および刑罰による物理的強制力（「威」）にその実効性の根拠を有する統治手段である。ここで徂徠が「礼を以て法と為す」「礼と法は混じて一と為る」という時の「礼」とは、秩序原理としての「礼」でもなく、あの「物」としての「礼」を指している。すなわち、彼がここで指摘したのは、『儀礼』などに記載された「物」としての「礼」が、言語命令としての「法」に組み込まれた、という事態であった。

さらに徂徠は、「唐明律」を挙げ、漢代から発展してきた「法」と「礼」の混合形態としての規範・制度が『唐律』と『明律』において見られる、と主張している。たしかに、「礼」は『唐律』の法律観に浸透し、また、唐代以後の法律はすべて『唐律』の精神を離れていないとも指摘されている(105)。『唐律』に見られる「礼」の影響については、「十悪」に含まれる「謀反」などの規定が示す皇帝の絶対的地位・権力および君臣間の名分秩序が保障されていること、喪服制度が量刑の標準になり、宗法原理が読み込まれていること、などが挙げられる(106)。おそらく、徂徠の考える「礼法混合」の現象とは、以上のようなことを念頭に置いたものであったろう。徂徠の考えでは、秦漢以後の「法」に編入された「礼」が、郡県体制における皇帝政権を維持するための強制手段になった時、「名分」をその秩序原理として臣の主体性を尊重する三代の「礼」も、変質を余儀なくされたのである。彼が「礼は遂に廃する所以」という理由はここにある。

ところが徂徠は、「漢代の法律はまだおおざっぱだったので、官吏は自らの判断で事を処理することができた。これは古に近いからである。隋王朝になると、北周の法律を修めることになった。それ以後の唐・宋・明王朝はともに隋王朝の法律に依拠している。そこで法家の法律が盛んになったのである」[107]と述べ、漢代における「漢法」を規範・制度とした政治体制と、隋唐以後の律令体制との差異を意識している。ここで徂徠が指摘しているのは、漢代においては、地方官は中央政府の「法律」に規制されることなく「礼楽」の教化に従事すること（「便宜従事」）が可能であったのに対し[108]、六朝末期の北周政権の律を継承・修正した隋王朝以後[109]、唐・宋・明王朝に至る律令体制の成立・定着に従い、皇帝の専権と「法律」による統治の志向がますます強まっていった、という事態である。彼はこの歴史認識を背景にして、「申韓の法はここに至りて初めてその極に臻る」と述べる。そして、その結果の一つとして、三代の礼楽による「長養の道」が次第に消えてしまい、「殺伐の気」が宇宙に塞がるようになった、と彼は見る[110]。

それだけではない。徂徠は『楽律考』で、拓跋氏という夷狄政権が「古を師としないで、自らの意で勝手に制作する」ことによって、「周漢の遺音と遺制はみな亡失して伝わらない（周漢遺音遺制皆亡滅不伝）」と述べている[111]。このように、徂徠の考えでは、北周拓跋氏という夷狄政権は秦漢六朝律令制度に残存する「先王の道」（三代礼儀制度）を失くしただけでなく、「周漢の音」を失くした。それが宋儒が置かれていた歴史情況でもあった。

2　理学（宋学）の政治思想の展開と徂徠の批判

徂徠の後期著作における主要な批評対象は朱熹をはじめたとした宋儒たちが作った壮大な学問体系である。徂徠の考えでは、彼と同時代の日本知識人もみな「宋学之旧見」に拘束されていたからである。しかし、朱熹は右に述べてきた徂徠と同じく、宋代の衣服制度の夷狄化などに対してそれなりの自覚を持っており、「華と夷を弁える」必要を強調している[112]。宋儒もまた「稽古」という儒家思惟に導かれて、唐代以後の歴史脈絡において聖人の心を掌握することによって改めて「三代」を理解しようとしていた[113]。

「三代」を理想的な時代とする「托古改制」思想に関して、少なくとも、二つの重要なテキストが挙げられる。一つは『周礼』である。もう一つは『孟子』である。『周礼』は後世の偽作とされているが、その中に書かれている制度構想は歴代の制度改革者の指導方針になった。王莽と王安石が著名な例である[114]。それに対して、『孟子』には、道徳（「仁義」[115]）と井田（「井地」）、「学校」[116]等の制度による理想的な「三代」が描かれている。これはその王道論の主軸である。孟子以後の儒者が『孟子』の王道論を主軸にして「三代」を見る。そして、『孟子』の思想を踏まえ「三代」を理解する代表例は、理学者である。例えば、程明道は「三代」（「先王之世」）と「両漢以下」を二項対立的に捉え、「理」で「道」を解釈し、さらに「三代」を純粋な道徳政治の時代として理念化している[117]。これは宋儒の主流の「三代」像といえよう。朱熹も「天理」と「人欲」との差異で「三代」と秦漢以後の時代との差異を捉えている[118]。総じていえば、宋代において、『孟子』は再発見され、『孟子』の政治思想を通して、宋儒は「三代」を憧憬し、再現しようとした[119]。

しかし、宋代の理学者は『孟子』以外に、仏教をも学んでいた。それに、彼らは「理」「心」などに訴えて「三代」を理想化するだけでなく、また三代制度自体を利用しようとしていた。例えば、朱熹は「事之礼」の実現を重んじ、晩年には、『儀礼経伝通解』を編纂した。さらに、その名で後世に伝えられた『家礼』も後世の礼学の規範になっている[120]。なお、『家礼』で説かれた「礼」と『儀礼』の「礼」は共に宗法主義に基づいているが、その内容には差異がある。小島毅によれば、これは主として制度の変化に起因するものである。朱熹と程伊川らは礼学の教育で科挙官僚制度を支える士大夫に、礼を行う主体になることを期待した[121]。と同時に、朱熹を含む宋儒たちは「礼」を「天理」として捉えたうえで、それを礼制改革の根拠にし、さらに郡県体制における「尊君」思想を強化しようとした。これは明代に至ると、さらに厳格なものとなっていく。(122)

右に引用した現代の学者の研究は、実は徂徠の歴史認識に合致する部分が大きい。徂徠は、律令制度の成立のみならず、科挙制度の成立、「五胡」侵入によって引き起こされた言語の変化、仏教の流行への抵抗としての古文運動の興隆、などを理由として、中国史における二回目の大きな変化を六朝と唐朝の間に見る。(123) さらに、六朝以後の中国は車戦から騎馬戦に移行し、さらに科挙と連動して文官と武官が区別されるようになったというのである。(124)

彼の考えでは、理学は、まさにこうした歴史状況において、法律、科挙、仏教、古文運動の影響を受けて成立した「古学」であった。(125)「郡県・科挙・法律」といった「時王之制」に拘束された理学者の「理」に訴えて、古代の経典・制度を理解し利用しようとした彼らの試みに対して、徂徠は一定の理解を示している。(126) しかし、「今言を以て古言を視」、また「理」と「心」に訴えて「言語」によって「聖人の道」を説明しようとする方法は、実は仏老思想から影響を受けており、韓愈と孟子の思想を媒介にした「心」と「言語」に依拠する「心学」的方法であると批判する。(127)

一方、宋儒の礼学に対しても、徂徠は批判を加えている。まず彼は、「制礼」「伝礼」と「行礼」を区別して、『家礼』は「行礼者」が「時王の制」がない時に、「先王の礼」を基にして、「己意」で斟酌して行うものだと理解している。(128) しかし、彼は、『家礼』における「先王の礼」に対する理解と改造は僭越な行為だという批判をもした。(129) つまり、徂徠の考えでは、程朱は行礼者であり、制礼者あるいは伝礼者ではなく、『家礼』は郡県時代において、程朱が己心と「理」に基づいて立てた制度規範であるから、「聖人の道」と異なっているのに、後世儒者に「聖人の道」と誤認された。これは徂徠が宋儒の学を厳しく批判した一因である。ちなみに、宋儒の楽論についても、徂徠は蔡西山の音律学を批判したことがある。(130)

さらに徂徠は、宋儒の経学解釈が明代以降、全面的に科挙に採用されたこと、(131) また宋代以後、理学が「文章経済より、旁ら医卜の諸雑書に至るまで」浸透していることをも熟知していた[132]。彼はこうした知識を踏まえ、理学者が「天理を拡めて人欲を遏む」ことをその修養の目的とし、「理」を彼らの学問の目的としていることを批判する[133]。特に、「天理」「人欲」のような二元的対立図式によって（「明白整斉」な仕方で）、相手に同意を強要する宋儒の説得方法に強迫性を感じ取り、理学を「聖人の道」の持つ「文」の性質を見損なった「戎狄の道」と評している[134]。

徂徠によれば、宋儒によって始まった理学がこうした学問形態に堕落したのは、理学者たちが「法家の習ひ、骨髄に淪じた[135]」時代に生きていたからである。「理学」は、「宋の下これを奉行し、また数百年衰へざるなり[136]」と徂徠は見た。「理」は右のような主観性と強迫性を持つので、皇帝あるいは官僚がその言葉を「理」に訴え、言語命令としての法律を乱用する可能性が常にあった。実際、徂徠は『政談』で、「礼は自然の天理などと沙汰し、天地自然とある物のようにいう[137]」理学が「自然」の論理・現実肯定の論理として応用できることを、指摘している。現実に、理学は、右に検討した如く礼法混合の秩序思想が支配していた現状を合理化する思想として機能していた。しかも、徂徠から見れば、それは政治思想としては、「情」（人情）を利用する政治のやり方を知らないがゆえに、韓非子の法家思想に遥かに及ばない[138]。一方、彼は、宋代以後「宋儒の学問」の影響で王道論が専ら「聖人の道」の内容とされ、計策を説く兵学としての「武」の部分が「聖人の道」から排除されたようになった、と考えている。つまり、王道と兵学の「詭道」とが対立的に捉えられるようになった、というのである。

右のように、徂徠の考えでは、理学者は王道論の理想をいいながらも、現実に応用された理学そのものは人情を知らない強迫的な統治術になりがちである。実際、皇帝の支配は、理に根拠づけられることで粉飾された王道論によって、その権力がより強化されたとも捉えられよう。徂徠は中国における制度史について、三代の「礼楽」から、秦漢以後にそれが「法律」化されていく過程を経て、「礼法混合」の制度が生れ、さらにこうした「礼法混合」の世界に生れた理学が制度全体に浸透していったと捉える。この見方は、その古文辞学にも連動している。つまり、徂徠の考えでは、孟子以後、君子・儒者は「古義」を応用する古文辞学の修辞技法（「法」、「術」）を用いなくなり、自らの見た「理」で「義」を説き、唐宋古文の「文法」で「古文辞」を解釈するようになっていく。その結果として、理学（宋学）が出て、漢文圏を支配するようになっていたのである。

四　徂徠の日本史認識——天皇制と「文」の衰落および「武国」の成立

前節では、徂徠の中国史認識のあり方を解明した。では、そのような歴史認識に依拠して徂徠は、日本歴史と彼自身が生きている徳川日本の現実をどのように認識したのか。またいかなる政治改革論を構想・創出したのか。

1　神代——「三代」との繋がり

新井白石は、神代解釈について、神代の全体を歴史として扱おうとして、「神とは人なり」[139]と宣言した。この解釈は、近代合理主義的な解釈に近いとされ、また、明確な政治目的を持つものとして、有名である。[140]実は徂徠も、「神代といふ事は、死したる人をば神にまつりたれば、今は神にまつりたる人の代といふ事なるべし。神武帝の時にいへる詞なるべし」[141]と、推測している。ただ、白石が「わが国の俗、凡其尊ぶ所の人を称して加美といふ」[142]と述べ、「神」を人に対する尊称と捉え、神代を人間の歴史として扱おうとしたのに対して、徂徠は神代を、神武天皇の時代以降は死んで「神」として祀られるようになった人々の生きていた時代とし、「神」を祭祀の対象としている。このように、白石が言語学的な解釈によって神代を歴史とみなし、その歴史過程において天命の転移を論じた[143]のに対して、徂徠は、祭祀と政治の要素を持つ文化蓄積の観点から神代を捉えている。この点と関連して、徂徠は神代と「三代」との関係を歴史的に捉えようとしている。

徂徠は、「吾国ノ神道トモ云ウベキコトハ、祖考ヲ祭テ天ニ配シ、天ト祖考ヲ一ツニシテ、何事ヲモ鬼神ノ命ヲ以ッテトリ行フコト、文字伝ハラザル以前ヨリノコトナレドモ、是又唐虞三代ノ古道ナリ」[144]と述べている。また、徂徠は「神道」は「巫祝に奉仕する神の道」と述べ、「王道即神道」説を批判して、「王道」は「神道」と異なるが、「神道」によって立てられたのだと主張し、さらに「三代の古道」を理解しなければ、こうした差異がわからないと述べている。[145]徂徠は、こうした論理で『中臣祓』を「神代の詞」[146]とし、その中に見られる「高天原に神留まり坐す」という表現を、「祖宗の神の存して天上にある」と解釈している。すなわち『詩経』「大雅」がいう「(文王降りて)帝の左右に在り」の意味だという。[147]

総じていえば、徂徠の考えでは、後世の「神道」は卜部兼倶が仏教教義に付会して立てた「架空の妄説」であり、古代日本の「神道」とは異なる。古代日本の「神道」は祈禱と祭祀を重んじる「鬼道」であり、何事も鬼神の命で行う政治謀略(王道)でもある。[148]この意味の「神道」を、徂徠は『鈐録』で「陰謀」と呼び、「陰謀は本より仁の道なり」とまで主張している。[149]「陰謀」とは個人私利のためではなく、戦勝と国家統治のための謀略である。そのため「仁の道」ともいえる。彼は上古日本の統治者はすでにこうした「三代」の聖人の方法を理解していたと見ている。そしてこうした観点から、神代と「三代」との歴史的関連を推測している。

この点に関連して、彼は日本の神道について、「周道」とは区別される「夏商の古道」だとみることもある。[150]このことの背景には、次のような彼の大胆な歴史的想像がある。徂徠によれば、「素盞嗚」(スサノオ)の子孫である「国神」の族は朝鮮半島の「韓」から来た「野人」であり、スサノオは中国の商朝の遺臣であると同時に朝鮮族の祖先とされる「箕子」である。それに対して、「姫大神」(アマテラス)の子孫たる「天神」の族は、周王朝の創始者たる文王の父である季歴に王位を譲った「泰伯」の子孫である。[151]スサノオと韓国との関係および泰伯のことはそれぞれ、中世と近世の神代解釈でもよく取り上げられるが、[152]徂徠はスサノオが日本から韓国へ行くのではなく、韓国から来たと理解し、また、泰伯を神武天皇ではなくてアマテラスと理解し[153]、さらに箕子が韓国に行ったという歴史記述とあわせて、日本人・日本文化の源流を商王朝に求めたのである。これと関連して、彼は「倭語の初めは、漢語朝鮮語の転ぜる、多かるべし」[154]「神功、応神よりまえにも漢土の往来有て、漢語も漢字もとくに伝はりたるべし」[155]と考えている。このように、徂徠は「三代」を漢文圏における諸国の共通な文明・文化の源流だと見るのである。実際、古代日本の「神道」は「夏殷の古道」と繋がるか否かは別にして、鬼神の命を利用する政治思惟はたしかに、ある種の「文」として、徂徠の「聖人の道」に繋がるといえよう。そのため、徂徠は、日本の神代の統治制度は中国の三代における「文」としての「聖人の道」という伝統を継承したものである、と見ている。しかも、彼は、後世の中国で聖人が生れたら必ず「百世を王にして易らざる」日本の祭政一致の天皇制（「東方之道」）を参照するはずだ、と述べる。[156]彼が孔子の教えを踏まえ再構成した古代儒教から引き出した「敬天」と「安民」の政治観からみれば、神代の祭政一致の政治（「奉仕としての政事」、マツリゴト）[157]は、たしかに「敬天・敬鬼神」の側面を継承した政治として考えられよう。しかし、「三代」の制度と神代の制度との間にどのような異同があるかについて、彼は具体的には論じなかった。

2　「公家の代」――「三代」、神代との連続と断絶

ところで、既述の祭政一致という神代の伝統に対する徂徠の理解と関連して、神代以後の日本の制度について、次のような一文がある。

古はその国をひらきたる神を其の国の一つの宮として祭り、其子孫を国造と云て、其神の祭をも司り、又国の政務をも司りたり。其後百官をたたりし時より国守といふもの出来ては、国造は国の政務にはかまはず、ただ祭ばかりを司るゆへ、神主とあれるなり。国造をえらびて郡司にする事、令に見ゆ。されば国造より郡司になるを規模としたるなるべし。ただ家すぢのふるきなり。[158]

さらに、律令制度が導入された後の日本史について、徂徠は、「郡県」と「封建」といった中国史を解釈する枠組みを利用している。例えば、

古の時、わが国の統治者は唐代の制度に従って国内で郡県制を行っていた。……前政権の時、封建制に移る体勢を整えた。(159)

徂徠は、唐朝の律令制度を体系的に摂取して律令制を実施した後、「郡県」の制度が採用され、「勝国」たる豊臣時代に兵農分離等の政策が実施されてからは「封建」の体制が整えられて「封建」体制に移りつつあった、と捉える。徂徠がいつまでを「郡県」の時代として捉えていたのかについては、研究者の意見が分かれているが(160)、ここでは、先にみたような「郡県の世」と「封建の世」に対する徂徠自身の定義を、彼が厳密に日本史に当てはめていると考えるべきではなかろう。彼の日本史の時代区分はむしろ、「公家の代」対「武家の世」というふうに見た方がより適切だと思われる。

まず、徂徠の「公家の代」に対する見方を検討する。たしかに、徂徠は「公家の代」を「郡県」と呼んでいるが、それはこの時代が「郡県」である唐朝の律令制度に基づいて作られた律令制度によって統治されていたからである。例えば、徂徠は『鈐録』で、秦漢以後の位階制度を説明する時、「日本の朝廷も此法を用ゆ。是皆郡県の制度なり。まず封建・郡県の差別を知ざれば官位の真理に暗し(161)」と述べ、律令政権（「公家の代」）において「郡県」の官位制度が採用されたことを認めた。しかし、徂徠は「総体日本の古法は唐朝の風(162)」といいながらも、「我邦、古より盗賊天下を乱るるの禍ひなき者は、士君子土着せるが故なり。封建に非ずといへども、なほ封建のごとし(163)」と述べているように、「士君子」の土着している点から「公家の代」を含む日本の「古」を「封建」のようだとしている。引用文中の「古」がいつからいつまでを指すかは不明である。しかし、すでに述べたように、徂徠は、律令制度が導入される以前に「国造」を中心にした氏族的な秩序があったこと、律令制が成立した後の「国造」の中には古い家柄から選ばれた「郡司」となって地方を統治していた例があること、などを認識している。なお、徂徠は、律令制度の四等官制

中の「守」が中央にいるのに対して、「介」「掾」「目」といった地方に派遣された官僚が「職田」など世襲によって地方に定着したことも認識している[164]。さらに、徂徠は、昔の武士は土着した存在だと見ている[165]。彼は、おそらく以上の歴史認識を踏まえ、日本の制度は「古」以来、士君子が土着する「封建」のあり方に近かった、と理解していたのではなかろうか。

さらに、徂徠は、菅原道真が左遷されたことを象徴的事件として、それを「王藤の際にして、賢を用ふると世々の官と、学を崇ぶと崇ばざる」[166]との分かれ目とし、延喜以前の律令制度では、三代の学校制度のように大学寮教育による人材主義（「賢を用ふる」）的な人事制度が行われていた、と見ている。この大学寮教育は、「徳を養う」施設として、「聖人の道」と繋がっている。これに対して、延喜以後、藤原家の摂関の世襲がほぼ定着し、文武の官職について世襲が許されるようになった[167]。また、彼は、「今の世」（徳川時代）において有職の家が伝えてきたものは、摂関家を頂点とする政治秩序が定着して以後の「朝廷衰へたるときの制度」だ、という[168]。

徂徠は日本の「公家の代」を純然たる「郡県」時代と捉えてはいなかった。とはいえ、彼は、全体的に「公家の代」を、制度面からいえば神代からの祭政一致の伝統を継承しながらも、「礼」が「法」に従属する郡県・礼法混合制が行われていた時代である、と見ていると思われる。ただし、律令制度を実施していた「公家の代」の前半については、「天」「鬼神」を敬する祭政一致の制度や、「徳を養う」学校制度など、封建制の要素に注意し、そういう伝統を肯定的に見ている。このことからすれば、徂徠はそれほど明確に主張していないものの、公家時代前半の日本の政治形態は、秦漢以後の中国の政治形態よりもむしろ三代のそれに近い、と考えていたかもしれない。他方、延喜以後の制度の変化は、「公家の代」から「武家の世」への移行の原因の一つであった、と彼は捉えている[169]。

3 「武家の世」――日本における「文」の伝統の衰えと武家政権の成立

前節でも言及したように、徂徠の認識では、武士は元来、平時には「公田を耕す民」「良家[170]」「郷民[171]」であるが、戦時には郡司などの律令制の地方官の指揮を受けて武事に努める義務があり、次第に「弓馬の家」「武士」という自己意識を形成した[172]。そして、徂徠は、戦時において「勇を尚び死をいとはず、恥を知り信を重んじ[173]」る源平以前の武士の風俗を評価し、さらに、源義経の敗北を「王覇」の分かれ目とし、日本史がそれ以後「武家の世」に入ったとする[174]。

徂徠は、「北条一族が武功で国内の秩序を維持して以来、その統治の仕方は歴代の政権に継承されてきたし、弓を操ることが習俗になった。何事でも武力・武功で判断・処置して、文字に従事しなかった[175]」と述べている。これは、承久の乱以後、政治的実権を握った北条氏（「有相氏」）が武断政治を行うことによって、「文字」を重視しなくなったことを指している。

また、徂徠は「護良王は鼎革の界なり[176]」、「大抵建武の時に、王室南に遷りてより、凡百の制度、此由りして淪ぶ[177]」とも述べている。つまり、足利尊氏と対立する後醍醐天皇の皇子たる護良親王が鎌倉に配流されたことを、「鼎革」の画期事件として捉え、それ以後、「王室」の「制度」がほとんど失われ、あるいは変えられたとする。そして、徂徠は、次のようにいう。

> 建武の新政以後、覇主が京都を占領することになった。曹操と董卓のような室町武家政権の覇者は共主を担ぎ出しても、やはり自ら政権を握ろうとしたのだ。どうして共主を奉るつもりがあっただろうか。そのため、彼らは弓と馬を飾り、武家の礼を作り、猿楽から節略して武家の楽を作った。武断政治を行い、武力で国内を号令して統治していた。どうして文に従事するつもりがあっただろうか[178]。

つまり、建武以後、「覇主」としての足利政権は「文」を重視せず、武家のための制度を作ろうとも思わなかった。その代わりに、「弓馬」を飾る武家の礼と猿楽が発達したが、鎌倉政権と同じく覇主として武断政治を行った。徂徠は豊臣秀吉の政権についても、「覇王の業[179]」と語っている。

こうした日本史における変化に対して、『太平策』において、徂徠は、「覇」としての武家政権が「文ヲ以テ国家ヲ治ムルコトヲバシラズ」に、「刑罰ノ威ヲ以テ人ヲ恐」れさせる方法で国家を統治しようとしたことを、「愚カナルコトノ頂上[180]」と批判している。実際、徂徠は、「不学」こそが鎌倉と室町という二つの武家政権が早く衰亡した原因だと考えるのである[181]。

要するに、「武家の世」において、「三代」の政治形態と部分的に繋がる神代と「公家の代」の政治形態がさらに衰え、武力と刑罰に依拠する「武国」になってしまったというのである。

こうした歴史認識を踏まえ、その時代の問題として、民が「自由」になり、「武道」が衰えた（武士の町人化・公家化）ことと、戦国から継承した「武威」（「法度」「格式」「御威光」）の統治による「制度なさ」の状態が続いていること、「家筋」主導の政治体制のことを、『政談』で批判し、また政治改革論を展開している。

五　政治改革論と儒教政治思想

1　「封建」

徂徠は『政談』巻之一で、徳川政権が統治する太平の時代における困窮問題を解決するために、「聖人の治めの大綱」として「上下万民を土に有り付け」、その上に「礼法制度を立る事」を主張した[182]。「上下万民を土に有り付け」るとは、いわゆる土着論のことである。徂徠がいうには、民を土着させるためには「戸籍」と「路引」との二つの「法」（制度）が必要である[183]。「路引」については、例えば「明朝の法」が示すように、彼は必ずしもそうした土着政策が「封建」政体においてのみ行われたものとは考えていない。しかし、このような「郡県」の制度が提出されたのは、前節で述べたように、彼の歴史認識では、三代の「封建の世」とそれ以後の「郡県の世」で行われた制度との間には継承関係があるからである。実際、「路引」と「戸籍」はそれぞれ聖人が作った制度だという経書の根拠がある。彼の認識では、それらは「封建」が実施されていた三代の制度にも属するものなのである。[184]

さらに、「戸籍」については、当時の人別帳があるが、徂徠から見れば、それは「着到帳」にすぎず、新たな戸籍制度が必要である。[185]そこで、まず彼は『礼記』「王制篇」の封建政体を前提にして立てられた「量地居民」論に依拠して、関八州での米の生産高を基準にして江戸の住民数を決めて制限し、余剰の人口を諸国に返すことを実施すべきだと主張している。[187]この「量地居民」という議論は、主として江戸を中心にした関八州の範囲を対象に考えられたが、戸籍制度は江戸と関八州だけではなく、「国々」（「六十余州」）までを視野に入れてなされた議論である。[188]彼の考えでは、戸籍制度を実施すれば、江戸の風俗・治安を回復できるのみならず、将来の米騒動を予防することにもなるし、[189]現行の名主や五人組の制も円滑に機能するようになるという。[190]

そこで注意したいのは、ここで検討した徂徠の「路引」と「戸籍」に関わる土着論は、徳川日本全国を範囲とするものだということである。彼はこうした政策の目的について、「世界の人にしめくくりを付る故、世界万民悉く上の御手に入て、上の御心のままになる仕形也」[191]という考えを示した。これを見る限り、彼の土着政策は、徳川政権の「仕形」（制度）の統制が地方に行き届くようにすべきだというものである。しかし、後述のように、徂徠の土着論は土着武士がみな「仁」を実現する結果として、「上の御心のままになる」という案である。その土着論は、徳川の武家政権の民に対する統制力を強化するという意味では中央集権を志向しているが、権限が徳川将軍を中心とする政治中枢に集中するという意味での中央集権を志向してはいないのである。

徂徠がこのような民を統制する制度を提出したのは、「郡県」の国家像を彼が志向していたからではなく、彼が経書の読解を通して構築した「封建の世」たる三代像においてそうした制度が行われているからである。つまり、中央集権的な統治理念は、必ずしも「封建」とは齟齬しないのである。[192] 一般に中央集権と「郡県」とがセットとして理解されがちなのは、徂徠以後の徳川・明治思想史の流れに由来するのではなかろうか。[193] 徂徠の議論によれば、民を永久に「土着」させるには、民に家業を勤めさせる[194]のに加え、武士自身も「土着」すべきである。[195] しかも、彼は、旗本の困窮の解決策を述べている箇所で、「地の利を見立て、所の賑ふ様なる仕形有べし」[196] と指摘しているように、武士の主導する経済が営まれるべきだと考えている。

そのため、彼は『鈐録』で、『論語』「子路篇」の「庶・富・教」の議論を利用して、以上のような三代の「封建の世」における兵農一致の国家像を示しながら、自らの説く土着政策の目標を説明した。[197] 彼の土着政策の目標は、武士の領地に多くの人口が居住して軍兵が充実し、「国中の民は百姓の外はみな武家の家来」となること（「庶」）、困窮しないように大量の米を貯蔵すること（「富」）、および、民に「軍法」を仕込んで士卒の身に覚えさせ、自然に孝悌忠信の風俗が厚くなること（「教」）、という三点に置かれている。この「庶・富・教」の議論は、徂徠が再構築した「敬」と「養」（「仁」）を重んじる儒教政治思想に基づいている。

さらに、既述のように、徂徠は詳細な度量衡の換算を通して、三代の「封建の世」における国家像を媒介にして、日本の「土着の古」にもまた、三代の「古法」と同じく六十石（「六貫一匹」）ごとに一人を軍役に就かせるという「法」（制度）が実施されていた、と主張する。[198]

しかし、徂徠の土着論は、単純に日本の中世への回帰ではない。三代の聖人が制作した制度を強引に直接適用しようとしたものでもない。日本の「風俗」に合う形で「聖人の道」を用いようとする政策論である。徂徠は『太平策』で、具体的に「井田ノ法ハ、万民ヲ土着セシメ、郷党ノ法ヲ以テ、民ノ恩義ヲ厚クシ、風俗ヲナス術ナリ……是ヲ王道ノ本トス」[199] と述べている。ここでの「土着」という表現は、「井田」「郷党」「王道」などの言葉との関連で使われている。この文でいう「郷党の法」は、『鈐録』の文脈で論じた軍事教育を行う農兵一致の兵制と表裏一体をなすべき行政制度を指している。この点について、彼は「周官ノ制度ニモ六卿ヲ以テ国ノ政務ヲ司ル事ナルニ、出征ノ時ハ六卿即六軍ノ大将タルトイヘリ」とも認識している[200]。実際、「兵賦ノ制」と「郷党ノ法」は同じく井田制に基づいている。むろん徂徠は、徳川日本で井田制を行おうと考えているのではない。彼は『政談』巻之一「戸籍の事」で、民を土着させた後、現行の「五人組の法」と名主制度が有効に機能すれば、「古聖人の治」と同様の統治が実現するはずだ、と述べている。彼から見れば、「井田の法」が「王道の本」といえるのは、優れた統治効果が期待できるからである[201]。この意味で、彼の土着論は、「郡県的国家像」をモデルとしているというよりも、むしろ彼自身が認識している三代の「封建の世」をモデルとして構築されたものである。

2　「制度」

次に同じく「古の聖人の治めの大綱」としての「礼法制度をたつる事」を検討する。「礼法制度」は、「礼」という秩序原理に基づき、身分と役職を序列化するため、その差異をあらわす器物などに関する「制度」である。徂徠によれば、まず、武家よりも、町人百姓の使うべきものに関する「制度」を立てるべきだという。彼が考えている民（町人と百姓）のための「制度」は、例えば「衣服は麻木綿に限べし」「金・銀・赤銅の飾、堅く禁ずべし」といった、使用する衣服・器物に関する制限規定である[202]。この「制度」論の背後には、「天地の間に万物を生ずる事、各其限りあ」るという「道理」のほか、「華美を好む」という「人情」に対する配慮もある[203]。すでに指摘されてきたように、こうした思想は『荀子』などにも見られる[204]。彼の考えでは、右のような「道理」と「人情」が存在するので、民はその身分に相応しい物を使い、「分に過たる奢」をなすべきではない[205]。それのみならず、民が華美なものを用いるようになれば、統治階級としての武士の服装や、大名の行列で使われるきらびやかな物の装飾によって生じる、民に畏敬の念を催させるような美的な力が相対的に弱まり、それを利用する「礼」の統治の効果も減退してしまう。しかし、徂徠がいう「礼」の支配と「武威」の支配とは、礼が持つ美的力を同じく利用しようとしているが、徂徠がいう「礼」の支配とは「敬天」「安民」に基づく「制度」と儀礼装置であり、既述の「御威光」を維持する「格式」と儀礼装置はむしろ批判の対象である。これら二つの儀礼装置による支配の考えを混同すべきではない。

ただし、徂徠の制度論は、現実の「武威」「法度」による統治に代わるべく提案されたものであるが、このように主張した徂徠が直面せざるを得ない一つの難題があると思われる。それは、すでに奢侈や華美なものの使用に慣れた町人たちにそうした習慣を禁ずるのは困難であり、それを強いるために結局は「武威」と「法度」に頼るしかないという事態である。おそらく彼が制度を制作するのに最も適していたのは華やかな元禄時代に入ったばかりのころであったと考えていたのは、これが一因であろう[206]。そのために、彼は、「鬼神」を利用する「聖人の道」の発想で、「日光御社参」を利用することを提案した（後述）。

なお、徂徠は民の「制度」を考案しただけではなく、武家についても器物に関する「制度」を提案した。徂徠によれば、永く使用する武家の「家屋」などに関する「制度」規定は変更の可能性が低い「禄」によるべきであるのに対して、状況によって柔軟に変えるべき「衣服」「供廻り」に関する「制度」規定は、その仕官の状況によって決めるべきである[207]。つまり、衣服・器物に関する「制度」は人側の身分と役職の制度に前提されている。

身分の制度に関して、徂徠はそれを否定するのではなく、国内政治と東アジア全体の国際政治に配慮しながら、その地域全体に共有されてきた歴史的知識によって、「勳階制」を提案した。その目的は、対内的には、成り行きによって形成された「家格」・「殿席」および「官位」などを廃止あるいは形式化して、徳川政権の政治に対する大名家と公家の関与および掣肘を抑制し、徳川政権の主導で、身分を序列化する秩序原理としての「礼」に基づく制度を立てることにある。

さらに、役職の制度に関して、徂徠の考えでは、統治階級としての武士たちが務める官職（「役儀」）には「文武の差別」があることを知るべきであり、また、『周礼』の「六官」と後世の「六部」を中心とした中国歴代の制度を参照しながら、現行の政治制度の改革案を提出している。[208]さらに、徂徠はこうした「古来の良制」[209]を念頭に置きながら、頭・助・丞・目という四等官制と組み合わせて、徳川政権の官職制度における諸役の分業をより効率化して、徳川政治体制における月番制につきまとう諸問題を解決しようとした。[210]四等官制を実施する長所は、月番制につきまとう「公」と「私」の混同を改革して、老中などの「大役」が旗本をその下役として使い、人材を発見・登用することができる点である。

右のような制度改革論は、現行の「家筋」主導の政治体制を改革して個人を単位とする「徳」によって主導される政治制度を強化することを目的としたのであろう。これは武士の「徳」を養うという教育論に繋がっている。

3　人材と「学校」

徂徠は、右に検討した彼の人事制度の改革論に従い、「家筋」が主導する政治に対抗する方法として、「賢才を挙げる」（『論語』子路篇）といった「聖人の道」に依拠して、人材論を説いている。[211]ただし、『政談』の文脈からみれば、人材を下よりとり立てるべきだという彼の考えは、[212]主として旗本層の武士から賢才を挙げて、老中職をはじめとする「大役」を務めさせることを指している。徂徠の考えでは、「大役」を務める人にとって最も重要なのは、人を使う道を知ることである。[213]それは、人の「器量」を知ってその「器量」に相応しい役を与える（「知人」）ことで、「聖人の道」における「智」という「徳」の実践にあたる（『弁名』智）。彼の考えでは、「道理」では、それぞれの代にはそれに相応する「器量」を持つ人がいるはずであるが、時代によって「器量」を持つ人が上にあるか下にあるかという差がある。[214]そのため、「大役」を務める人は、下役の癖を気にせず、自分の好みで下役の「器量」を判断するのではなく、彼らを使ってみてその知恵を出させることで「器量」を発揮させ、その職務に専念させるべきである。[215]そこで、彼が繰り返して使う「君子は和して同ぜず」という『論語』「子路篇」にある「聖人の道」における「道理」[216]を説明した孔子の言語のように、君が臣たちにそれぞれの才智を出させて諸役をそれぞれに相応しい「徳」（「器量」）の持ち主が務める状態こそ、まさしく徂徠人材論の目標である。

さらに、徂徠によれば、「大役」を務める人は、「仁」という徳を持つべきである。既述のように、徂徠がいう「仁」とは、自らの職分として、自分の支配する部下および民を「天」さらに「上」から御預け置かれたことを承知して、彼らの面倒を見て養うことである。[217]そのため、為政者は、消極的に仕事を待つのではなく、積極的に自らの支配・管轄範囲内で発生した事案についてすべて自分の職分として行うべきである。このように、彼の考えでは、「大役」を務める人は基本的に君子の徳としての「智」と「仁」を持つべきである。そこで、徂徠にいわせれば、下の者にその役（「職分」）を務めさせるのは「智」を持つ「大役」を務める人の「職分」に「忠」することでもある。[218]同様に、諸役を務める人がその「器量」を用い、仕事に「身をうちはめてすること」も「職分」に「忠」であることである。彼の考えでは、諸役に「器量」のある人が出て自らの職分に「忠」であれば、将軍にとって「御政務は御心の儘なるべき[219]」はずである。ただ、『政談』には「惣て御政務の筋は上の私事にあらず。天より仰付られ給へる御職分也」とある。[220]諸役人が「職分」に「忠」を尽して政務を行うことは「上のわたくし事」のためではなく、究極的には「天」に対して責任を負う行為である。この点に関して将軍も例外ではない。将軍の「御政務は御心の儘なる」ことができる前提は、為政者全員が「仁」を実践していることである。

以上のように、徂徠が描いた理想的な統治構図においては、「礼」を基準にした制度によって統治する前提として、「徳」の原理を導入して人材の流動化・活性化を図ろうとしているのである。また、こうした人材論には「天」から与えられた役こそ、武士自身がその「徳」を応用して「忠」たるべきものだ、という考えが入っている。彼が養子制度を廃止することに賛成しているのも、それによって生じたポストで人材を流動化するという発想も、右に述べた議論に繋がると思われる[221]。この意味で、徂徠は、現行の「家筋」を重んじるような「格式」「武威」による支配を改め、「徳」によって人材を択ぶという考えを導入する制度の実現（「礼」による支配）を求める政治改革論者である。

しかし、旗本らに「徳」を持たせるためには、むろん学校教育が必要になる。徂徠の考えでは、治者としての武士は、統治のための知恵を得るために歴史を学ぶ必要がある[222]。そのほかに、彼が「人才を生ずるは、学問に越えることなし[223]」と述べているように、治者の予備軍である旗本の若者らの「徳」の養成にとって、「学問」が必要である。徂徠の考えでは、古代中国の士が六芸を学んでその「徳」を養うように、徳川政権に所属する武士たちも六芸のような「徳」を養う実用的な科目を学ぶべきである[224]。こうした思想は、既述のようにその「敬」と「養」を重んじる政治観からくる。彼は、こうした人材養成のための学校論という視点から、現行の昌平坂と高倉屋敷での儒者の講釈を批判している[225]。

徂徠は『政談』で次のように提案した。

（1）儒者の推薦によって学問ある御旗本を選び、御役人に命じ、御城で「詩の御会」を催すことなどによって、武士たちがおのずから学問をするように仕掛ける[226]。

（2）儒者の宅に「稽古処」を立て、そこで学ぶ弟子にも扶持を与え、その儒者の宅に近いところに住む旗本の望み次第に、儒者の弟子を派遣する。ある種の「家塾的学校の構想」である[227]。

（3）人のそれぞれの「気質」と「器量」とは異なるので、学校での武士教育に従事する儒者は、「詩・文章・歴史・律・和学・兵学・数学・書学[228]」のように、八科目に分けて、このうちの一科目を取り出して子供に教え、御用に立つように心掛けるべきである。徂徠が八科目に分けたのは、おそらく以上の「公家の代」での学校制度および三代における学習科目としての六芸（礼・楽・射・御・書・数）（『大学解』では「詩書六芸」という）を参照したのであろう。「詩書六芸」との関連からいうと、右の八科目にはすでに、「詩・書・数」が含まれている。そのほかに、彼は学校で学ぶべきものとして、「軍法並に弓・馬・鑓・剣術等の武芸」[229]を挙げ、三代の六芸教育に含まれる「射・御」を実践する「文武両道」の教育を理想としている。

ただし、以上の学校論は、「礼楽」に言及していない。これはいかに理解すべきであろうか。既述のように、徂徠は、制度の制作は「風俗」に従うべきだという考えを持っている。彼の武士教育論も、当時の「風俗」を勘案しながら、八科目を立てたはずである。しかし、徂徠の時代には武家の礼楽があるのではないか。なぜ、徂徠はそれを使わないのであろうか。その理由は、制度の制作は「風俗」に従うべきである一方、「聖人の道」に基づく秩序原理としての「礼」の「義」を基準に判断すべきだと、徂徠が考えているからであろう。「和」を重んじる三代の礼楽には合致しない現行の武家の「俗楽」[230]や武家の礼は、三代の「礼」からも大幅に逸れているので、武家礼楽による武士教育は君子の「徳」を養成するどころか、逆効果をもたらすと、彼は危惧しているのであろう。現に、彼は三代の音楽の復元に熱心に取り組む[231]一方で、武家礼楽による武士教育には賛成しない。その代わり、彼は武士たちに歴史を学ぶように薦める。歴史の学習を通して経書の世界に誘う。経書の読みを通して、三代「聖人の道」のあり方を彼らに理解させようとしたのである[232]。

このように徂徠が描いていた「徳」を養成する「文武両道」の学校制度の構想は、「家筋」に代わって「礼」による支配制度を確立することを目的としていた。この狙いは、儒者としての徂徠自身の徳川社会での位置づけにも関連している。というのは、彼が考える徳川社会における儒者のあるべき役割と位置としては、まさに文字から礼楽、軍法、律令、歴史などに至る知識（「文」）を学ぶ学者として、役人になる旗本武士の育成者、推薦者という役割を担い、さらに役を務める為政者たる武士の統治を支えるという位置づけが与えられるべきなのである。『徂来先生答問書』はまさに、こうした徂徠が考えている理想的な儒者像を体現している[233]。

4　「祭祀」

徂徠は、先に述べた衣服などの「制度」を立てる際には、徳川政権の始祖たる東照宮に報告するために「日光御社参」を行うべきだと考えている。[234]こうした考えの背後には、「聖人の道」における、「天」と合一する始祖の「鬼神」への祭祀を通して得られた「天命」によって根拠づける、という統治方法を利用する発想が窺える。そして、既述のように、彼の制度構想では、老中らの権力は将軍が定めた諸制度によって正当化されている。

このように見れば、彼は（天→君の始祖［鬼神］）→君（将軍）→臣（大名→陪臣→陪臣の陪臣）→民という階層的秩序を維持する「礼」の原理を基準にした制度を構想しているといえよう。しかし、こうした制度構想においては、将軍を頂点とした統治階級は「礼」の制約を受けるべきだとされる。「礼」という自然の秩序に見合った統治手段・装置を上手く演出できなければ、滅亡の「天命」も早く訪れるはずである。つまり、彼の制度構想では、将軍権力は究極的に「天」から制約を受けるべきである。ここには、徂徠が抱いた「敬天」の思想も見え隠れしている。さらに、「日光御社参」を利用するような発想から窺えるように、将軍中心の祭政一致の政治体制を作るべきだというような考えを徂徠は持っていた。

最後に、徂徠は武家主導型の制度を制作する必要性を強調しているが、歴史における皇室の権威をも認めている。それに対して、武家政治の観点から、脅威を感じながら、それを滅ぼすべきだとも主張はしていなかった。ただし、彼は周王朝の歴史を参照して、天皇を「共主」と呼んだことがある[235]一方、歴史の勢いは関東に移ったとも考えている。だとすれば、彼の考えでは、皇室は周王朝の王室のように、いつか歴史の流れに消えるものだったかもしれない。

総じていえば、徂徠が徳川政権のために構想した「礼」による支配の制度は、「文」として、「文武両道」をともに含むものである。こうした徂徠が創出した「文」には天皇および公家関係の制度も利用されているが、後述の山鹿素行とは異なり、現実の天皇と公家への尊崇の必要性を強調しない。さらに、徂徠は「武」を容認しても、現実の武家の制度・儀礼と武力による統治を批判して、新たな制度を構築する必要性を説いているのである。しかし、明確に皇室の権威を処置しなかった結果として、将軍の「御威光」が次第に衰えていくのと反比例して、皇室の「御威光」は強まっていく。そのため、皇室と将軍家における名分関係を正しくすることが、その後の思想における主流を占めることとなる。

六　儒教政治思想史における荻生徂徠の位置——「三代」像をめぐって

徂徠と同じく、明代末・清朝初めの思想家も理学から離脱して、「三代」の思想と制度の資源を利用しようとした。特に礼楽制度を重んじる顧炎武は、本書にとっては、荻生徂徠の思想の特色を計るための重要な検討対象である。

1　顧炎武の「三代」像

まず、顧炎武は明代儒教の「心学」化（あるいは「禅学」化）および「語録の学」の発展を憂えている[236]。彼の考えでは、このような明代「語録の学」の氾濫は、経典に載せる「聖人の道」と「教」の喪失にまで導く[237]。しかも、彼は「語録之学」と科挙が結ばれていることを取り上げて批判しただけではなく[238]、「心学」と科挙との結合が亡国の禍を招いたと考えた[239]。

だから、顧炎武は聖人の学の背後には「理」が存在することを認めるが、「心」の修養によって、いかに「理」に上達するかを論ぜずに[240]、日常の掃除、付き合いなどに含まれている「孝弟忠信」と「聖人の道」の実践を重んじている。こうした「聖人の道」に対して、彼は「博学於文」という実践の重要性を強調している[241]。つまり、君子は「文」を学ぶべきである。学ぶべき「文」の一例は喪服制度である[242]。実際、その『日知録』における彼の礼制論は喪服制度を中心にしている。[243]なぜ、彼はそれほど喪服制度を重視するのか。彼の考えでは、歴史と社会構造の変化によって三代の封建体制の再現はあり得ないが、「親親」原則に基づく宗法の理念ないし制度（血縁関係の政治化）の再現は可能である。[244]この点を見れば、顧炎武は朱熹と同じく、「三代」の封建体制と「礼」を分けて、郡県体制中において宗法精神を回復して「礼」による統治の制度を行おうとしたのである。[245]

しかし、朱熹は科挙・郡県体制それ自体を改革しないのに対して、顧炎武は清朝において初めて『儀礼』を研究した学者として、[246]「内聖外王」といった理学思惟に訴えなかっただけではなく、郡県科挙制までを改革するために宗法理念（「理」）と制度（「文」）の一部を導入して改革を提案した。いわゆる「封建の意を郡県に寓す（寓封建之意於郡県）」は、この観点から見るべきであろう。例えば「郡県論一」[247]において、彼は郡県制が持つ多くの欠点を指摘している。それらの欠点について、彼は『日知録』で、「権」と「法」との二つのキーワードで説明している。郡県制度では、「権」が過度に天子に集中し、天子は一人で国家を管理することはあり得ないので、「法」で統治するしかない。それによって三年一任の知事（「守令」）は政治家としての責任がなく、その任期中にミスを犯さないことだけに気を配っている。それによって、地方の法令と文書を熟知する「胥吏（吏胥）」に実権を握らせる事態を招く。[248]

右のように、顧炎武は荻生徂徠と同じく、郡県体制における「法」で統治する欠点に気づいた。それに対して、彼は県令に政治権力を与えるだけではなく、優秀な県令にそのポストの世襲を認めるべきだと主張している。[249]こうした改革論は「三代」の封建宗法社会における聖人の統治方法についての彼の理解から得られたものである。彼によれば、人間はみな私心を持つので、県令に特権を与えて県の物と民をその私物と思わせれば、全力を挙げて保護をすることになるからである。[250]しかも、県令が権力を持てば胥吏を管理して法に従わせることもできる。[251]このような政策構想は、地方官僚の権力を増強させることによって、間接的に宗族の形成を励まして地方の宗族を統治体制の末端に位置づけることでもある。しかし、顧炎武は宗族の形成で中央政府と対抗するのではなく、むしろそれで中央政府の秩序維持を助けるのだと考えている[252]。

以上に見てきた顧炎武の主張では、封建体制を回復するのではなく、世襲できる地方官僚とその宗子は古代封建諸侯が有したような権力を持っていない。また、それは主として封建体制における宗法制度ないし「親親」原則に依拠している。彼はこれらの方法で、「法」ではなく「礼」「名教」で統治する社会を実現しようとしている。彼の思想は、脱宋学の政治思想の構築と漢族文化の保持という点からいえば、具体的かつ重要な象徴的意義を持っている。

しかし、荻生徂徠から見れば、顧炎武は「禅学」化と「語録之学」化された「理学」を批判したものの、なお郡県体制において、宗法と喪服の封建体制の制度を利用しただけである。これは郡県体制に対する部分的な修正にとどまっている。しかも、結局は『孟子』における「堯舜の道は、孝弟のみ」（「告子下」[253]）という、「親親」（孝）を重んじる道徳教化主義である。これに対し、荻生徂徠は郡県体制の外部から議論を展開しているだけではなく、宗法制度、「親親」を重んじていない。これは徂徠の思想の方が、より近代的だということを意味するわけではなく、同時代の中国と日本における歴史文化および政治体制の差異に関わる問題であろう。それゆえ、次に徂徠と同じく「三代」の封建体制的制度を利用した山鹿素行の「三代」像を検討する。

2　山鹿素行の「三代」像

山鹿素行は、江戸時代において最初に「郡県」「封建」の枠組みを用いた思想家だとされ、その政体構想は、「公心」に中央集権的なイメージを重ね合わせた、限りなく「郡県」に近い「封建」・「郡県」併用論である[254]。素行が「郡県」政体を評価したのは、そこでは「公心」から出た「良法」が行われていたからである。彼のいう「良法」とは、『周礼』にいう「邦国の諸侯を相ただすの道」としての「九法」と「諸侯の位を正す」方法としての「九儀」などに基づく[255]。そして、「礼」で諸侯を封建し、その身分を厳しく遵守させ、非を犯した者には「法」（刑罰）を厳しく行うのが「良法」だとされている。[256]また、彼は「三代」について、「封建と云へども郡県を失わなかった」と述べる。それは、「三代」では「名山大沢」は封せず、「九貢の法」と「九法」などの『周礼』の「法」が行われていたからである。[257]そして、彼が中央集権的な郡県を志向しているように見える一因は、そもそも彼が依拠した『周礼』自体に中央集権の要素ないし法家系の色彩が強いからであろう。[258]

また、素行の三代像および制度論は大幅に『周礼』に依拠している。[259]例えば、彼によれば、民に「道を教え業を習はしむる」ため、また「民農をつとめ射を学んで兵民となるに用ある」ために、「四民」はともに学校で学ぶべきである。しかし、これは民の道徳心を啓発するためというよりも、「賞罰立ちて勧善懲悪の法」を正しく行うためである。[260]彼がこのような学校を構想したのは、刑罰による教化を説いた『周礼』を通して三代を理解していたためであろう。[261]

素行は、さらに、「孔子は周公を慕ひ給ふ。故に孔子の道は周公の道なり」と主張して、「当時の学者孔子を学ぶと云へども、周公を本とすることを知らず」[262]と批判している。ここで、彼は『周礼』に直接言及していないものの、孔子より「周公の道」を本とすべきだという考えを示している。彼がいう「周公の道」が『周礼』のことを指しているかどうかは定かではないが、経書の中でも『周礼』には法家的な要素が多く入っているのに加えて、『左伝』を除けば最も軍事関係の記述が多い。この意味で、兵学家としての素行が特に『周礼』を重視するのもおかしくはない。

さらに、彼は、「古の聖人異国」について、戦乱の時に「武」が「文」に優位を占めただけでなく、平和の時も「文道を正して礼を制す。礼を制する時は軍礼兵制是れを以て要とする」ほど「武」を重んじる政体だった、と認識している。[263]しかし、素行は「聖学」の応用も水土の要素に配慮すべきだと考えており、『周礼』などに記載された三代の諸制度をそのまま、徳川政体に用いようとはしなかった。[264]そして、徳川武家政権は「方伯」として、その任務は「王家朝廷を守護」することにあると捉えている。[265]とはいえ、彼は、たしかに「時」と「場」の差異を強調したうえで、『周礼』など古代経書から得た「武」（軍事、刑罰）を重んじる「三代」像を利用して、すでに「武治」[266]で「封建・郡県並行」[267]の徳川武家政権の治世を「良法」で治める時代として肯定的に評価し、「武」優位の統治体制こそよい政体だと、考えている。

右のように、素行は徂徠と同じく、『孟子』によってのみ「三代」を見るのではなく、軍事制度をも重んじている。しかし、徂徠の政治改革論は、「武」優位の戦時原理で統治された国家をより正常化すべく、「文」優位の「封建」・礼治の国家を建てるためのものであった。ただし、ここでいう「文」優位とは、「武」と対立する意味の「文」ではなく、文武の区別を超えた文明的な制度という意味である。なお、既述のように、徂徠は古代中国で見られるこうした文明的な「封建」制度を基準にして、当時の武家封建体制を危機と捉え、政治改革論を展開した。これに対して、素行はむしろ、天皇の朝廷を尊び守ることを武家の役割と考え、「武」（軍事・刑罰）優位の戦時原理で統治する国家像を志向し、自らが生きる「武治」かつ「封建・郡県並行」の体制を肯定する。彼らの思想の間には重大な差異が認められるのである。

最後に、徂徠は天の普遍性と不可知性（活物性）とそれに対して畏敬する感情、および天人分離の思惟を前提にして、古代漢文と宋代以後の漢文、漢文背後における中国語と日本語、「三代」（「封建」）と秦漢以後の中国（「郡県」）などの差異を認識する方法としての古文辞学を提出したのみならず、またそれによって、天と聖人、聖人と一般の人間、君と臣と民、自己と他者などの差異を強調し、「和して同せず」を理想とした「聖人の道」のあり方をも発見した。こうした徂徠の儒教政治思想は理の普遍性・同一性によって、古と今、天と聖人、聖人と自分、自己と他者などとの差異を超越しようした理学的な普遍主義と異なり、天の普遍性を認めながらも、ある種の差異を強調する相対主義的な側面も持っている。しかし、こうした思想に競争意識が加わると、なにかの優越論を支える思想にも転じやすい。

（1）『徂徠先生答問書』上、四三三頁。
（2）黒住真「荻生徂徠──差異の諸局面」（『近世日本社会と儒教』ぺりかん社、二〇〇三年）、三九九―四一八頁。
（3）荻生徂徠『弁名』聖一、二一六頁。
（4）同上、二一六頁。
（5）荻生徂徠『弁名』天命帝鬼神八、二三七頁。
（6）平石直昭「徂徠学の再構成」（『思想』第七六六号、一九八八年）、九七頁。
（7）徂徠説：「昔黄帝軒轅氏命伶倫始制律呂、而度量衡皆生焉。三代相承、歴秦迫漢莫有改作。」（『楽律考』二頁）。
（8）徂徠は「孝は父母を養ひ安んずる道にて候。弟は兄弟を養ひ安んずる道にて候。忠は君につかへて君を安んじ養ふ道にて候。信は朋友を安んじ養ふ道にて候。されば何れも皆仁の小わりと可被思召候」（『答問書』中、四五九頁）、あるいは、「且又道は聖人之建立し玉へりといふ事、先道之内にも、おも立たる事は五倫にて候」（同上、下、四七八頁）と述べている。
（9）徂徠は「惟聖人能窮理而立之極、礼与義是也」（『弁名』理気人欲一、二四四頁）「窮理本賛聖人作易之言」（『弁名』智一、二一六頁）と述べている。彼の理論構図では、伏羲など堯舜以前の聖人は窮理して、「礼」の「故」を立てた聖人と位置づけられよう。
（10）荻生徂徠『弁名』天命帝鬼神一二、二三八頁。
（11）荻生徂徠「稽古釈義」『徂徠集』巻十七、一八一、一八二頁。
（12）荻生徂徠『弁名』天命帝鬼神一二、二三八頁。
（13）同上、礼三、二二〇頁。
（14）徂徠は「是道雖自古有、礼楽未立、尭之思深遠、乃始作礼楽、故曰文思」（『弁名』文質体用本末一、二五一頁）と述べている。
（15）荻生徂徠『論語徴』丁、三五二頁。

(16) 荻生徂徠『弁名』天命帝鬼神一、二三五頁。
(17) 同上、二三五頁。
(18) 同上、二三五頁。
(19) 同上、恭敬荘慎独二、二二七頁。
(20) 同上、二二七頁。
(21) 同上、恭敬荘慎独一、二二七頁。
(22) 徂徠は「夫敬之本、本諸敬天、而程子求諸心、豈古学哉。敬固在心、然必有所敬而後有敬之名」(『論語徴』丙、二三二頁)と述べている。
(23) 荻生徂徠『論語徴』乙、一五八、一五九頁。
(24) 伊藤仁斎『語孟字義』敬を参照。
(25) 佐久間正『徳川日本の思想形成と儒教』(ぺりかん社、二〇〇七年)、七一頁。
(26) 荻生徂徠『論語徴』戊、三八頁。
(27) 徂徠は「「天地之大徳曰生」、聖人則之、故又謂之「好生之徳」」(『弁名』仁一、二一三、二一四頁)と述べている。
(28) 荻生徂徠『弁道九』、二〇三頁。
(29) 徂徠は「然聖人之道、要帰安民而已矣。雖有衆美、皆所以輔仁而成之」(『弁名』仁一、二一三、二一四頁)と述べている。
(30) 徂徠は「夫先王之道、莫大於仁焉。仁也者、養之道也。以安民為大。安民之道、以寛為本焉。謂有容也。……故容而後養、養而後成、成而後択以用之」(「贈右大夫右田君」『徂徠集』巻十六、一六九頁)と述べている。
(31) 吾妻重二『朱子学の新研究——近世士大夫の思想史的地平』(創文社、二〇〇四年)、四〇〇頁。
(32) 荻生徂徠『論語徴』丁、三五一—三五五頁と、『蘐園一筆』百八十八条、百九十条、百九十四条。
(33) 徂徠は「夏・殷皆因尭舜之道、制作礼楽。故三代之道、均之文矣。而其所以為文者、乃有三者之異。是其時風俗所尚自不同」(『弁名』文一、二五一頁)と述べている。

(34) 徂徠は「陰謀本是仁之道也」(『鈐録』四四二頁) と述べている。
(35) 荻生徂徠、『論語徴』戊、二一八頁。
(36) 荻生徂徠『弁道二』二〇〇頁。
(37) 余英時「天人之際——中国古代思想史的起源試探」(『中国史新論 思想史分冊』聯経出版社、二〇一二年)、五三―六八頁。
(38) 荻生徂徠『弁道七』二〇二頁。
(39) 徂徠は「先王之道、古者謂之道術、礼楽是也」(『弁道二〇』二〇六頁) と述べている。
(40) 荻生徂徠『論語徴』甲、二五頁。
(41) 荻生徂徠『弁道二十二』二〇六頁。
(42) 荻生徂徠『弁道七』二〇二頁。
(43) 荻生徂徠『弁道十』二〇三頁。
(44) 荻生徂徠『弁名徳一』二一二頁。
(45) 徂徠は「学礼以善其威儀」(『論語徴』甲、三八三頁) と述べている。
(46) 徂徠は「礼以観効為用、而使民有所恥」(『孟子識』) と述べている。
(47) 荻生徂徠『論語徴』乙、四五六、四五七、四五八頁。
(48) 荻生徂徠『弁道二十』二〇六頁。
(49) 荻生徂徠『弁道二十二』二〇七頁。
(50) 兒玉憲明「経学における「楽」の位置」(『人文科学研究』第一〇六号、二〇〇一年)、四六頁。
(51) 荻生徂徠「与藪震菴四」『徂徠集』巻二十三、二四五、二四六頁。
(52) 陳貞竹「荻生徂徠における古楽の復元論についての一試論——楽律論・楽制論・琴学および江戸音楽文化批判の検討を通して」(『芸術研究』第二十一、二十二号、二〇〇九年)、四八頁。
(53) 荻生徂徠『弁名』中庸和衷三、二三一、二三二頁。

(54) 荻生徂徠『政談 服部本』七頁。

(55) 堀池信夫「中国音律学の展開と儒教」(『中国——社会と文化』第六号、一九九一年)、一一四—一四一頁。

(56) 徂徠は「先王之道、本諸天、奉天地以行之。祀其祖考、合諸天、道之所由出也」(『弁名』天命帝鬼神十五、二三九頁)と述べている。

(57) 徂徠は「王者受命於天与祖宗、祀祖宗配之天、一之也。故国有大事謀諸鬼神、謂祖宗之鬼神也」(『論語徴』丙、二一〇頁)と述べている。

(58) 小島毅「天道・革命・隠逸——朱子学的王権をめぐって」(安丸良夫編『岩波講座 天皇と王権を考える 四 宗教と権威』岩波書店、二〇〇二年)を参照。

(59) 徂徠は上古の伏羲神農などの古聖人を「詩書」にいわれる「上帝」「五帝」と理解して、後世の聖人がこれらの古聖人を天と合祀していたと主張している(『弁名』天命帝鬼神八、二三七頁)。

(60) 徂徠は「祭祀亦裁成輔相之道也。人死而気散、散以至亡。孝子之心不忍其散亡、祭祀以存之。此非亡者之神自存也。生者使其存也。養之道大矣哉」(『蘐園随筆』一六六頁)と述べている。

(61) 荻生徂徠『蘐園随筆』一六八頁。

(62) 荻生徂徠『経子史要覧 上』「礼記」五一一頁。

(63) 荻生徂徠『鈐録』二一七頁。

(64) 「国之大事、在祀与戎」(『左伝』成公十三年)、「天子将出征、類乎上帝、宜乎社、造乎禰、禡於所征之地。受命於祖、受成於学、出征執有罪、反釈奠于学、以訊馘告」(『礼記』王制)、「凡制軍、万有二千五百人為軍。土六軍、大国三軍、次国二軍、小国一軍、軍将皆命卿」(『周礼』夏官司馬)などを参照。

(65) 荻生徂徠『鈐録』二二四頁。

(66) 徂徠は「戦国而後文武殊其術、秦漢而後殊其官、唐宋而後又殊其政」(『弁名』勇武剛強毅一、二二八頁)と述べている。

(67) 荻生徂徠『鈐録』二二四頁。

(68) しかし、『孟子』と『周礼』における井田制度に関する記述には差異がないという見方もある。曽我部静雄「周礼の井田法」(『社会経済史学』五十-四、一九八五年)、三九一―四一〇頁を参照。
(69) 『孟子』「梁恵王篇」「滕文公篇」などを参照。
(70) 『孟子』には「夏后氏五十而貢、殷人七十而助、周人百畝而徹、其実皆什一也」(「滕文公上」)とある。
(71) 荻生徂徠『孟子識』。
(72) 荻生徂徠『論語徴』丁、三三九頁。
(73) 荻生徂徠『論語徴』乙、一三八頁。
(74) 例えば、徂徠は「蓋天命我為天子為諸侯、是任天下国家者也。為大夫為士、亦共天職者也。学而成徳曰君子、謂成安民長国家之徳。故君子畏天、至厳也。仁以為己任、至重也」(『論語徴』甲、二五頁)、あるいは、「臣者、君之所与共天職也。故君使臣以礼。臣者、代君之事者也。故臣事君以忠。然施之必由君始焉」(『論語徴』乙、一四三頁)と述べている。
(75) 荻生徂徠『弁名』君子小人二、二五四頁などを参照。
(76) 原漢文は「民者、天之所以命我使治之者也。故敬之」(『弁名』恭敬荘慎独二、二二七頁)である。
(77) 徂徠は「一国之君、子蓄一国之民。天下之君、子蓄天下之民。唯寛也有所容焉。有所容焉、而後群下得措其身焉。然後有所養而安焉」(『論語徴』乙、一五八頁)、あるいは、「仁人之於民、如和風甘雨之被物、物得其養、而莫不生長」(同上、一六二頁)と述べている。
(78) 徂徠は「民曰天民、不属諸君而属諸天、臣則皆君之臣也。古之道也」(『論語徴』甲、八三頁)と述べている。
(79) この問題に関連して、徂徠は「養う」のほかに、和文では「苦にす」「苦に役介ス」を好んで使う。高山大毅「制度――荻生徂徠と会沢正志斎」(河野有理編『近代日本思想史――荻生徂徠から網野義彦まで』ナカニシヤ出版社、二〇一四年)、三三〇頁を参照。
(80) 荻生徂徠『大学解』一一頁。
(81) 荻生徂徠『論語徴』乙、一二九頁。

(82) 朱子などの理学者と明、清朝の礼教主義者の礼論については小島毅『中国近世における礼の言説』(東京大学出版会、一九九六年)などを参照。
(83) こうした「礼」に対して、徂徠は「吾邦先王が喪祭の礼を制せざる」情況において、自分が安心できるやり方に従い、「程朱の礼」と「世俗の礼」を行ってもよい、あるいは「己の心を以て先王の礼を斟酌する」のもよい、と述べている(「復安澹泊第六書」『徂徠集』巻二十八、三〇七頁)。だが、徂徠は基本的には郡県の世で作られた『家礼』を封建の世たる徳川日本に使うのに対して、批判的な立場を取っている。この問題に関して、高山大毅「封建の世の家礼――朱舜水・安積澹泊・荻生徂徠の祖先祭祀論」(『季刊日本思想史』第八十一号、二〇一五年、一二一―一二五頁)を参照。
(84) 荻生徂徠『弁名』王覇、二五五頁。
(85) 荻生徂徠「法者禁令也。令以行之、禁以止之。……法者以禁令為用、而使民有所避」(『孟子識』)と述べている。
(86) 荻生徂徠『論語徴』辛、二五五頁と『孟子識』一二、一三頁。
(87) 荻生徂徠『論語徴』甲、六〇頁。
(88) 荻生徂徠「贈長大夫右田君」『徂徠集』巻十六、一七〇頁。
(89) 荻生徂徠『学則』六、二五八頁。
(90) 徂徠は「政禁暴、兵刑殺人」(『弁道』七、二〇二頁)と述べている。
(91) 『孟子』「万章篇」を参照。
(92) 荻生徂徠「贈長大夫右田君」『徂徠集』巻十六、一七〇頁。
(93) ほかのところで、徂徠は「蓋寛者、謂有容也。唯寛也、有所容焉。有所容焉、而後群下得措其身焉。然後、有所養而安焉。故寛者仁之本也」(『論語徴』乙、一五八頁)と述べている。
(94) 石川英昭『中国古代礼法思想の研究』(創文社、二〇〇三年)、六五―六九頁。
(95) 『荀子』には「臨事接民、而以義変応、寛裕而多容、恭敬以先之、政之始也」(致士篇)など、「寛」「容」を肯定的に見る考えが見られる。

(96) 荻生徂徠「贈長大夫右田君」『徂徠集』巻十六、一七〇頁。

(97) 徂徠は「蓋韓非子善法家言。「石参」(「惨礉」?)少恩然亦尽乎情……礼楽亡而人人意行其法、雖有能不害乎情者幾希也。於是乎法家興」(「韓非子会業引」『徂徠集』巻十八、一八六頁)と述べている。『韓非子』には利に趨り害を避ける「人情」(人性)によって「法」を立てて民を統治するという考えがある(石川英昭、前掲『中国古代礼法思想の研究』第五章、第六章を参照)。既述のように、徂徠の「聖人の道」にもこうした発想が見られる。

(98) 荻生徂徠『弁名』礼一、二一九頁。

(99) 同上、義一、二二二頁を参照。

(100) 徂徠は「蓋周道衰、而天下淪胥為夷。秦漢而後、華而夷者也」(『孟子識』二一頁)と述べている。

(101) 荻生徂徠「復水神童第二書」『徂徠集』巻二十四、二五八頁。

(102) 徂徠は「自秦以法律治天下、而刑始繁矣。……歴世相沿、以法律為治、無復礼楽之化」(『孟子識』)と述べている。

(103) 荻生徂徠『論語徴』乙、一三八頁を参照。

(104) 徂徠は「至秦以法律治天下、而礼廃。其後儒臣有以先王之制進者、則朝廷嘉之、立以為法。於是礼法混為一。観唐明律可以見已。夫法以威為治者也。故以礼為法、則民憚之、莫有観效之意。豈行乎哉。礼之所以遂廃也。礼廃而民不知分」(『孟子識』一二頁)と述べている。

(105) 徐道鄰『中国法制史論集』(志文出版社、一九七五年)、三頁。

(106) 劉俊文『唐律疏議箋解』(中華書局、一九九六年)、序論などを参照。

(107) 徂徠は「漢法尚疎闊、吏多得便宜従事。為近古也。隋脩宇文周之律、唐・宋・明皆因之。申韓之法至是始臻其極」(「復水神童二」『徂徠集』巻二十四、二五八、二五九頁)と述べている。

(108) 余英時「漢代循吏与文化伝播」(『士与中国文化』上海人民出版社、二〇〇三年)を参照。

(109) 『明律国字解』では、徂徠は同じく隋律について「多くは後周の律に従へり」(五頁)と述べ、「六部」「五刑」などの内容からその継承性を語っている。

(110) 荻生徂徠『学則』五、二五八頁を参照。
(111) 荻生徂徠『楽律考』二頁。
(112) 朱熹「礼八・雑儀」『朱子語類』（黎靖徳編、中華書局、一九八六年）、巻九十一、二三二四―二三二八頁。
(113) Peter K. Bol, *Neo-Confucianism in History* (Cambridge, Mass.: Harvard University Press, 2008), pp. 43-77.
(114) 李孝悌「託古改制：歴代政治改革的理想」（『中国文化新論 制度篇』三聯書局、一九九二年）、四六七―五〇九頁。
(115) 朱熹「離婁章句上」『四書章句集注』（中華書局、一九八三年）、二七七頁。
(116) 朱熹「滕文公章句上」、同上書、二五一―二六三頁。
(117) 程顥・程頤『二程遺書』（上海古籍出版社、二〇〇〇年）、巻十一、一七四頁。なお、陳弱水「追求完美的夢――儒家政治思想的烏托邦性格」（『中国文化新論 理想与現実篇』三聯書局、一九九一年）、二三〇頁。
(118) 朱熹「答陳同甫八」巻三十六（『晦庵先生朱文公文集』河内屋卯助、一七一一年）、一一九頁。
(119) 余英時『朱熹的歴史世界――宋代士大夫政治文化的研究』（聯経出版社、二〇〇三年）、二五八頁。
(120) 小島毅『中国近世における礼の言説』、一九―五五頁。
(121) 同上、三八―五五頁。
(122) 張壽安『十八世紀礼学考証的思想活力』（中央研究院近代史研究所、二〇〇一年）、一五六―一六四頁。
(123) 荻生徂徠「復水神童第二書」『徂徠集』巻二十四、二五九頁。
(124) そして、徂徠は「六朝ノ時五胡中国ヲ乱ル。是皆夷狄ニテ平生ノ上ニ車ヲ用ザルユヘ、車廃レテ馬ニ乗ル。……隋・唐ニ至テ及第ト云ウコト出来テ人ニ文武分レタリ」（『鈐録』二三六頁）と述べている。
(125) 荻生徂徠「復水神童第二書」『徂徠集』巻二十四、二五九頁。
(126) 荻生徂徠『弁道二十五』二〇八頁。
(127) 本章で述べた「理学」の形成を孟子学と仏老思想とに関連付ける言説は主として『弁道』の該当部分の要約である。
(128) 荻生徂徠「復安澹泊第六書」『徂徠集』巻二十八、三〇七頁。

(129) 同上、三〇七—三〇九頁。
(130) 荻生徂徠「与藪震菴第八書」『徂徠集』巻二十三、二五〇頁。
(131) 荻生徂徠「答屈景山第一書」『徂徠集』巻二十七、二九六頁。
(132) 荻生徂徠「復谷大雅書」『徂徠集』巻二十五、二七二頁。
(133) 荻生徂徠『弁道九』二〇三頁。
(134) 荻生徂徠『弁道十七』二〇五頁。
(135) 荻生徂徠『弁道十』二〇三頁。
(136) 荻生徂徠「韓非子会業引」『徂徠集』巻十八、一八六頁。
(137) 荻生徂徠『政談　服部本』（平石直昭校注、東洋文庫、二〇一一年）、一〇二頁。
(138) 荻生徂徠「韓非子会業引」『徂徠集』巻十八、一六八頁。
(139) 新井白石『古史通』（『新井白石全集　第三巻』国書刊行会、一九七七年）、二一九頁。
(140) ケイト・W・ナカイ『新井白石の政治戦略——儒教と史論』（平石直昭［ほか］訳、東京大学出版会、二〇〇一年）、第六章を参照。
(141) 荻生徂徠『南留別志』二百八十五条。
(142) 新井白石『古史通』二一九頁。
(143) ケイト・W・ナカイ、前掲『新井白石の政治戦略』第六章を参照。
(144) 荻生徂徠『太平策』四五二頁。
(145) 荻生徂徠『南留別志』七十条、九八頁。
(146) 同上、四十一条、九一頁。
(147) 荻生徂徠『忍尊帖』四条、六三九、六四〇頁。
(148) 同上、二条、六三九頁。

(149) 荻生徂徠『鈐録』四四二頁。
(150) 荻生徂徠『論語徴』戊、二八頁などを参照。
(151) 「国史記神代、事属洪荒、置而不論、可也。然愚謂其亦商周歟。素盞鳴来自韓、雲州亦近焉。天孫之前、皆其族也。号曰国神、亦野人類耳。素盞之為言、荒也、残也。是蓋謂商王無道、箕子実為商王懿親、迺其是之謂乎。泰伯姫姓、姫大神因是附会耳。天之為言、周也。興于筑紫、亦為近華。則国人元為韓種、而華人後至是為天神耳。尚質、尚白、尚鬼皆商也。泰伯之志也」(『徂徠文集遺稿』)。この遺文には題名がないが、文章の内容は『南留別志』などで見られる彼の発想と一致している。
(152) 神道言説におけるスサノオと韓国との関係については、田尻祐一郎「スサノヲの変貌――中世神道から吉川神道へ」(『季刊日本思想史』四七号、ぺりかん社、一九九六年)、泰伯と神代との関係については、渡辺浩『近世日本社会と宋学』(東京大学出版会、一九八五年)、五〇頁など。
(153) 熊沢蕃山も泰伯を姫姓・アマテラスと理解する(小沢栄一『近世史学思想史研究』吉川弘文館、一九七四年、三三〇―三三一頁)。
(154) 荻生徂徠『南留別志』四十二条、九四頁。
(155) 同上、四十三条、九四頁。
(156) 荻生徂徠「旧事本紀解序」『徂徠集』巻八、八二頁。
(157) 平石直昭「前近代の政治観――日本と中国を中心に」(『思想』第七九二号、一九八八年)、一五〇―一五二頁。
(158) 荻生徂徠『南留別志補遺』四百三十条、一六六頁。
(159) 原漢文は「蓋古之時、吾邦　先王遵唐制、郡県其海内、……勝国之際、封建之勢成」(「送守秀緯適大垣序」『徂徠集』巻十一、一一〇頁)である。
(160) 田原嗣郎『徂徠学の世界』(東京大学出版会、一九九一年)、二五九頁。
(161) 荻生徂徠『鈐録』二四八頁。

(162) 荻生徂徠『政談 服部本』二九七頁。
(163) 荻生徂徠『蘐園七筆』三十条、四六七頁。
(164) 荻生徂徠『南留別志』三百三条、一三一頁。
(165) 荻生徂徠『太平策』四五三頁を参照。
(166) 荻生徂徠『忍尊帖』二十二条、六四三頁。
(167) 「菅丞相左遷して藤原氏の世職定りぬ」（『南留別志』四百十一条、一六四頁）、「延喜已後、今日に至候ては諸役皆世官に罷成候故、……」（「学寮了簡書」）。
(168) 荻生徂徠『太平策』四五二頁。
(169) 同上、四五三頁。
(170) 荻生徂徠『南留別志』三百二条、一三一頁。
(171) 荻生徂徠『太平策』四五三頁。
(172) 同上。
(173) 荻生徂徠『答問書』下、四六五頁。
(174) 荻生徂徠『南留別志補遺』四百十一条、一六四頁。
(175) 原漢文は「蓋自有相氏以馬上定海内、歴代相承、控弦成俗。事無大小、一切武断、亡事乎文字矣」（「贈対書記雨伯陽叙」『徂徠集』巻十、一〇三頁）である。
(176) 荻生徂徠『忍尊帖』二十二条、六四三頁。
(177) 荻生徂徠「復安澹泊第六書」『徂徠集』巻二十八、三〇六頁。
(178) 原漢文は「建武之後、覇主拠之。夫操卓所奉、亦自為也。豈有意共哉。故飾弓馬以為礼、節猿舞以為楽、一切武断、号令四海。豈有意文哉」（「贈于季子序」『徂徠集』巻十一、一〇九頁）である。
(179) 荻生徂徠「桃源稿序」『徂徠集』巻八、七六頁。

(180) 荻生徂徠『太平策』四五三頁。
(181) 荻生徂徠『政談 服部本』八九頁。
(182) 同上、九〇頁。
(183) 同上、三八頁。
(184) 特に、「戸籍」については『周礼』(秋官司寇)には「掌登万民之数、自生歯以上、皆書於版、弁其国中」とある。「版」は「戸籍」を指している、と彼は見ている(『論語徴』戊、九五頁)。また、「路引」については、『政談 服部本』で徂徠自身が挙げた「繻」というものを使う制度がある(四二頁)(その例は『左伝』「隠公二年」などに見られる)。
(185) 荻生徂徠『政談 服部本』三九頁。
(186) 『礼記』「王制」の原文は「凡居民、量地以制邑、度地以居民。地邑民居、必参相得也。無曠土、無游民、食節事時、民咸安其居。楽事勧功、尊君親上、然後興学」である。なお、「王制」篇は漢代初期に書かれて、封建制を擁護する制度論とされている(王啓発「『礼記』王制篇と古代国家法思想」『両漢における易と三礼』汲古書院、二〇〇六年を参照)。
(187) 荻生徂徠『政談 服部本』四五頁。
(188) 同上。
(189) 同上、四八頁。
(190) 同上、四九頁。
(191) 同上、三八頁。
(192) この点については林文孝も、石井紫郎『日本人の国家生活』(東京大学出版会、一九八六年)の徂徠論に言及した後、「かかる周密な住民把握が「封建」の名のもとに主張され得たことは明末清初の議論にも確認できる」と指摘している(「顧炎武「郡県論」の位置」『「封建」・「郡県」再考――東アジア社会体制論の深層』思文閣、二〇〇六年、一四四頁)。なお、徂徠が三代の国家像の構築にあたって依拠した経書の一つたる『周礼』の封建制度も中央集権的な要素が強いと指摘されている(侯家駒『周礼研究』聯経出版社、一九八七年、一二九頁)。

(193) 河原宏「「郡県」の観念と近代「中央」観の形成」(『年報政治学』一九八四年)を参照。
(194) 荻生徂徠『政談 服部本』三四頁。
(195) この点については、彼はまず、将軍家の御領と旗本ないし譜代大名の私領を合わせて「二、三里四方の地」ごとに一組の武士の知行所として再区分して、一組に三〇〇〇石から四〇〇〇石の身上を持つ武士が三、四ほどいて、また器量ある人を頭として選ぶ。それから、御領をその頭に預け、さらに組の支配と、御領を治めること、年貢の取立て、公事の裁許、川普請など全部をその頭より申し付けることである(『政談 服部本』八一頁)。
(196) 荻生徂徠『政談 服部本』一二二頁。
(197) 荻生徂徠『鈐録』二二九頁。
(198) 同上、二二五頁。
(199) 荻生徂徠『太平策』四七八、四七九頁。
(200) 荻生徂徠『鈐録』二一七頁。
(201) 荻生徂徠『政談 服部本』三四頁。
(202) 同上、一五一頁。
(203) 同上、一〇一、一〇二頁。
(204) 渡辺浩『東アジアの王権と思想』(東京大学出版会、一九九七年)、二三四、二三五頁。
(205) 荻生徂徠『政談 服部本』一〇三頁。
(206) 荻生徂徠『太平策』四六四頁。
(207) 荻生徂徠『政談 服部本』一四六頁。
(208) 同上、一六七—一六九頁。
(209) 同上、一六七頁。
(210) 同上、一六三—一六六頁。

(211) 同上、一九二―二〇一頁。
(212) 同上、一八七―二〇〇頁。
(213) 同上、二〇一―二〇五頁。
(214) 同上、二〇九頁。
(215) 同上、二〇一―二〇三頁。
(216) 同上、二〇五頁。
(217) 同上、二一六頁。
(218) 同上、二一八、二一九頁。
(219) 同上、二四三頁。
(220) 同上、二一六頁。
(221) この点については、渡辺浩教授のご教示による。
(222) 荻生徂徠『徂來先生答問書』上、四三二、四三三頁。
(223) 荻生徂徠『太平策』四八五頁。
(224) 荻生徂徠『弁名』「物」。
(225) 荻生徂徠『政談　服部本』三一六―三三〇頁と『学寮了簡書』を参照。
(226) 同上、三一八―三二〇頁。
(227) 辻本雅史『近世教育思想史の研究――日本における「公教育」思想の源流』(思文閣出版、一九九〇年)六二頁。
(228) 荻生徂徠『政談　服部本』三三四頁。
(229) 同上、三一五頁。
(230) 暢素梅「蘐園学派と音楽」(『日本思想史学』第三十七号、二〇〇五年)、一六七―一六九頁。
(231) 同上。

(232) 平石直昭「「徂来先生答問書」考――経典注釈と政策提言の間」(『社会科学研究』第四十五(三)号、一九九三年)、二二七―二二九頁。
(233) 同上を参照。
(234) 荻生徂徠『政談　服部本』一五〇頁。なお、この問題について、渡辺浩『日本政治思想史　十七～十九世紀』(東京大学出版会、二〇一〇年)、一九六、一九七頁。
(235) 荻生徂徠「送野生之洛序」『徂徠集』巻百一、一〇二頁。
(236) 顧炎武は「今之所謂理学、禅学也、不取之五経、但資之語録」(「与施愚山書」『亭林文集』〔『景孤本蔣山傭残稿　新校顧亭林詩文集』世界書局、一九八八年〕、六二―六三頁)と述べている。
(237) 顧炎武「心学」(『日知録集釈　全校本』上海古籍出版社、二〇〇六年、巻十八)、一〇四八―一〇五三頁。
(238) 顧炎武「四書五経大全」(「書伝会選」『日知録集釈　全校本』巻十八)、一〇四一―一〇四五頁。
(239) 顧炎武「鍾惺」(『日知録集釈　全校本』巻十八)、一〇七一―一〇七三頁。
(240) 同上、一〇四八―一〇五三頁。
(241) 顧炎武は「博学於文、行己有恥、自一身以至於天下国家、皆学之事也」(「与友人論学書」『亭林文集』巻三、四四頁)と述べている。
(242) 顧炎武は「君子博学於文、自身而至于家国天下、制之為度数、発之為音容、莫非文也。『品節斯斯之謂礼』『孔子曰――伯母叔母疏衰、踊不絶地、姑姉妹之大功、踊絶於地、如知此者由文矣哉、由文矣哉』『三年之喪、人道之至文者也』『礼減而進、以進為文、楽盈而反、以反為文』『文王既没文不在茲乎』」(「博学於文」『日知録集釈　全校本』巻七、四〇三頁)と述べている。この引用文で学ぶべき「文」とされるのは主として喪服制度に関わるものである。
(243) 顧炎武『日知録集釈　全校本』巻五、六、十四、十五を参照。
(244) 顧炎武は「自古帝王為治之道、莫先于親親」(「宗法」『日知録集釈　全校本』巻九、五五七頁)、また「宗法立而刑清」(「愛百姓故刑罰中」『日知録集釈　全校本』巻六、三六六頁)と、述べている。

(245) 蔡孟翰「従宗族到民族――「東亜民族主義」的形成与原理」(『思想史』第二十四期、二〇一五年)、二五頁。
(246) 張壽安『十八世紀礼学考証的思想活力』三五、三六頁。
(247) 顧炎武「郡県論一」『亭林文集』巻一、一二、一三頁。
(248) 顧炎武「守令」『日知録集釈 全校本』巻九、五四一頁。亭林『日知録』に繰り返し言及している(「吏胥」「銓選之害」『日知録』巻八などを参照)。
(249) 顧炎武は「尊令長之秩、而予之以生財治人之大権、罷監司之任、設世官之奨、行辟属之法」(「郡県論一」『亭林文集』巻一、一三頁)と述べている。
(250) 顧炎武は聖人のやり方について、「用天下之私、以成一人之公而天下治」(「郡県論五」『亭林文集』巻一、一五頁)と述べている。
(251) 顧炎武「郡県論八」『亭林文集』巻一、一七頁。
(252) Kai-Wing Chow, *The Rise of Confucian Ritualism in Late Imperial China: Ethics, Classics, and Lineage Discourse* (Stanford: Stanford University Press, 1994), pp. 80-86. とはいえ、彼は帝国の周囲地域で、兵農一致体制を行う考えを持っている(「辺県」『日知録集釈 全校本』巻九、五六八頁)。
(253) ちなみに、『日知録』(巻七)には『孟子』思想を検討するものが多い。
(254) 石井紫郎、前掲『日本人の国家生活』二六六―二七一頁。
(255) 山鹿素行「封建・郡県」『山鹿語類』巻九、一三七―一四三頁。なお、素行の著作の引用は『山鹿素行全集――思想篇』(岩波書店、一九四〇―四二年)による。以下同様。
(256) 同上。
(257) 同上、一三四頁。
(258) 『周礼』と法家思想との関係について、侯家駒、前掲書、六〇―九〇頁を参照。
(259) 山鹿素行『山鹿語類』巻七、八、九、六五―二二一頁。

(260) 山鹿素行「学校を設け道学を立つ」『山鹿語類』巻七、三六頁。
(261) 『周礼』には「以刑教中、則民不虣……」(「春官大司徒」)とある。これも『山鹿語類』「治教」に引用されている。この点について、徐復観が論じたことがある(『周官成立之時代及其思想性格　徐復観論経学史二種』上海書店出版社、二〇〇二年、三二七―三三〇頁を参照)。
(262) 山鹿素行「朱子の学風を難ず」『山鹿随筆』三九六頁。
(263) 山鹿素行「兵道と権謀」『謫居童問』巻四、二六一頁。
(264) 山鹿素行「本朝異朝政道の相違」『謫居童問』巻五、三二六頁。
(265) 山鹿素行「武家の政道」『謫居童問』巻五、三二一頁など。
(266) 山鹿素行「武の礼」『謫居童問』巻七、四六五頁など。
(267) 山鹿素行「封建・郡県」『謫居童問』巻五、三五七頁。

第三部　漢文圏における徂徠学派

第七章　朝鮮と徂徠学派
——朝鮮通信使との交流と競争をめぐって

はじめに——古文辞学と外交

この章では、荻生徂徠の漢詩文学としての古文辞学の展開を考察する。ただし、従来よく検討されてきた服部南郭（一六八三—一七五九）の詩文よりも、山県周南（一六八七—一七五二）、木下蘭皐（一六八一—一七五二）、太宰春台（一六八〇—一七四七）、山根華陽（一六九七—一七七二）、小田村鄜山（一七〇三—一七六六）、松崎観海（一七二五—一七七五）、滝鶴台（一七〇九—一七七三）らと、第八回から第十一回までの朝鮮通信使との筆談と唱和を検討する。

山県周南が正徳年間（一七一一—一七一六）に来日した朝鮮通信使の書記官・南泛叟を相手に詠んだ詩には、「芙蓉積雪千秋白、自是名山堪託負」(1)とある。この詩句は王世貞が李攀龍の漢詩を「峨眉積雪」、あるいは「白雪」に譬えた表現を模倣しながら、「峨眉」を「芙蓉」に替えた詩句である(2)。この漢詩においては、徂徠が、直接に日本一の名山たる富士山に比擬されている。また、徂徠が使う印鑑の一つは「芙蓉白雪色」でもあるように、それは徂徠が愛用する詩語であった(3)。こうした「芙蓉白雪」「芙蓉積雪色」などの詩句は、模倣の技法と格調の詩風を重んじる古文辞学の特徴をよく表現し、徂徠とその弟子たちに愛用されている。しかし、なぜ彼らはその「党」[4]の「文士」[5]の詩文に対して、これほどの自信を持っているのか。この問題は彼らの文学観に関わるほか、十七、十八世紀東アジア漢文圏における政治と文化の情況の変化にも関わっている。

まず、「先王同文の治」（春台の語）（後述）という伝統を共有する漢文圏においては、中国は長い間、「文学」（「文」）の中心として、絶えず「文」をその周辺に伝播していた。然るに、十七世紀前期の「華夷変態」が起こった後、日本では、「文」の中心はすでに転移しつつあるという主張が出てきた。徂徠はその一人である。[6]たしかに、徂徠学派は日本文運の発展に、重要な貢献をしていた。後述のように、十一回目の朝鮮通信使もそれを認めている。[7]しかし、漢文圏の文学史において、徂徠学派の文学が一席を占めているのは、やはりその明代古文辞派との関連で展開された古文辞学による。後述のように、この関連で、徂徠には日本こそ、これからの「文」の中心であるという意識が芽生えてきたのであろう。

一方、同じく十八世紀前期に生きていた朝鮮王朝の文士たる申維翰（一六八一―？）も朝鮮人が「孔孟」と「洛閩」の教えを継承するものという小中華意識を明確に持っている。[8]このように、十八世紀前期の日本と朝鮮の文士にとって、夷狄に統治されている清朝中国と比べれば、日本あるいは朝鮮こそ、漢文圏の中心（「華」「文」、孔孟の教えの継承者）たるべきである。しかし、いずれが真の継承者になれるのか。そのライバル意識は外交のための詩文交流に現れているほかに、それぞれの著作にも表現されている。

まず、朝鮮から見れば、徳川日本の情況は、申維翰が指摘したように、「文」の能力が直接に功名などには関係していない。[9]そのため、徳川儒者がその「文」の能力を発揮できる場は、教育のほかは、外交しかない。[10]十八世紀の漢文圏においては、漢文は言語の差異を超え、諸地域の人間が互いに言語面において意思疎通ができる唯一の手段だったからである。荻生徂徠も、その時点で、文士の文学的才能が発揮できる場は「外交」しかないと考えている。[11]しかも、彼から見れば、日本にとって、最も重要な外交相手は朝鮮である。[12]それゆえに、朝鮮通信使を接待し、彼らと筆談、唱和することは、多くの徳川儒者にとって、重要である。朝鮮通信使によってその詩文が評価されたこともまた、大部分の儒者にとって、うれしいことだった。例えば、申維翰によれば、日本は「中華」と「絶遠」しながらも「精華の地」に生長して、「文字の貴ぶべき」ことを知る同文化圏であるゆえに、「我国詩文」を求める「日本」人は、「貴賤賢愚」の関係なく、われわれを「神仙の如く」仰ぎ、われわれが作った詩文を「珠玉」のように大事にしている。[13]しかし、後述のように、江戸時代の文士は必ずしも、みなが通信使を「神仙の如く」仰ぎはしなかった。反対に、彼らは詩賦外交という伝統を有する漢文圏において、外国から来た使節と対等に交流ないし競争しようとしていた。特に、徂徠をはじめとした徂徠学派文士はそう望んでいた。周南にいわせれば、秦漢以前の士大夫のように、「使」（外交使者）は「士の専務」である。[14]擬古主義からして、彼らは中国春秋戦国時代の外交使節、あるいは唐で活躍していた遣唐使に演じられる舞台を求めていた。擬古は単なる創作意識に関わる演技ではなく、現実の政治に関わる行動になる場合もあったのである。[15]

一　徂徠学派文士と正徳度朝鮮通信使――『問槎畸賞』をめぐって

徂徠の生涯には、三度の朝鮮通信使の来聘があった。一回目は天和二（壬戌、一六八二）年、二回目は正徳元（辛卯、一七一一）年、三回目は享保四（己亥、一七一九）年である。天和度朝鮮通信使は五代将軍徳川綱吉の襲職を祝賀するために来たので、今回の使節と詩の唱和をした日本の文士は林家儒者以外、木下順庵（一六二一―一六九九）とその門下生（以下、「木門文士」と略）だけであった。この時、徂徠は南総に流放されているので、会うことはなかった。

徂徠が最初に通信使の行列を見たのは正徳元年、家宣襲封祝賀のために来日した正徳度通信使であった。その時、彼は古文辞学を唱え始めていた。にもかかわらず、彼は通信使たちとの漢詩文の応酬には行かなかった。その理由は、「輦上君子」(新井白石)の命令で「陪臣処士」が勝手に朝鮮通信使に会って漢詩文のやり取りをすることは許されていなかったからである。[16]実際、その時には、木門の新井白石が政治の実権を握り、朝鮮通信使関係の業務を主導していた。彼は、中後期の通信使に最もその名を知られた日本文士になっている。[17]しかし、徂徠門下の萩藩の藩士たる山県周南とその友人たる入江若水などは、正徳元年来聘の通信使と直接に漢詩文の応酬をしていた。徂徠はこれらの周りの友人と弟子たちからある程度その情況を把握していた。[18]

実際、正徳元年来聘の朝鮮通信使節団と日本文士との間には盛んに筆談と唱和が行われ、多くの筆談唱和集が編纂、出版された。しかし、仁斎学派に属する瀬尾維賢によって編纂された『雞林唱和集』には、一部の周南の詩以外、安藤東野など徂徠学派の唱和詩は全く収録されていない。徂徠一門はこれを不快に感じた。さらに、その続編『七家唱和集』[19]にも、木下順庵の門生の詩だけが収録された。そのため、正徳二年、徂徠の門人によって『問槎畸賞』と『廣陵問槎録』が編纂され、出版された。それには、専ら徂徠学派文士およびその周辺詩人と朝鮮通信使との筆談と唱和詩が収録されている。この節では、主として『問槎畸賞』を材料にして、徂徠学派文士と通信使との詩文における交流と競争を検討する。

『問槎畸賞』はその書名の如く、主として『荘子』「徳充符篇」における「支離疏」「哀駘它」などの畸形のイメージで通信使詩文の醜さを喩えることによって、世間の注意を惹き、徂徠一門の知名度を高めようとしたものである。[20]徂徠はまず、若水の書信から、長州の赤間関において、朝鮮通信使と周南との詩文応酬が雨森芳洲に褒められたことを知った。そして、徂徠が周南に宛てた書信(「与県次公四」)によれば、彼は芳洲は周南の詩を批評する資格がないと思いながらも、その弟子の詩が「海西無双」と褒められたことをうれしく思っている。[21]徂徠は周南の詩について、王維と李白にも評された「晁卿」(阿部仲麻呂)が作ったような「芙蓉白雪」の色を持つ詩に喩えただけではなく、その表現を「赤関の捷」とも評している。[22]さらに、「与県次公四」を書いた同年に、徂徠は周南に一首の漢詩を送り、「一歌白雪動高秋、槎客如雲不敢酬」と讃え、「白雪」という詩語を再び登場させて、周南の高雅的な詩句が朝鮮通信使の詩より優れている、と形容している。[23]ほかの書信においても、周南が作った漢詩は盛唐詩と区別できないほどすばらしい、と称讃している。[24]このように、徂徠から見れば、『問槎畸賞』に収録された徂徠学派文士の詩は「芙蓉白雪の色」を持ち、阿倍仲麻呂が作った詩と比べても、遜色がないものであった。[25]

一方、彼は通信使の詩を厳しい目で見ている。例えば、『問槎畸賞』の初頭に置かれた漢詩に、周南が作った「奉呈龍湖厳公案下」[26]（現場で詠んだものではなく、作った後に通信使に呈した詩である）という詩がある。その詩は次のようである。

赤目関西玉樹秋、長風吹送木蘭舟。
誰知海上蓬壺月、総入詩人脾裏流。

また、その詩の後に、通信使「龍湖」が唱和した「奉和周南示韻」が排列されている。

橘樹楓林海上秋、滄洲斜日住帰舟。
仙区到処窮探勝、歴尽驚濤似穏流。

この唱和詩に対して、徂徠は「龍湖があなたには勝てないことは早くも知っている（早知龍湖敵不過）」と評している。[27]しかし、徂徠の批評基準は何であろうか。その二つの詩はともに、七言絶句の仄起格平声韻になっている。しかも、どちらも基本的に七言絶句の格律に合っている。ただ、周南は一般の漢詩にはあまり使わない「脾」を使ったし、その字の平仄は変格になっている。しかし、格律の正確さはおそらくその主要な批評基準ではなく、それはやはり詩句全体が持つ「格調」が問題だと思われる。周南の詩の「格調」は明らかに擬唐詩で、「関西」などの辺塞詩と、「玉樹」「蓬壺」「木蘭舟」等の盛唐詩の辞を多用している。彼はそれによって、雄麗の気象を営造しようとしている。そのうち、「蓬壺」は李白が作った「哭晁卿衡」という詩の辞である。こうした観点から見れば、たしかに龍湖の詩は宋詩の如く、叙述的な語調になっている。そのため、徂徠は「与県次公四」に、「西人詩」（朝鮮通信使の詩）は「宋元の旧」を襲う卑靡の詩だと見下している。その批評の基準は右の如くであり、李東郭の「奉席上諸詞伯」という詩の詩句「日東形勝両雄開、馬島風煙伯仲間」に対しても、醜くて「宋人」の詩のようだと評している。[28] 別の詩句に対しても、「甚だしく俚俗」だというコメントをした。[29] さらに、朝鮮使者の詩は「儒色」を持つという周南のコメントに対して、徂徠は「言い当てた（一語道破）」と首肯した。[30]

それに対して、徂徠は「格調」、明代古文辞派から継承した擬唐詩の観点から、周南の詩を極めて高く評価している。例えば、周南が雨森芳洲に託して李東郭に呈した十首の詩における第二首の七言律詩[31]に対して、徂徠は「大抵周南の七言律詩の色沢は何景明のそれと似て、その神理は李攀龍に近い。そして、その詩の骨格は王維に基づいているから、すばらしい（大氏次公七律色沢似仲默、神理肖于鱗、而骨格原諸右丞、所以為妙[32]）」と評している。つまり、徂徠は「色沢」「神理」「骨格」など、多面的に「格調」の次元でその詩を評価している。さらに、徂徠は周南が作った詩に対して、「雄麗無比[33]」、「大いに盛唐の妙境を得ている（大得盛唐妙境[34]）」と、「七言詩と歌行というジャンルの詩の見事さに関しては、王世貞以後はこの人だといえよう（七言歌行之妙、弇州後當属斯人[35]）」と評価している。すなわち、徂徠から見れば、山県周南の詩は「右丞」（王維）のような盛唐詩人、あるいは明代復古派の何景明（仲默）、李于鱗、王世貞（「元美」）が作った「格調」を重んじる詩風であった。[36]

右のように、周南は徂徠の古文辞学を正面から受け止め、「芙蓉白雪の色」を持つ詩文を作ることができた。それゆえに、通信使と筆談をしていた時、彼は簡潔に古文辞学的な詩文観を敷衍したことがある。[37] そして、周南はその議論を踏まえ通信使に対して、「現在、御国では、流行っているのは、唐宋の文学であろうか。それとも、明代諸子の文学であろうか（今之盛者、在唐宋耶、在明諸子耶[38]）」という質問をした。だが、通信使からの答えはなかった。

にもかかわらず、明代の李王の詩文を尊ぶ古文辞学の展開という観点から見れば、『問槎畸賞』から次のような意義が読み取れよう。まず、『問槎畸賞』では、一番重要なのは、やはり、両方の詩作に対する徂徠が加えた批評である。というのも、その批評はその詩論を表現しているだけではなく、日本内部に存在するほかの党派の詩人に対する挑戦の意味をも持っている。徂徠たちが特に意識している相手は木門の詩人であろう。(39) 徂徠と木門詩人とは友人でありながらも、ライバルでもある。このように、徂徠の門人たちが通信使と筆談・唱和している時は、その「党」としての繋がりとその文学的特質を強調している。この意味で、『問槎畸賞』は古文辞学の学派成立の宣言書という面を持っている。この点と関連して、すでに指摘されているように、『問槎畸賞』の出版は、成立したばかりの徂徠の私塾の宣伝も兼ねていたのであろう。(40)

さらに、『問槎畸賞』にも収録された入江若水宛の書簡によれば、朝鮮が「吾猿面王」（豊臣秀吉）に負けたので、「文」で日本を凌ぐために、特別に優秀な詩才を持つ人を通信使に選抜して来日させたのだと、徂徠は見ている。(41) そもそも、朝鮮王朝の「文」が優れていることは、江戸時代の文士たちの共通認識ともいえる。徂徠はむろん、それを認めている。徂徠から見れば、朝鮮の「文」が優れた原因は、朝鮮は中国の春秋戦国時代の晋・楚のような大国に挟まれた鄭国のような小国なので、外交辞令といった「文」の要素を特に重視していることであった。(42) しかし、既述のように、徂徠は「芙蓉白雪の色」を持つ徂徠学派の擬盛唐詩は通信使らが作った宋調的な詩より優れていると、見ている。このように、『問槎畸賞』からある種の詩文論による徂徠の自負、すなわち朝鮮に対する日本の「文」における優越意識が読み取れる。そうであるから、彼は通信使にその詩文が評されて有頂天になっている日本文士を嫌っていた。(43) しかし、通信使は彼らの文学に対して、それほど関心を持っていなかったようである。実際、正徳元年来聘した朝鮮通信使の日記などを見ると、趙泰億の『東槎録』には「次贈周南平孝孺」という詩が載せられている以外、(44) ほとんど徂徠学派に関する記述は見当たらない。

にもかかわらず、徂徠自身とその弟子たちの明代古文辞派の文学論を継承する意識から見れば、徂徠は徂徠一門が日本だけではなく、漢文圏全体において、重要な一席を占めようとする望みを持っていることも窺えよう。こうした古文辞学的な文学論から生じた優越意識はまた、東アジアの漢文学史上、日本文士が朝鮮詩文に対して軽蔑の目で見ながら、日本の「文」に対する自負を持つようになる転換点といえる。実際、『問槎畸賞』が刊行された一年後、徂徠は「日本の文章は私が再興することを待っているのであろう（大東文章竢我以興）」と述べている[45]。こうした自負と期待を有しながら、彼らは享保四（一七一九）年に来聘した通信使節団を迎えた。

二　徂徠学派文士と享保度朝鮮通信使――『客館璀粲集』『信陽山人韓館倡和稿』をめぐって

この節では、享保四年に来聘の享保度通信使団の制述官たる申維翰（号は青泉）をめぐって、徂徠学派文士と朝鮮通信使との筆談・唱和を考察する。

まず、尾張の藩士である木下蘭皐は徂徠学派の一員である[46]。享保四年の時に通信使を接待して『客館璀粲集』という筆談唱和集を残した。通信使の帰りに、蘭皐は再び申維翰と会った時、徂徠の古文辞学について、紹介した[47]。その文によれば、前回の正徳度朝鮮通信使が来た頃とは異なり、徂徠の学説はすでに日本では相当に流行っていた。申維翰が聞いた後も、李朝の文士が「儒道」を尊ぶゆえに、その文には「宋習」を持っていることと、「王・李の文」を専攻する人はかなり少ないというような説明をした[48]。だが、彼自身はその少数派の一人といえる。というのも、李瀷が申維翰の著作たる『青泉集』「序」において、申維翰について、その「文」は「弇山稿」と『並驅の意』を持ち、その「詩」は「李于鱗」を「準」としていると述べている[49]。実際、申維翰の文集は、時には徂徠学派文士の文集を思わせる。ほかの享保度通信使と比べれば、申維翰はたしかに李・王の学に対して比較的深い理解をしている。彼は当時、「李・王を模して文名を博し」た朝鮮の古文辞派の代表者ともいわれている。[50] それなのに、彼の『海游録』には、徂徠は言及されていない。

しかし、申維翰は蘭皐との筆談において、蘭皐の贈った詩文に対して、「お会いするまでに、先に仙人篇を得て、古調あることを驚き、この作者は漢音を知ることを疑った。お会いしてから、お言葉を聞くと本当だった（未見足下先得仙人篇、絶驚有古調、疑其曉漢音。而及見之、聴其語言乃信然）[51]」と述べている。蘭皐はたしかに、「唐語」で通信使と会話をした。[52] そして、彼の詩には次のようなものがある。

玉京仙人御六龍、翺翔遠欲窮扶桑。
夜半東南日毬躍、大海涌動碎琳琅。
倏忽騁轡凌紫虚、朝餐石髄暮瓊漿。
両両神女吹風簫、雲間飄颻素霓裳。
俯観蓬莱五雲簇、少時停駕上高堂。
珊瑚宝玦輝玳筵、仙人解顔共壺觴。
左把芙蓉右弄芝、咳唾成丹薄玉床。
雲気聚散何容易、空望窈冥心欲狂。
願使吾輩生羽翼、翻跡長随崑崙岡。[53]

これは平声陽韻を押した擬漢魏古詩である。格調を重んじる徂徠学派の詩風をよく表現している。申維翰はこの「仙人篇」について、「漢音」を知る観点から、「古調」を持つことを褒めている。また、彼が蘭皐のために書いた「玉壺詩稿序」にも「その言は華語を用い、その読書は華音を用い、その志は華人を慕う（其言用華語、其読書用華音、其志慕華人）」と述べている。[54] これは実は、華から夷を視るような態度でなされた評価であり、申維翰が持つ「小中華意識」を表している。

実際、蘭皐との筆談において、申維翰は日本文士の「唱和筆談」の「文理脈絡」にわかりにくいところが多いことや「声律」が習熟していないことなど、その原因を彼なりに説明している。[55]この点について、『海游録』で、彼はより詳しくその意見を披露している。その意見によれば、日本の文学の情況は当時の朝鮮と比べればよりよいし、当時の日本には科挙がないゆえに、日本文士の批評の目は鋭いが、日本語と習俗の影響によって、その詩の声律には間違いが多く、語順がよく転倒していた。[56]

だから、彼は蘭皐の「仙人篇」を褒めても、『海游録』の中で徂徠学派の文学主張についてほとんど言及しなかった。[57]とはいえ、申は、「日本における漢文を学ぶ人は、みな『唐宋八大家文抄』を専らに尊び、それで漢文を習う。……たまに書信で伺いに来た人がいうには、明代の王世貞と李攀龍らを、欧陽修と蘇東坡と比べれば、どちらが優れているかと云々、彼らには、明代文人を学ぶ人は未だ見たことがない」と述べている。[58]この文は、木下蘭皐、あるいはほかの徂徠学派文士のことをいっていると推測できる。ただし、「明代文人を学ぶ人は未だ見たことがない」という申の発言はかなり疑わしい。というのも、既述のように、木下蘭皐との筆談において、蘭皐からすでにその師たる荻生徂徠が明代李・王の学を尊ぶことを伝えられたはずである。さらに、申との筆談において、蘭皐は、李・王など明代古文辞派の文学にふれている。[59]そうであれば、なぜ申維翰は明代の李・王など七子の詩文を尊ぶ徂徠学派詩論を無視したのか。

この疑問と関わり、申維翰は木下蘭皐らがどれほど「漢音」「古調」を知っていたかについて、おそらく疑問を持ったはずである。実際、彼は朝鮮に帰ってから書いた『海游録』で、その疑いと推測を表明した。彼は日本文士が直接に対面の時に唱和する詩と事前に作っておいた詩稿との間にはかなりの差があることに気づいた。例えば、前述の蘭皐の「仙人篇」は事前に作っておいた詩作である。申の推測によれば、それは日本の文士が朝鮮では見ることのできない清朝順治以後の中国江南才子の詩作を模倣・剽窃したものかもしれない。[60]これは合理的な疑いといえよう。しかし、朝鮮通信使が詩を作る速さと格律の正確性などを重んじるのに対して、徂徠一門の文士はより詩の格調の問題を重視している。そして、格調を持つ詩はもとより模倣と剽窃の技法を使うのであろう。にもかかわらず、李・王の学にも共鳴する申維翰が十八世紀日本漢文学の発展を、中国の江南才子の詩文の剽窃だと理解している。これはおそらく申維翰の「小中華意識」に基づいた判断である。そして、こうした判断によって、朝鮮と日本における李・王の文学の擁護者が出会ったにもかかわらず、さらなる文学交流ができなかった。

徂徠から見れば、朝鮮が特に詩ができる人才を外交使節として選んで来日させたことは詩賦外交という漢文圏の伝統たる「古道」に相応しい[61]。おそらく、徂徠は彼個人の学問の成熟に従い、こうした伝統に対する意識から、過去の競争心（「客気」）を抑え、より正面から通信使との唱和の意義を理解したようである。つまり、徂徠にとって、通信使はただ、詩文を競うライバルだけではなく、「晁卿の交」（盛唐期、阿部仲麻呂と李白、王維などの中国詩人との交流）を実現する相手でもあった。

実際、徂徠の弟子たる春台もこのような「古道」の観点から朝鮮通信使との漢詩外交を見ている。中維翰をはじめとして、享保四年に来聘した朝鮮通信使団は江戸に来た時、岡嶋冠山という徂徠学派周辺の人と筆談・唱和したほかに、徂徠の弟子たる春台、「石叔潭」（石川大凡）、「須渓秋子師」（秋元澹園）、「原泉稲有伯」（稲富原泉）らと、東本願寺において筆談と唱和を行った。そのとき春台は、『信陽山人韓館倡和稿』[62]という著作を遺した。その『倡和稿』に記載された筆談によれば、春台は、徂徠に従い、「古文辞」を学ぶことを表明している。しかし、その序言によれば、当日、申維翰とほかの三名の書記官は林家儒者と会うために、彼らとの筆談の時間を短くして簡単に済ませ、その場で唱和することはできなかった。これは彼らにとって、不愉快な経験であった。そのために、春台は芳洲に託して、すでに作った古詩と五篇の「序」を書き、使節団のメンバーに送った。そのうちに、春台が申維翰に送った「奉送朝鮮製述青泉申公序」という文章がある。朝鮮通信使と唱和した日本各地の文士の多くは彼らが詩を作る速さ

（「善詩与其敏捷難當」）を称賛しているのに対して、春台によれば、古代中国の礼楽政治の視点、「賦詩言志」という伝統においては、外交の場における「賦詩」は主として「雅頌の言を誦む」べきであり、詩作の多さと速さなどを競争するのではないはずである[63]。春台はこうした観点から通信使が現場で、その詩を唱和しないことに対して遺憾の意を表した。

さらに、春台は「奉送朝鮮従事記室菊渓張公序」において、通信使節団に、「吾党の士」（徂徠学派）は「先王礼楽」の習得者と伝承者であることを表明し、また、日本と朝鮮は同じく「先王同文の治」を受けていることを主張している[64]。春台はこうした考えを踏まえ、ある種の漢文文化圏の発想を表明しただけではなく、「先王礼楽」を習得した「吾党の士」の文学の重要性を主張している。右のように、通信使と交流経験を持つほかの徂徠学派文士と比べれば、春台の発言の特徴はこういう彼が持つ「先王礼楽」の知識に対する自負といえよう。こうした自負から、春台は日本人にとって、漢文で書かれた「先王礼楽」の学びは可能であるだけではなく、それを実践して徳川日本の風俗を改めれば、徳川日本の民を「三代の民」に変えることさえ可能だと考えている[65]。

ともかく、徂徠学派の文士は江戸と尾張（名古屋）などで、享保四年に来訪した通信使と筆談、並びに詩文の交換などをしていた。ただ、前回と異なり、彼らは古文辞学を強調して宋学を批判しただけではなく、「賦詩言志」という伝統の視点から通信使の詩文を見るようになっている。このことは実は、徂徠学派の学問の漢詩文学としての古文辞学から「礼楽」（経学、政治学）への展開と並行しているともいえる。しかし、三代の詩賦外交という伝統はいかに理解すべきであろうか。そのポイントは交流（「和」）の面にあるのか、それとも競争の面にあるのか。その理解にはやはり個人差があると思われる。

実際、徂徠がいう「晁卿の交」もまた、弟子たちが阿部仲麻呂のように、国際交流の場において、「文」の能力によって評価されるための励ましの言葉といえる。外交はたしかに、日本の文士がその才能を発揮できる少数の分野の一つであろう。徂徠一門は外交分野で、その才能を貢献しようとしている。次に述べるように、萩藩に仕える周南とその弟子たちはそういう機会に恵まれていた。

三　徂徠学派文士と寛延度朝鮮通信使――『長門戊辰問槎』『来庭集』をめぐって

寛延元（一七四八）年、朝鮮通信使がほぼ三十年ぶりに、来訪した。例のように、萩藩の儒者たちは赤間関で通信使を迎えて筆談、唱和をした。この時、『長門戊辰問槎』という書が編纂された。それによれば、筆談において、製述官の朴矩軒は周南の弟子たる山根華陽との間に、申維翰の近況、その唱和詩の出版情況などについて、情報を交わした[66]。彼はまた、同じく周南の弟子たる小田村鄜山に、日本に来る前にすでに申維翰に日本の「文華」情況について窺ったが、三十年が過ぎたので、現在、誰が学界の牛耳を取っているか、新井白石の門人は活躍しているかといった質問をした[67]。鄜山は次のように答えている。

四十年前、荻生徂徠という学者がいた。彼は復古の学で日本の文壇をリードしてきた。彼に従う門人は多くいたが、その中で、江戸には服部南郭と太宰春台がいて、わが藩には山県周南がいる。みなは経学と文章の精髄を理解している[68]。

鄜山の目から見ると、当代文学の風雲児は当然、徂徠学派の文士たちである。しかし、こうした答えを聞いた後、朴矩軒は徂徠学派の学問を理解する気がなかったようで、さらに進んで質問をしなかった。とはいえ、後述のように、それ以後の旅程に伴い、江戸で、松崎観海らとの筆談によって、徂徠の学問に関わる認識を深めていく。

右の引用文ではもう一つの注目すべきところがある。それは南郭と春台を代表とする一般的な徂徠学派論とはやや異なり、自らの師である周南を徂徠の「復古の学」を継承した重要メンバーとして強調したことである。しかも、華陽が指摘しているように、徂徠学が勃興した後の日本では、「文柄」を握る人物は南郭と春台と周南など二、三人だけで、その中で政治に関与できる人は実は周南だけであった[69]。周南はたしかに、積極的に萩藩の教育と外交に携わっていた。彼の弟子と孫弟子たちも、通信使の接待役などとして活躍していた。そして、徂徠の孫弟子世代になると、李・王の文章だけではなく、徂徠と周南の文章それ自体が模倣の対象になった。例えば、小田村鄜山は「済庵李公案下」という詩に、「三韓仙使木蘭舟、錦纜牙檣紫気流」と詠み、李攀龍が愛用する「紫気」だけではなく、周南が使った「木蘭舟」をも使っている[70]。あるいは山根華陽は「祥雲護送木蘭船[71]」、「泱映何者表東海、唯有芙蓉白雪浮[72]」とも詠んでいる。このように、「紫気」「木蘭舟」、あるいは「芙蓉白雪」などの表現は徂徠学派文士が作った漢詩に頻出する。この面から見れば、古文辞学がいかに徳川の外交に関わっていたかが窺えよう。

一方、太宰春台の弟子で、篠山藩に仕えた松崎観海も、寛延度の朝鮮通信使と筆談・唱和をして、『来庭集』という著作を残した。彼は通信使たちに、徂徠と春台の著作を推薦して、お読みになったかと窺ったが、書記の李済菴は「すべて読んだ（得尽見之）」と答えてごまかした[73]。だが、実際は読んだはずがないので、観海は、別の日に再会した時、李・王の詩などについて意見を交わした後、もう一度問うた。今回は、李済菴は春台の著作や徂徠の『弁道』『弁名』を読んだことがないと認めた。それによって、観海は対馬の以酊庵長老の僧承堅を通じ、徂徠の『弁道』『弁名』を通信使に送ると約束をし、古文辞学による宋学批判を展開している。だが、学問方法論としての古文辞学が「陸王」の思想とは異なっているのに、寛延度の通信使たちはやはり徂徠を、伊藤仁斎とともに、王陽明のような異端と捉えている[74]。それに対して、後に、観海が李済菴に宛てた手紙で、観海は差異を重んじる徂徠の道論を踏まえ、「人はみな自ら見たところを道としている（人人各以所見為道）」といい、ある種の相対主義的な立場から、通信使が持つ原理主義的な思惟を戒めている[75]。さらに、「本朝の美」を紹介する立場で、経書読解の方法としての古文辞学を詳しく紹介した[76]。

このように、寛延度の通信使たちは、徂徠学派の文士らとの筆談や手紙のやり取りのほかに、理学者らとの筆談などを通して、ようやく徂徠学派の存在に気づき、朱熹の経学に挑戦しようとした古文辞学に対して、興味を持つようになっている[77]。それによって、後述のように、次の宝暦度の朝鮮通信使になると、すでに徂徠学派について、ある程度の予備知識を持つようになり、さらなる資料収集をもしようとした。

四　徂徠学派文士と宝暦度朝鮮通信使――『長門癸甲問槎』をめぐって

四回目に宝暦度の朝鮮通信使と会った萩藩の山根華陽は、古文辞学の視点から、通信使の詩は「蘇東坡と黄庭堅といった末の流れにおける優れたもののみ（蘇黄末派之雄耳）」と評しただけではなく、経書読解の方法としての古文辞学の展開によって生産された儒教思想（経学説、道論）の視点からも、通信使たちが「性理」を専ら主張し、文の「達意」だけを重んじることを見下している[78]。さらに、同じく周南の弟子たる滝鶴台は漢詩文学としての古文辞学だけではなく、徂徠の学問方法論、およびそれによって展開された徂徠の「復古の学」（経学説、道論）など、徂徠学をめぐって通信使たちと議論をしていた。

まず、滝鶴台は、「その学は古経を宗として註解に依らずに、古言を以て古経を証する（其学宗古経而不據註解、以古言証古経）」という徂徠の態度と方法を説明している[79]。それに対して、書記の元重挙は「程朱を篤く信じようとしないものはみな異端である（不欲篤信程朱者皆異端也）」という意見で応じた。これに対して、滝鶴台は「お諭しは謹んでお受けいたす（謹領明諭）」と答えただけである[80]。こうして、宝暦十四（一七六四）年十二月二十九日会席での徂徠学をめぐる議論は暫く一段落した。しかし、後に滝鶴台は通信使に宛てた書信で、「聖人の道」に基づき、先に述べた松崎観海と同じく、ある種の差異を重んじる相対主義的な立場から[81]、「同を標し異を伐つ（標同伐異）」「中国を貴び夷狄を賤しむ（貴中国賤夷狄）」を務めとする原理主義的で中華中心主義的な理学に対して、批判を加えた[82]。

それに対して、通信使はその返信に、「小華三客」と自称したほかに、陰陽という自然の道理から、朝鮮が明代から継承した中華主義を弁解している[83]。

それから、滝鶴台は翌年五月二十一日に、帰国途中の通信使と赤間関で再会し、漢詩の唱和と筆談を行った。この時、徂徠学に関わる議論が再開された。まず、元重挙は「日本の文運は日々に開く。古人の話によれば、天気が北より南にするものである。ここにおいて験がある。ただし現在流行っているのは、大抵明代儒者の王世貞と李攀龍の余弊である。荻生徂徠はそれを唱えて起こした咎めを実に受けるべきである」と述べ、徂徠学は「世道の害」だという ような意見を矢継ぎ早に披露している[84]。また、成龍淵も徂徠の文学才能を認めながらも、その儒教学説を怪しいと認識している[85]。こうした通信使たちの徂徠論に対して、滝鶴台は、「主一無適」など多くの実践方法を唱えた理学と異なり、徂徠の教えには「敬天守礼」のほかに、別の「操存実践の法」がないと説明している[86]。

さらに、滝鶴台は、徳川日本の制度は李氏朝鮮と異なる代わりに、三代と同じく、「封建の治」なので、理学を試験内容とする科挙がないのみならず、郡県制度でもないから、理学はそのまま適用できない、と主張している[87]。彼はこうした制度の差異に基づく視点から、通信使たちに、自分が「宋後之学」（宋学）を捨てて、「古学」に努める理由を説明している[88]。つまり、滝は通信使たちに、理学は普遍的教えのようであるが、実は特定の制度と時代などに制限されていることを教え、さらに制度などの差異を認識してから、徂徠学の当否を評価すべきだと、勧めているのである。しかし、通信使の南秋月はやはり、道徳原理主義的な視点から、三代でも「人道精微」「孝弟忠信」を教えとして、後世と変わらない、と反論した[89]。この南秋月の答えを受け止め、滝鶴台は最後に国が治まればなによりであり、こうした「学術異同」を争う必要はないだろう、とこの議論を終えた[90]。

このように、滝鶴台と朝鮮通信使たちの徂徠学をめぐる議論は相対主義に基づく多文化主義者と原理主義者、普遍主義者と間の論争にも似通っている。互いに妥協できる結論が得られないのは当然である。本節では、特に滝鶴台の思考に注目したい。右に見てきた滝の思考は普遍的な価値を認めない相対主義と理解できる面を持っているが、原理主義的な理学よりも、社会制度などの制限および多元性と差異を認める「聖人の道」のほうが普遍性を持つと主張している。これは古文辞学の展開によって生れた思想遺産だといえる。滝鶴台は徂徠からこうした重要な思想遺産を継承した。しかし、既述のように、こうした歴史、社会、文化の相対性（特殊性）を重視する発想に、競争意識を加えると、日本優越論にも発展していく。それだけではなく、そういう発想を踏まえて、さらに内部における同一性を求めれば、ナショナリズムにも転じやすい。これも多分、徂徠学が国学などの媒介で日本優越論ないし近代日本のナショナリズムの展開に繋がる一因といえよう。

右に見てきたように、滝鶴台から見れば、格調を持つ日本の詩文が宋調的な朝鮮通信使の詩文よりすばらしいだけではなく、封建の世たる徳川日本は三代のような時代だという見方を持つようになっている。実際、滝鶴台の師たる周南は、「礼」はまだ制定されずに、多くの「軍国の制」を延用しているが、「封建の制は三代以来、この太平の世より整っている時代はない（封建之制、三代以来、莫整於昭代）」と述べている。[91] また、滝鶴台も師として仰いだ南郭は、「現在、国家は封建の制により、礼譲和楽、三代の俗に近い（方今国家依封建之制、礼譲和楽、幾乎三代之俗）」とした。[92] 観海も現在の日本は「三代と比べて、より盛んだ（比盛三代）」という認識を持った。[93] 滝の思考はこれらの徂徠学派文士たちが提出した考えを踏まえているのであろう。指摘されているように、このような見方は十八世紀中期において、徂徠学派だけではなく、次第に一般の知識人も持つようになっていた。それは結局、日本人の人柄のよさを強調するという日本特殊論と日本優位論を導いた。[94] このように、徂徠学派の文士は「三代」の「聖人の道」と宋学を歴史のコンテクストにおいて相対化したが、「三代」の「聖人の道」を価値的に優越していると認めたうえに、当代日本（徳川日本）と「三代」との近似性まで主張するようになっている。その結果として、現状を肯定して日本優越論が生れたのである。

一方、朝鮮通信使は滝鶴台らとの筆談と唱和を通し、より徂徠学を知るようになっている。彼らは徂徠学に対して批判的な立場を取っているにせよ、刺激を受けている。後に、通信使と実際に筆談を行った滝鶴台は「海外の華人」[95]として評価されただけではなく、徂徠は「海外の傑士」とも評されている[96]。しかも、すでに指摘されているように、その刺激は朝鮮における清朝の詩文と学問への興味と吸収に繋がっていく[97]。しかし、本書が特に注目したいのは、右に検討した享保度通信使の申維翰だけではなく、宝暦度通信使らも日本の「文運」（「文明の運」）が盛んになった重要な一因を、長崎から輸入された漢籍に見ていることである[98]。こうした見方は、夷狄日本を「文明」に導く原動力は日本人の人柄に基づく日本特殊論ではなく、むしろ漢学の知識だという意識を表している。それだけではなく、その見方には朝鮮を通さなかった日本の文明化に対する驚きと警戒、および海外貿易と南方中国（海洋中国）に対する憧憬が窺えよう。

（1）秋元澹園編『問槎畸賞』（『問槎二種』〔国会図書館所蔵本〕所収本、一七一一年）上巻、二〇丁表。

（2）王世貞『四部稿　三』百四十四巻、四〇三頁。また、王世貞は「復将飄零闘白雪」という詩をも詠んだ（『四部稿　一』十八巻、二二八頁）。

（3）『徂徠印譜』（東北大学狩野文庫所蔵本）を参照。

（4）徂徠とその弟子たちはその文集に、よく「吾党の士」と称し、ある種の文学党派の意識を持っている。それゆえ、本書はその「党」を「徂徠学派」と捉えて議論を進める。

（5）日本文学史ないし日本思想史関係の著作には、よく「文人」という表現が使われているが、それは主として、「儒者」と対立して、私的文学空間に関わる隠逸性や反俗性などの性格の人を指す表現として使われている（例えば、中村幸彦『中村幸彦著述集　十一巻』中央公論社、一九八二年、三五七頁、三七五―三七八頁）。それに対して、本書では、「文人」よりも、朝鮮通信使と徳川時代の日本知識人がともに使用していた「文士」という表現を使う（例えば、荻生徂徠「贈対書記雨伯陽叙」『徂徠集』巻十、一〇三頁、および申維翰『海游録』（『海游摠載第一輯』、朝鮮古書刊行会、一九一四年）三三九頁など）。実際、朝鮮使節団に参加する人々はみな文才を持つ人ではないし、使節団に詩を乞う者の多くもそれほど詩文を作る才能を持つ人間ではなかったはずである。それゆえに、本書の検討する範囲は文才を持つ使節と徳川日本の知識人に限定する。

（6）徂徠は、「聖人用教之邦、而鞠為胡土、文之与時乎、闇芴幾乎熄。其衰也若斯。其甚矣乎。夫有低必昂、詘乎彼伸乎此。……不過十年、文其将大萃於吾東方耶」（「二火弁妄編序」『徂徠集』巻八、八〇頁）と述べている。

（7）滝鶴台『長門癸甲問槎』（国立公文書館内閣文庫所蔵の長門明倫館刊本、一七六五年）、巻下を参照。

（8）申維翰は「周公我師、孔孟我儀、洛閩我先導、是我亦中国人也。……使吾而詩書中国、衣帯中国、泱泱乎大風也者、自箕聖之東封肇焉。与我明　高皇帝光天之寵未衰、中国有聖人、礼楽征伐自天子出。不然者、天下以春秋之柄、不与中国而与東方也。章章哉」（「送李東望之燕序」『青泉集　標点影印韓国文集叢刊二〇〇』巻四、景仁文化社、一九九九年、二九七頁）と述べている。

（9）申維翰は「不以文用人、亦不以文為公事」（「附聞見雑録」『海游録』三四二頁）と述べている。

（10）徂徠は「学校者治之本也、儒者之事也」（「県先生八十序」『徂徠集』巻九、九五頁）と述べている。

（11）徂徠は「故当今之世、文士之用其材亡已乎、則外交耳」（「贈対書記雨伯陽叙」『徂徠集』巻十、一〇三頁）と述べている。

（12）荻生徂徠「贈対書記雨伯陽叙」『徂徠集』巻十、一〇三頁。

（13）申維翰「附聞見雑録」『海游録』三三九頁。

（14）山県周南「送万倉国子使東都序」（『周南先生文集』、国立公文書館内閣文庫所蔵本）、一七五五年、巻之五、二丁裏。

（15）朝鮮通信使と日本文士との間の筆談と唱和に関する研究は枚挙にいとまがないほど多い。本書にとって、李元植の『朝鮮通信使の研究』は最も基礎的な研究になっている。なお、本書の議論に関連する論考として、多田正知「蘐園学派と韓客」（『漢学会雑誌』第四巻第一号、一九三六年）がある。この論文は第八回から第十一回までの朝鮮通信使と徂徠学派との交渉を詳細に検討しているので、大いに参考になるが、本書と問題意識が異なっている。そのほかに、夫馬進教授の一連の研究がある（「朝鮮通信使による日本古学の認識――朝鮮燕行使による清朝漢学の把握を視野に入れて」『思想』第九八一号、二〇〇六年、「一七六四年朝鮮通信使と日本の徂徠学」『史林』八九（五）、二〇〇六年など。後に『朝鮮燕行使と朝鮮通信使』〔名古屋大学出版会、二〇一五年〕に収録）。夫馬教授は朝鮮通信使と燕行使との関係に注目して、日本の「古学」を清朝の「漢学」（清朝考証学）に類似する学問と理解したうえで、主に経学の視点から十八世紀における朝鮮通信使と日本儒者との交流、および通信使の「古学」認識などを検討した。それに対して、本書は夫馬教授が立ち入って検討しなかった徂徠学派の文学に焦点をしぼっている。なお、張伯偉教授は「漢文学史上の一七六四年」（『風起雲揚――首屆南京大学域外漢籍研究国際学術研討会論文集』中華書局、二〇〇九年、八五―一二〇頁）という論考を発表した。この論文は本書と同じく漢文学史の視角から日本文士と通信使との競争を検討するものであるが、張教授が取り扱った対象は主として一七六四年度の甲申通信使節である。しかも、張論文の核心論点は甲申通信使節の日本文士に対する高い評価が朝鮮文壇の日本文学に対する見方の変化に繋がり、また彼らの清代文学の価値に対する認識にも連動していることである。このように、夫馬教授と張伯偉教授は同じく、清朝中国の学問に対する認識という観点から議論を展開したのに対して、本書は、日本における古文辞学の展開という視点から議論を進める。

（16）吉川幸次郎「徂徠学案」七〇三頁。

（17）鄭英実「朝鮮後期知識人と新井白石像の形成――使行録を中心に」（『東アジア文化交渉研究』第四号、二〇一一年）、七九―九五頁。

（18）荻生徂徠「与県次公四」『徂徠集』巻二十一、二三三頁、および「与江若水四」『徂徠集』巻二十六、二七五頁。

（19）『七家唱和集』に収録された七人の詩集は、室鳩巣『朝鮮客館詩文稿』、三宅観瀾『支機閒談』、木下菊潭『班荊集』、服部寛斎『桑韓唱酬集』、雨森芳洲『賓館結貯集』、土肥霞洲『桑韓唱和集』、祇園南海『正徳和韓集』である。

（20）杉田昌彦「『問槎畸賞』の序跋について」（『季刊日本思想史』第四十九号、一九九六年）、七七頁。

（21）荻生徂徠「与県次公四」『徂徠集』巻二十一、二二三頁。

（22）荻生徂徠「与県次公五」同上、二二四頁。

(23) 荻生徂徠「春日懐次公二」『徂徠集』巻三、三三頁。

(24) 荻生徂徠は「亦置諸盛唐中、雖有巨眼、不復易弁識矣」(「与県次公五」『徂徠集』巻二十一、二二四頁)と述べている。

(25) 徂徠は『問槎畸賞』の篇首に、「予嚮所謂芙蓉白雪之色、自堪遠人起敬已。……仮使謫仙来此、将謂晁卿尚在」(上巻、二丁裏)と述べている。

(26) 『問槎畸賞』上巻、三丁表。

(27) 同上。

(28) 徂徠は「似工却醜如宋人、面目可憎」(同上、九丁裏)と述べている。

(29) 同上。

(30) 「附県生答徠翁書」『問槎畸賞』下巻、二十八丁裏。

(31) 「濯纓滄海扶乘諸、冠冕近天多瑞暉。紫気東南星宿指、浮雲西北帝郷帰。大才司馬堪辞命、経術寛饒布徳威。遥憶平台分簡日、遠遊雄賦和章稀」。

(32) 『問槎畸賞』上巻、十二丁表。

(33) 同上、十二丁裏。

(34) 同上、十三丁裏。

(35) 同上、十九丁表。

(36) 安藤東野も正徳度の朝鮮通信使と詩文を唱和していた。彼の詩に対して、徂徠はよく「元美妙句」と評している(『問槎畸賞』中巻、五丁)。

(37) 周南は「六経古史而降、歴代之文、先儒具有評論。唐宋之間、文学益盛、良工巨匠、比跡輩出、其中詩有李杜蘇黄、文有八大家。……迄至明時、有四傑者出焉、専以古文為号、王李為盛。風格体裁非復四子八家之旧、而英発超邁、巍然卓出。又袁中郎、鍾伯敬之徒、自撰規則、別建一家、以不践前古之跡為美」(『問槎畸賞』上巻、五丁)と述べている。

(38) 同上。

(39) 周南は「奉呈芳洲詞伯二首」に、「錦里文壇気似虹、相望諸子悉英雄。即今隆運光華遠、振起東方大雅風」と詠んでいる。その注には「木下順庵嘗称錦里」とある（同上、二十六丁表）。
(40) 杉田昌彦、前掲論文「『問槎畸賞』の序跋について」八六頁。
(41) 荻生徂徠「徠翁答江生書」『問槎畸賞』上巻、三十五丁表、三十六丁裏。
(42) 徂徠は「韓北接匈奴、西連壌華夏、其介乎二大国、猶之春秋鄭乎。鄭以辞命、韓亦以辞命、其人嫺於文也」（「贈書記雨伯陽敘」『徂徠集』巻十、一〇三頁）と述べている。
(43) 徂徠は「晁卿之雄与謫仙摩詰相頡頏、距未千歳、迺至憚此輩、為何其衰也」（「徠翁答江生書」『問槎畸賞』上巻、三十五丁表）と嘆いている。
(44) 趙泰億『東槎録』（辛基秀・仲尾宏編『大系朝鮮通信使　第四巻』明石書店、一九九三年）、一〇三頁。
(45) 荻生徂徠「与県次公第二書」『徂徠集拾遺』四〇七頁。
(46) これについて、高橋博巳「尾張の詩人木下蘭皐」（『金城学院大学論集国文学編』第三十号、一九八八年）、二二三頁を参照。
(47) 原漢文は「東都有徂徠先生者、夙務古文辞之学、非姫公宣父之書不渉於目、非左馬班楊之策不発于筍、非騒選李杜之篇不歴于思。蓋斉功於明李献吉矣。先生嘗謂文章之道達意修辞二派、発自聖言。其実両者相須、非修辞則意不得達。故三代時二派未嘗分別也。東京偏修辞、而達意一派寥寥、六朝浮靡至唐而極矣。故韓柳以達意振之、宇宙一新、至欧蘇又衰、降迨元明再極矣。時有出李于鱗王元美者焉。専以修辞振之、一以古為則、可謂大豪傑矣。故評隲西京下文人、唐取韓柳、明取王李、為是故也。余遊其門、受其書読之、甚驩。今者執簡之士、莫不趨風而宗之矣。貴邦文華之隆、幾不譲中国尚矣。今之操觚之家、法宋元之旧耶、在明世諸家」（木下蘭皐編『客館璀粲集』〔国立公文書館内閣文庫所蔵本、一七二〇年〕、後篇、十丁表と十丁裏）である。
(48) 『客館璀粲集』後篇、十一丁裏、十二丁表。
(49) 申維翰『青泉集』（『標点影印韓国文集叢刊　二〇〇』）、二一五―二一七頁。なお、朝鮮における明代古文辞派文学の受容について、多田正知、前掲論文「蘐園学派と韓客」五一―五七頁を参照。

（50）同上、五三頁。
（51）『客館璀粲集』後篇、十三丁表。
（52）『客館璀粲集』前篇、五丁裏。なお、同文によれば、木下蘭皐は岡嶋冠山から漢語を学んだのである。
（53）同上、二丁表、「附聞見雑録」『海游録』三四三頁。
（54）申維翰「玉壺詩稿序」『蘭皋先生玉壺詩稿』（木下貞貫編、国立公文書館内閣文庫所蔵本、一七三九年）。ちなみに、徂徠学派文士は尾張で、蘭皐のほかに、朝比奈文淵も通信使と筆談、唱和をした。また、『蓬島遺珠』（国立公文書館内閣文庫所蔵本、一七二〇年）を著した。文淵は同じく、申維翰との筆談において、岡嶋冠山について、唐語を学んだことに言及している。このように、木下蘭皐と朝比奈文淵にとって、「唐語」（「華言」）で通信使と会話を試みたことは人生の中で特別に記載すべきことになっているようである。ちなみに、『尾張名家誌初編』にはこの二人について「華言」で通信使を接待した事績が記録されている。これについて、高橋博巳、前掲論文「尾張の詩人木下蘭皐」二四頁を参照。
（55）『客館璀粲集』後篇、十三丁表。
（56）申維翰は「国中書籍自我国而往者以百数、自南京海賈而来者以千数。古今異書百家文集刊行於闤闠者、視我国不啻十倍。彼其好文者、以本品聡敏之性、無科挙剽窃之累、而熟習専領。窮極其功、如蠹魚食字而眼明、所以吐論古事、評隲能否、有曰如此者為漢、如此者為唐為宋云爾。則所見之的確、或庶幾於能言之士。而使之歌行律語、即平仄多乖、趣味全喪失。為我国三尺童子所聞而笑者。使之為記序雑文、則亦盲蛇走蘆田、法度与詞気無一可観。是豈人才有定限而然哉。其土風与政教有以拘之也」（「附聞見雑録」『海游録』三四二―三四三頁）と述べている。
（57）申維翰は『海游録』で、木下蘭皐と朝比奈文淵以外、徂徠学派周辺の文士たる入江若水の詩に対して、「差有小致」（二五一頁）と評している。ただし荻生徂徠と太宰春台などほかの重要な代表人物に言及しなかった。
（58）原漢文は「日本為文者、皆以八大家文抄、読習専尚……間有人以書来問曰、皇明王李諸家、与欧蘇孰賢云云。而渠輩学習明人者、亦未之見也」（申維翰「附聞見雑録」『海游録』三四三頁）である。
（59）原漢文は「余於詩道、古必尚漢魏、近体必盛唐、且慕明李王等七子。未嘗学大暦以来倣西崑体者所為矣。元瑞云――「詩

歌之道一盛於漢、再盛於唐、又再盛明」。余謂確論也」（『客館璀粲集』後篇、十四丁表）。また、蘭皐と同じく徂徠学派の一員に数えられる朝比奈文淵は通信使との筆談でも、「詩学唯在盛唐、而中晩不敢取。況宋朝乎」と述べている。また、朝比奈文淵は「蘇黄」を「外道」と貶めて、荻生徂徠に師事したことを表明している（『蓬島遺珠』前篇を参照）。

(60) 申維翰は「日本人与余対坐酬唱者、率多粗疏、遁塞、語無倫序。或見其橐中私藁、時有一句一聯之最佳者、観席上所賦全是天壌。余意南京海賈毎以書籍来販於長崎島、故順治以後、江南才子之詩集多在日本、而為我人所以未見者。則彼或暗偸狐白、而取媚於秦姫者歟」（「附聞見雑録」『海游録』三四三―三四四頁）と述べている。

(61) 荻生徂徠「贈朝鮮使者序」『徂徠集稿』を参照。徂徠はこの文において、「申君」（申維翰）と会ったかのように書いているが、実際会わなかったと推測される。おそらくこの理由で、この文は『徂徠集』に収録されなかったのであろう。この点について、澤井啓一教授のご教示による。

(62) 太宰春台『信陽山人韓館倡和稿』（国立公文書館内閣文庫所収の写本、天明四年夏五月南畝子〔大田南畝〕が息偃館に写す版本）。なお、この唱和稿を検討した先行研究として、小島康敬「太宰春台と朝鮮通信使――『韓館倡和稿』を題材として」（『国文学――解釈と教材の研究』第四十六巻第七号、二〇〇一年）がある。

(63) 春台は「故春秋時朝会燕享賦詩者、率誦雅頌之言而已。今縦不然、豈以多為尚哉。則亦何取於捷給乎。此特闘技者、比賓傷楽之和、非礼之意也」（「奉送朝鮮製述青泉申公序」『信陽山人韓館倡和稿』）と述べている。

(64) 同上。

(65) 春台は「是則中州与我所異者俗習而已。言語文字皆学之可能。天之未喪斯文也、仲尼不我欺也。其或移風易俗、使斯民為三代之民、則有先王礼楽在焉、亦何難之有哉」（同上）と述べている。

(66) 草場允文『長門戊辰問槎』（萩市立萩図書館所蔵本、一七四八年）巻上、十七丁裏―十八丁裏。

(67) 同上、巻上、十二丁表。

(68) 原漢文は「四十年前有徂徠者、以復古之学独歩海内、従遊如雲。嚆矢其間、東都有南郭春台、我藩有周南。皆経学文章窺其藍奥」（同上、巻上、十二丁裏）である。

(69) 山根華陽『華陽先生文集』（萩市立萩図書館所蔵本、一七七〇年）、巻之六、一丁裏。
(70) 『長門戊辰問槎』巻上、十四丁表。
(71) 同上、巻上、十七丁表。
(72) 同上、巻上、二十一丁表。
(73) 松崎観海「初見筆語」（『来庭集』、国立公文書館内閣文庫所蔵本）。
(74) 松崎観海「再見筆語」（同上）。
(75) 松崎観海「与李済菴書」『来庭集』。
(76) 松崎観海は「然自非親得聖人而師之、則不得不由六経以明道。六経皆古書、古今書異辞。……故後世之士必見修古文辞、而後始能通古言」（「与李済菴書」『来庭集』）と述べている。
(77) 夫馬進、前掲論文「朝鮮通信使による日本古学の認識」『朝鮮燕行使と朝鮮通信使』一三一―一八頁。
(78) 山根は「余今覯韓使四修聘也。閲其所唱酬者、辛卯幕中李東郭已超乗矣。爾後此行、南秋月成龍淵亦為巨擘焉。然而皆操其土風、蘇黄末派之雄耳。……蓋韓土取士之法一因明制、廷試専用濂洛之経義、主張性理以遺礼楽、故文唯主達意而修辞之道廃矣。宜乎、弗能知古文辞之妙而列作者之林也」（『長門癸甲問槎』巻一、一丁表―二丁表）と述べている。
(79) 同上、巻一、八丁表。
(80) 同上、巻一、八丁裏。
(81) 滝鶴台は「而其国各有其国之道」（同上、巻一、二十四丁裏）と述べている。
(82) 同上、巻一、二十四丁表―二十五丁表。
(83) 通信使の返信には「天地至大、而不能不先陽而後陰。聖人至公、而不能内華而外夷。其或中国而夷其行、則夷狄之。夷狄而変於夏、則中国之」（同上、巻一、二十八丁表）とある。
(84) 原漢文は「日東文運日闢、古人所称天気自北而南者、斯有験矣。但恨目今波奔而水趣者、大抵明儒王李之余弊、而唱而起之者、物徂徠実執其咎」（同上、巻二、十二丁裏）である。

(85) 同上、巻二、十三丁表―十四丁裏。

(86) 成龍淵は「茂卿之誤人正坐在才太高、弁太快、識太奇、而其文華力量実有不可遽斥絶者。……其学術終不可与入堯舜之道而其文甚煒燁、有不可磨滅之気」（同上、巻二、十四丁裏―十五丁表）と述べている。

(87) 同上、巻二、十三丁裏―十四丁表。

(88) 滝鶴台は「此方無経義策士用朱子新注等之制、是以君子之学各従所好。且此方封建之治与三代同風、非漢唐之所得与比也。……紫陽綱目之厳刻、其或可用諸郡県之世、而不宜施諸封建之国也」（同上、巻二、十五丁）と述べている。

(89) 南秋月は「三代以封建治国、而以人道精微、孝弟忠信為教、其学問何嘗与後世異乎」（同上、巻二、十五丁裏―十六丁表）と述べている。

(90) 同上、巻二、十六丁表。

(91) 山県周南「親族正名叙」『周南先生文集』巻之五、八丁表。ほかには、『神祖御殿記』巻之七、一丁裏。

(92) 服部南郭「送矢子復序」（『南郭先生文集　近世儒家文集集成　第七巻』ぺりかん社、一九八五年）、一六四頁。

(93) 松崎観海「再見筆語」『来庭集』。

(94) 渡辺浩『日本政治思想史　十七～十九世紀』（東京大学出版会、二〇一〇年）、二〇六―二〇八頁。

(95) 元重挙『乗槎録』（高麗大学図書館所蔵本）、巻四、甲申六月十八日条。

(96) 李徳懋『蜻蛉国志』一六二頁。なお、李は北学派の一人に数えられる。彼の日本認識は彼の友人で宝暦度の朝鮮通信使でもあった元重挙と成龍淵から影響を受けている（河宇鳳『朝鮮実学者の見た近世日本』一八二頁）。

(97) 夫馬進と張伯偉の前掲論文（「朝鮮通信使による日本古学の認識」「漢文学史上の一七六四年」）を参照。

(98) 元重挙は「故愚嘗謂長崎貨書固是清人之市利、而繋日本文明之運也」（「中国通史征伐」『和国志』巻之一、一七二頁）と述べている。そのほかに、李徳懋『蜻蛉国志』一六二頁なども参照。

第八章　明清中国と徂徠学派
——唐話学の展開および清朝認識をめぐって

はじめに

中国明末ごろから、戦乱を避けるため、あるいは貿易のために、多くの華人が日本に渡航してきた。その一部の人は中国語の通訳を行う唐通事になり、その職が子孫に受け継がれた。また、明清交替後も、なお多くの華人（明遺民の意識を持つ黄檗宗の僧侶や志士、さらに東南アジアと清朝中国から来た貿易商人など）が戦争、宗教と貿易などのために、長崎を訪れていた。これらの華人ないしその子孫は、江戸儒者の唐話学と海外からの新しい知識の取得において、重要な役割を果たした。このテーマに関する研究はかなりの蓄積があるが、経済史ないし社会史の観点に基づく、唐通事体制と著名な唐通事に関する実証研究が多い(1)。

日本思想史と文学史の観点からは、唐通事の語言とその教育方法などは、文学、語学ないし経学、漢詩文などを含む江戸の知識の発展に刺激を与えたことが注目される。この点に関しては、石崎又造『近世日本に於ける支那俗語文学史』(2)が最も重要な先行研究といえよう。石崎は長崎から離れた岡嶋冠山を中心にして、唐話学（「支那語学」）および唐話学に関わる白話小説の江戸文学に対する貢献を詳しく説明している。しかし、石崎以後の関連研究は、唐話の語学分析[3]、あるいは白話小説と江戸文学の関係に関する研究にとどまっている[4]。これらの研究はそれぞれに重要な議論を展開しているが、徳川日本の文士が唐話と白話小説を受け入れると同時に、唐話、唐通事、来日した華人ないしその背後に存在する同時代の清朝中国をどのように認識していたのかという問題については、ほとんど取り上げていない。

そこで、この章では、石崎らの研究を踏まえ、唐話学を重んじる徂徠学派文士と唐通事、唐話の能力を持つ僧侶との交流を中心に、江戸中期における唐話をめぐるネットワークの形成を論じる。また、こうしたネットワークを通して、江戸文学の発展を検討し、さらに、「唐話」と「古文辞」を同時に重んじる徂徠学派が持つ重層的な中国観を考察する。

一　徂徠学派文士と唐話をめぐるネットワーク

荻生徂徠は三十一歳の時、元禄九（一六九六）年に柳沢吉保（一六五八―一七一四）の十五人扶持馬廻りとして召しだされ、翌年、十人扶持加増、儒者に転じた。この吉保をめぐるネットワークによって、徂徠は初めて華人と接触した。

吉保は江戸時代においては、異例の昇進コースをたどった人である。彼は延宝三（一六七五）年に隠居した父の後を継ぎ、数百石の微禄から、宝永元（一七〇四）年に十五万石の大名にまで昇進した[5]。おそらくこうした異例さとも関連して、彼に関する悪い風評はかなりあり、小説の題材ともなったが、現在ではこうした悪評の修正を迫る研究著作も現れている[6]。彼は儒学と禅仏教だけではなく、和歌などの文芸に相当の趣味を持っていた[7]。禅に関して言えば、吉保は、特に黄檗禅に惹かれていた。彼は元禄五年に黄檗僧の高泉性潡（一六三三―一六九五）と会談し、また法雲明洞（一六三八―一七〇六）など中国から招来した黄檗僧とも筆談し、禅問答を行っている[8]。その問答の情況は『勅賜護法常応録』に載せられている[9]。徂徠・田中省吾などの手によって『勅賜護法常応録』が編集された後、吉保は引き続き、悦峰道章（一六五五―一七三四）などの黄檗僧と交流していた[10]。

右のような吉保と中国から招来された黄檗僧とをめぐるネットワークによって、徂徠は初めて華人と接触したのであろう。吉保が召抱えた文化人には、北村季吟（一六二五―一七〇五）のような歌人もいたが、その多くは漢文だけではなく、唐話をも学んでいた鞍岡元昌、荻生徂徠、志村楨幹、安藤東野（宝永三〔一七〇六〕年入門と仕官[11]）のような儒者であった。彼らは唐音で経書の進講と答弁まで行っていた[12]。なかでも、鞍岡元昌は唐話が話せる長崎通事の子として、徂徠の最初の唐話の師友であったかもしれない[13]。

もう一人の徂徠の唐話の師友は中野継善（号は撝謙、林友心、一六六七―一七二〇）であった。彼は林道栄（一六四〇―一七〇八）の養子で、後に牧野成貞（一六三四―一七一二）に召しだされ、書記に任じられた[14]。柳沢吉保と牧野成貞が同じ五代将軍徳川綱吉の家臣であったことから推測すると、徂徠とは同じ陪臣として知り合った可能性が高い。徂徠の最初の弟子である安藤東野と太宰春台は撝謙に師事していた[15]。こうした関係により、後に東野の仲介によって春台も徂徠の門下に学ぶことになった（南郭と平野と春台は正徳元年入門[16]）。

そのほか、石原鼎菴という人がいた。彼は黄檗宗興福寺の澄一道亮（一六〇八―一六九一）の弟子であり、安藤東野の唐話の師であった。さらに、上野玄貞（国思靖、一六六一―一七一三）という重要な人物に言及しなければならない。彼は鼎菴とともに澄一道亮に従い、医術と唐話を学んだほか、明代末ごろ日本に渡ってきた蔣眉山の弟子でもあり、その門下生は約七〇〇人にのぼったと伝えられている[17]。彼の弟子には徂徠主催の訳社に参加していた慧通元亨（長崎正覚寺、曹洞宗、後に還俗し、長崎君舒と称する[18]）、大潮元皓（肥前龍津寺、黄檗宗、一六七八―一七六八[19]）、天産霊苗（但馬養源寺、曹洞宗)、岡嶋冠山(一六七四—一七二八)、雨森芳洲(一六六八—一七五五)などがいた[20]。徂徠はその遺稿のために、序文を書いたことがある[21]。

さらに、徂徠学派文士と唐話の関係に関しては、冠山に言及しなければならない。彼の唐話の師は清人王庶常と上野玄貞、東皐心越(一六三九—一六九六)である[22]。岡嶋冠山が初めて江戸に来たのは宝永三、四年ごろ、後に大阪に行ったが、宝永七年再び江戸に来、翌正徳元年に林鳳岡(一六四五—一七三二)の儒員の列に加えられた[23]。この年から蘐園の唐話学習会(訳社)の「訳師」として迎えられた。徂徠が立てた訳社への最初の参加者には、冠山と徂徠および徂徠の弟たる荻生北渓(一六七三—一七五四)と井伯明がおり、後には徂徠の門人たる東野、春台以外に、大潮、天産、慧通、篠崎維章(一六六八—一七四〇)、天野景胤、山田正朝、度会常芬、「馬島孝先」(対馬の岡井孝先?)なども参加した[24]。

訳社の参加メンバーは一定していないようであるが、冠山の外に、大潮と天産、慧通はいわば、準講師的存在といえるかもしれない。この三人はともに僧侶である。さらに、徂徠学派文士と方外の交を結んだ僧侶には、悦峰、香国道蓮(一六五二—一七二三、香洲)[25]、玄海上人、鳳泉上人、大通元信(大通禅師、一六八二—一七四一)など唐話のできる人々がいた。悦峰、香国、大潮、大通以外は黄檗宗ではなく、天産は曹洞僧、鳳泉上人は信濃の真言宗宝珠院の住職である[26]。それに対して、玄海は長崎の浄土宗大音寺の住職である。そして、大通と大潮は徂徠周辺の文士と付き合うだけではなく、京都における唐話の流行にも一役買った[27]。

しかし、一般的にいえば、長崎唐通事とは大通事、小通事(両者を補佐する稽古通事などを含む)を指している。それは狭義では、日本に帰化した華人およびその家系の子孫しか就くことのできない職である。それに対して、広義では、唐人屋敷で雑務などを取り扱う内通事も唐通事とされ、現地の日本人でも担当できる[28]。訳社の講師たる冠山は内通事の日本人である。大潮元皓のような僧侶なども日本人である。そのため、徂徠学派は主として、長崎に滞在する経験ある日本人の内通事と僧侶を通して、唐話を学んだといえる。

徂徠はまた、おそらく香国禅師との関係を通して、深見玄岱（一六四八―一七二二）の存在を知った[29]。深見玄岱は明代華人高寿覚の養子たる深見大誦の子であった。後に、彼は木下順庵の門下生になり、同門の新井白石の推薦により、将軍家の儒臣になった[30]。

まとめると、以下のようになる。徂徠学派文士は直接華人の指導のもとに唐話を学んだのではなく、日本人の通事と黄檗僧侶を通して学んでいたのである。さらに、徂徠を中心とした唐話をめぐるネットワークの源流として、二つのグループがあった。一つは林道栄から中野撝謙、大通禅師、さらに徂徠の直系の弟子たる安藤東野、太宰春台のグループである（甲）。もう一つは、澄一道亮から上野玄貞、さらに慧通元亨、大潮元皓、天産霊苗、岡嶋冠山、石原鼎菴、さらに安藤東野のグループである（乙）。この二つのグループは徂徠の訳社によって、江戸中期において、江戸で融合して唐話学の発展を促した。そのほか、独立性易から深見玄岱のグループもある（丙）が、徂徠はこのグループに対して、対抗意識を持っていたようである。

二　徂徠学派文士と唐話学の展開

1　唐話と白話小説

この徂徠を中心にして組織された唐話ネットワークは、唐話だけではなく、白話小説の流行をも促して、新しい江戸文学を展開させる触媒としての役割を果たした。白話小説における口語表現と道徳教訓などは、唐通事という職業における技術および道徳の養成に使えるので、唐通事教育課程に組み込まれたからである[31]。

唐通事の教育課程について、武藤長平は次のように紹介している。唐通事はまず、発音を学ぶために、唐音で『三字経』『大学』『論語』『孟子』『詩経』などを読み、それから、「恭喜」「多謝」「請坐」などの二字話の句、さらに「好得緊」「不曉得」「吃茶去」などの三字話の句と、四字以上の句を学ぶ。そのための教科書には『訳詞長短話』『訳家必備』『養兒字』などがある。さらに、先生と一緒に『今古奇観』『三国志』『水滸伝』『西遊記』などの白話小説を読む。その次には、『福恵全書』『資治新書』『紅樓夢』『金瓶梅』などの自習が要求されている。[32]

このように、唐話を学ぶコースでは、白話小説をも読まなければならない。そのため、江戸中期において唐話学習ブームを引き起こした中心人物でもある岡嶋冠山は、白話小説の研究と創作をもしていた。[33] ともかく、文士が集まる江戸と京坂で人生の後半期を過ごしていた冠山は、当時最も精力的に唐話と白話小説の学習を推進した人物である。[34] 彼は徂徠たちに唐話を教えるために、『唐話纂要』（一七一八）、『唐訳便覧』（一七二六）『唐音雅俗語類』（一七二六）『唐話便用』（一七三五）など、文士向けの唐話学習用教科書を作った。これらの教科書は、長崎の唐通事が使う『訳家必備』と比べると、貿易用語に加え、白話小説に見られる白話も多く使われている。[35] 既述のように、もともと唐通事の養成教育では、『水滸伝』といった白話小説の読解などが求められている。そのため、岡嶋冠山は唐通事の養成教育における学習内容を、ある種の新型の唐話教科書に濃縮したともいえる。このような教科書は出版された後、唐通事も使う[36]が、江戸の文士たちも興味を持ち、読んでいた。

さらに、岡嶋冠山は訓読の方法で『水滸伝』を翻訳したことがある。彼の白話小説の研究と翻訳に対して、青木正兒は「先覚第一人者[37]」と称賛している。実際、冠山自身も白話小説の和文翻訳のみならず、日本の物語を中国白話文体に翻訳することについても関心を示したようである。[38] 翻訳に関する彼の才能については、荻生徂徠も認めている。[39]

白話小説の和文訳に関する冠山の業績に関しては、まず『唐音雅俗語類』などに『水滸伝』の文句を使ったほか、一七二八年に李卓吾評点の百回本（忠義水滸伝序）に訓点を施して『忠義水滸伝』というタイトルで出版したことが挙げられる。ただしその訓訳は第十回までにとどまった。[40] このほか、冠山訳とされる『通俗忠義水滸伝』も出版されていた（上編宝暦七年・中編安永元年・下編天明四年・拾遺寛政二年刊）[41]。『忠義水滸伝』が訓点を施した和刻本なのに対して、『通俗忠義水滸伝』は和文に翻訳した和訳本である。この二つの著作は当時では、明代の白話小説を読むための入門書ともいえる。その後、また十数種の『水滸伝』関係著作が刊行された。比較的有名なのは陶山南濤（一七〇〇―一七六六）の『忠義水滸伝解』（第十六回まで注釈）、鳥山輔昌の『忠義水滸伝抄訳』（第十七回から三十六回まで注釈）[42]などである。もっとも、江戸時代においては、白話小説の翻訳対象は『水滸伝』以外に、『西遊記』『醒世恒言』『今古奇観』『隋煬帝艶史』『龍図公案』『平妖伝』『西湖佳話』『女仙外史』『酔菩提全伝』『金雲翹伝』などもあった[43]。

右のように、白話小説が唐話教育に使われていただけではなく、多くの白話小説が和文に翻訳されていた。江戸中後期には、白話小説をベースにしながら、日本の物語を書き入れる翻案小説まで書かれるようになっている[44]。『水滸伝』を例とすれば、建部綾足（一七一九―一七七四）は平安時代を舞台にして、『本朝水滸伝』（一七七三）を著した。さらに、山東京伝（一七六一―一八一六）は『忠臣蔵』と『水滸伝』を融合した『忠臣水滸伝』（一七九九―一八〇一）を出版した。

さらに、岡白駒（一六九二―一七六七）のように、明末の三言二拍から作品を選んで、『小説精言』（一七四三）、『小説奇言』（一七五三）、『小説粋言』（一七五八）などに編集し直して出版した者もいた[45]。岡嶋冠山と大潮らは江戸だけではなく、京坂でも活動し、京坂における唐話と白話小説の流行に一役買った[46]。江戸後期では、読本の大家でもある都賀庭鐘（一七一八―一七九四）が「三言二拍」に依拠して、『英草紙』（一七四九）といった初期読本を創作したほか、上田秋成（一七三四―一八〇九）もそれをベースにして『雨月物語』（一七七六）などの名作を著した[47]。それに対して、江戸の滝沢馬琴（一七六七―一八四八）は『水滸伝』のような長編白話小説を翻案対象にして『南総里見八犬伝』（一八一四―一八四二）という読本の傑作を創作した[48]。

一方、江戸文学の発展に関する白話小説の役割については、日本の物語がどのように唐話に翻訳されたのかという方面からも、検討を加えるべきである。これは荻生徂徠と岡嶋冠山にも関わっている。まず、荻生徂徠は白話文体で「福島正則」を翻訳したことがある。[49] 岡嶋冠山はさらに、軍記物語の『太平記』を白話文体に翻訳して『太平記演義』を著した。[50] このような白話文体では大量の日本の固有名詞などを使っているので、一種の和漢混用の漢文体といえる。[51]

このように日本の物語を、唐話での対話を含む漢文の白話文体に翻訳した文学実験は、『両巴巵言』（撃鉦先生、一七二八）、『四鳴蟬』（都賀庭鐘、一七七一）など、風俗を題材にした漢文体小説としての洒落本の発生を刺激した。おそらく日本人にとって、漢文の白話文体で遊里での対話を表現するとある種の滑稽さが感じられるため、初期の漢文洒落本が人気を博したのではないか。江戸中期以後、基本的には洒落本も和文のものになっていくが、人物と物語の筋などが語られる際には、しばしば唐話ないし漢文の典故が用いられている。[52]

右に述べてきたように、白話小説は主に口語翻訳という技術の養成と教育のため、長崎の唐通事の唐話教育課程に組み込まれていった。そして白話小説は、白話小説から通俗和文に翻訳するという方向と、和文から通俗白話文体に翻訳するという方向の二つの面から、読本と洒落本のような新型の江戸文学の発展を促した。ただし、唐話の流行に重要な役割を果たした徂徠学派文士が唐話を学んだ目的は、通訳という職掌や、白話小説の創作といった点にあったわけではない。次にこのことについて論じる。

2　唐話と「読書作文」、漢字音韻学

既述のように、荻生徂徠は『訳文筌蹄初篇』「題言」で、唐話学を「崎陽の学」と呼び、その方法を称賛した。しかし、「崎陽之学」という方法は、前述の如く武藤長平が紹介したような唐通事が唐話を学ぶ方法とは異なる。武藤が紹介した方法では、二字あるいは三字の唐話の句を学ぶ前に、唐音で『大学』『論語』などの経書を読むことが要

求されている（ただし唐音で読むことができても、経書の義理が理解できるとは限らない）。それに対して、徂徠の方法は、最初は二字あるいは三字の唐話の句を取り出して読ませてから、次第に上達した後に、経書の本文をそのまま読ませるというものである。というのも、既述のように、徂徠における「崎陽の学」を学ぶ目的は、母語のように綺麗な発音で流暢に唐話が話せることにあるのではなく、日本人の学者が唐話の「語法」（「字義」と「文理」）を間違えずに読めるようにすることにある。さらに、こうした能力が身につけば、経書の義理の解読と漢詩文の創作のためにもなる。

そのため、徂徠らが学んだ唐話の教科書『唐話纂要』の序に、「唐話を学ぶことは、中国人が普通に話す言葉で中国人と日本人との意思疎通をはかるために重要であるだけでなく、漢籍の読み・書きにも大きく関わっている[53]」とあるように、徂徠らにとって、唐話の方言のいずれかに通じて中国人と会話するよりも、後者の「読書作文」を行うことこそが唐話を学ぶ目的であった。

また、既述のように、徂徠らが訳社を開く目的は「夏で夷を変じる」であり、「俗で雅を乱す」ではない[54]。実際、「唐話」だけができても、「雅」としての文語文を理解するには不十分である。まして、それだけでは漢文の「修辞」に関わる「格調」などを知るのは無理である。それゆえ、徂徠は看書論という方法を提出したのである。

とはいうものの、荻生徂徠は漢文の読み書きという次元では、唐話を学ぶ重要性を認めている。さらに徂徠の弟子たる太宰春台も、「華語が通じないなら、雅俗を弁えることができない[55]」、「華語トハ中華ノ俗語ナリ。今ノ唐話ナリ。サレバ文学ニ志アラン者ハ、必唐話ヲ学ブベキナリ[56]」と述べ、漢籍の読解と漢詩の創作のため「華語」（華音）を学ぶ重要性を強調している[57]。これは当時、徂徠学派およびその周辺では、おそらく広く受け入れられていた見方である。例えば、大典顕常（一七一九―一八〇一）は『初学文談』に、「華音を兼習ふて文学の助となることは甚多し、凡そ字音の字義にあつかること多く又文句の脈絡節奏華音を知に因て発明すること多し[58]」と述べている。秋山玉山（一七〇二―一七六四）も宝暦五（一七五五）年に刊行された『時習館学規』第六項に、「本は声を出して読むべきである。読む時は華音で読むべきである。そうでなければ、四声が不明になる（書須背誦、誦須華音、否則四声不明）[59]」と主張している。

さらに、大潮の弟子たる平賀中南（一七二二―一七九三）は特に「声律」を重視して、「唐音ヲシラネバ声律ヲ正スコト能ハザルナリ[60]」と主張している。また、こうした観点から、「今ノ通事、詩モ詩経モ平常読書ノ通リニ読ユヘ、声律一向ニ分レズ。今ノ通事、韻鏡ハ唐音ヲ正ス書ナルコト知ラズ。名乗ヲ返ス書ノミト思ファ居ルヤウノ浅間シキコトナリ[61]」と、唐通事を揶揄している。そしてこうした立場から、唐話が話せない服部南郭の漢詩の声律に対しても、批判を展開した[62]。つまり、平賀の考えでは、よい漢詩を作りたいなら、唐話を学ぶべきであるが、唐話が話せても、詩の声律が理解できることの保証にはならないので、さらに『韻鏡』を学ばなくてはならない。

こうした問題との関連で、太宰春台は第五章で論じた荻生徂徠の考えと異なり、反切法と和音化された呉音と漢音だけで『韻鏡』を理解するのは問題である、と指摘している。その代わり、春台は、「華音」（唐音）で『韻鏡』を研究すべきだと主張している[63]。そもそも、唐音に関しては、春台はおそらく徂徠より知識を持つだけでなく、より実践的に自らの学問の形成に取り入れた[64]。例えば、彼が校正して出版させた『孝経』（『古文孝経』）では、「仲尼閒居、曽子侍坐」との一文について、「閒音閑、坐才臥反」とのように唐音がつけられている[65]。その弟子たる文雄（一七〇〇―一七六三）は、こうした春台の唐音を重視する学問の考え方に基づき、唐音における杭州音を正音として『磨光韻鏡』をはじめとした多くの漢字音韻研究書を書き上げ、後世の漢字音韻学の研究に深甚な影響を与えている[66]。実際、徳川日本における漢字音韻学の研究は主に『韻鏡』を踏まえて発展してきたものといえる。そして、詳論する余裕がないが、徂徠学派以外の本居宣長も韻鏡学を踏まえて漢字音韻を研究して、また「五十音図」を中心とした日本語音韻研究を展開していく[67]。というのも、日本語の漢字音は漢文背後の中国語音韻を取り入れ、また捨象・選択して成立したものなのである。このように、徳川日本における漢字音韻学の展開は経書の音韻を読解して「聖人の道」を把握するためにも応用されたが、既述の清朝考証学のようには体系化されていないし、高度精密な古代中国音韻学は展開されなかった。その代わり、それは古代日本における音声の解明に一役を買った。またその意味で、間接に日本固有の「道」の発明ないし近代日本のナショナリズムの形成にも繋がっている。

唐話の話に戻ると、こうして徂徠学派から発展した唐話と漢詩文学習の関係について、江戸後期に活躍した原瑜（一七一八―一七六七）は次のように適切にまとめている。

今の唐音モ正音ノミニハ非ズシテ謬レル音甚多ケレドモ、ソレハソレナリニ稽古シテ、稽古略々成就ノ上ヘニテ、諸韻書ニ就テ是ヲ正セバ、其誤リハ自カラ瞭然ト明カニ知ルヽモノナリ。唐音学ト韻鏡学トコモコモ攻メ、互ニ磨シ相和シテ共ニ進メバ、声韻ノ学不日成就スベシ(68)。

つまり、漢詩を作るという目的に関しては、唐話のみを学んでも十分ではなく、漢字音韻学も必要な知識となっている。

このように見ていくと、唐話は実際のところ、江戸の文士にとってそれほど重要な学問ではなかったともいえるかもしれない。この点に関連して、太宰春台は徂徠と同じく「目」と「心」で「古書」を読み「古道」を考えることこそ、儒者の仕事だと理解したうえで、こうした「雅」的な文章を読解する能力と作文能力を重視する観点から、長崎の唐通事の学問を蔑視している(69)。大潮元皓も「長崎人は中華を学びながら、日々に中華から遠ざかる（崎人学華而日遠於華）」という見方を示した。大潮によれば、華人が華音を理解できるのは天性によるのに対して、長崎唐通事が華音を話せるのは世襲の職業のためである。しかし実は、華人と長崎唐通事はともに習慣に拘束されているのみならず、学習を怠っているため、卑俗な文章しか書けない(70)。

こうした唐通事と唐話に対する否定的イメージは、江戸文士に広く共有されていたようである(71)。また江村北海（一七一三―一七八八）も、「唐音ヲ知ラヌ人ハ、眼アリテ書ヲ読ミ、心アリテ剪裁ス。眼ト心ト相課リテ、学業ハ成就スル事ニテ、音ノ異同ハアヅカル事ナシト云」[72]と述べている。興味深いことに、徂徠が提出した看書論という方法論は、ここでは、「崎陽の学」の意味を否定する論理として応用されている。こうした見方をさらに推し進め、また日本中心の立場を取ると、唐話を学ぶことは作文とさほど関係が無いのみならず、国防の観点からは危険でさえあるというような見方も出てきた[73]。

しかし、やはり多くの人は、唐話が「読書作文」に有益だと思っていたようである。そのため、江戸中期ごろから、唐音が施された経書注釈と漢詩選集が多く出版された。例えば、『四書唐音弁』（朝岡春睡、享保七年刊）、『大学講義附唐音』、『唐音学庸』（岡嶋冠山、享保十二年刊）、『三体詩唐音』（岡嶋冠山、享保十一年刊）、『華音唐詩選』（岡嶋冠山、享保十年刊）、『辛丑元旦詩集』（岡嶋冠山）、『孝経』（『古文孝経』、太宰春台が孔安国注釈付きの『古文孝経』に漢字音を付けてから出版したもの、享保十七年刊）、『九経音釈』（坂本天山）、『世説音釈』（恩田蕙楼、文化十三年刊）、『唐音世語』（宝暦四年？刊）、『孝経全文音釈』（坂本天山、寛政十二年序）、『五経音釈』（種野友直）、『春秋左伝古字奇字音釈』（後藤芝山、延享三年刊）、『書集伝音釈』（鄒季友著、昌谷精渓編、弘化四年刊）、『論語音釈』（中村中倧）、『唐詩選正声唐音付』（石川金谷）、等である[74]。これらの書籍がどのように読まれたのかという問題は、なお今後探究すべきである。

次に、唐話の起源地ともいえる長崎および長崎に渡航してきた華人、そして清朝中国に対する徂徠学派の見方を検討する。

三　徂徠学派の長崎と清朝中国に対する認識

1　長崎と徂徠の世界認識

長崎がポルトガル人との貿易地として開港された後、中国からは貿易者だけではなく、抗清復明運動に関わり、貿易者を装って知識人ないし僧侶らも渡航してきた[75]。さらに国際貿易が盛んなゆえに、唐通事も設置され、林道栄のように通訳として活躍する華人の後裔も多くいた。徂徠によれば、長崎は「夷と夏の交わり」[76]であり、貿易の商港として多くの日本人商人が集まるだけでなく、通訳者が政治を操っているようなところでもある。そのため長崎は非常に管理し難い地となっていた[77]。

彼のいう「夷と夏の交わり」における「夷」は何を指しているのか。ほかの文章では、徂徠は「崎陽とは海西の大都会で、夷と夏の交わる所である。近くからは朝鮮、流求、遠くからは欧駱南交、仏斉、仏狼、爪哇、渤泥（ポルネラ）の諸夷でこの地に来ないものはない[78]」と述べ、さらに「交趾、林邑、三仏斉、真臘、身毒および筠沖、臥蘭的亜[79]」から来ていることをも述べている。右に徂徠が言及した国々のうち、当時の日本（十八世紀初期）屈指の世界地理書たる『増補華夷通商考』に載る国名の表記と同じなのは「爪哇」と「交趾」だけである。そして、「爪哇」「渤泥」「交趾」「三仏斉」「真臘」は同時代の『和漢三才図会』といった類書に出ている。「臥蘭的亜」は明代の王圻が編集した『三才図会』に掲載されている「山海輿地全図」のほか、マテオ・リッチ（Matteo Ricci）が伝えた世界地図を基に明代の李之藻が刊行した「坤輿万国全図」にもあり、現在のグリーンランドを指しているようである。周知のように、こうしたマテオ・リッチを発端とする西洋由来の世界地理認識は前述の『増補華夷通商考』や『和漢三才図会』の前提にもなっている。

しかし、徂徠はこうした当時最新の世界地理の知識を持ちながら、それらのみに頼って世界を見ていたのでなかった。というのも、彼が挙げた「欧駱南交」「仏斉」「仏狼」と「林邑」「身毒」「筠沖」は、同時代の地図と世界地理書には現れていない。比較的わかりやすいのは、「林邑」「身毒」である。「林邑」は『増補華夷通商考』に記載された「占城」の前身として、『新唐書』などの中国史書に出ている古代国名である。「身毒」は中国史書で、古代インドに対する呼び名である。そのほかに、『明史』によれば、「天方は古筠沖地である」[80]。すなわち、現在のメッカを指す。「仏斉」「仏狼」はおそらくそれぞれ、「三仏斉」と「仏狼機」（ポルトガル）の略称であろう。もっともわかりにくいのは「欧駱南交」という表現である。「欧駱南交」とは、「甌駱国」「南越国」「交趾郡」といったベトナムの古代諸王朝に関わる王朝名、地名の略称で、およそ現在のベトナム北部と中国の広東、広西あたりないし一部の福建省までを含める地域を指しているようである。

このように、徂徠はおそらく唐通事との交流などにより、当時の世界像の最新知識を持っていたが、必ずしもそれらに全面的に依拠して世界を認識していたのではなかった。彼は古文辞学的な考えで、一部の国名を略称しただけではなく、古代の国名と地名を使っている。このようにして、日本の長崎を中心とする世界認識を展開している。実際、当時長崎に来られたのはオランダと清朝中国の唐船のみであったが、華人が操作する唐船の中には、東南アジアから出航して日本に来た船もあった[81]。そのため、徂徠は右のように長崎を中心とする世界認識が展開できたのであろう。そこで、右の引用文で述べた「夷」が清朝中国までを含むのか否かは明らかでないが、徂徠が当時の日本を「華」として認識していた意図は明確に読み取れよう。次に、右の世界認識を踏まえ、より詳しく同時代の清朝中国に対する徂徠の認識を検討する。

2　徂徠・徂徠後学の清朝認識と長崎の唐通事・華人

徂徠は、次のように述べている。

堯舜三代、聖人がその教えを用いていた国は、困窮して夷狄の地になってしまった。文は時代の流れに従うものであり、文の光も闇に沈んでほとんど消えかかっている。かくも甚だしく衰えてしまうとは。低下するものがあれば必ず高上するものがあり、あちらが黜退すればこちらが伸長する。……十年も過ぎないうちに、文はわが日本に集まるようになるであろう(82)。

ここでは、「文」の「気運」が時間だけではなく、空間的に移動することもあるというような考えが表現されている。しかも、徂徠は満洲族が統治している清朝中国のことを「胡土」（夷狄の地）と呼び、「文」が没落している時代と捉えている。徂徠はこうした考えに基づき、これから日本の「文」はますます盛んになり、文運が衰落している中国を凌ぐことを期待している。

徂徠の批判はむろん、明清交替といった政治的現実に関わっているが、すでに述べたように、その古文辞学の文学観にも繋がる。彼の考えでは、「王李以後、明代文風はたびたび変わった。現在、盛んになっているのは公安派と竟陵派以外には、古文辞の剽窃と模倣を乱用していた連中でしかない。文章の道は気運の盛衰と連動している」(83)。この文章は、後述の「崎人の詩」を批判するために述べられたものである。つまり、彼から見れば、安易に古文辞の剽窃と模倣を乱用して軽薄な漢詩文を作る者が増えることによって、明代古文辞派自体の勢力が衰えた。また、それと同時に、反古文辞派の公安派と竟陵派ないし銭謙益など明末文壇の新興勢力が興ったことによって、中国文運が衰落したのである。こうした徂徠の明末文学に対する批判は、唐通事らを含む同時代の長崎人の文学に対する批判に繋がっている。

長崎人の学問を含めた同時代の学問情況について、徂徠は次のように批判を加えている。

よい時代がめぐってきた、文教が盛んになり、やや中国語が話せる人が出てきた。しかし和訓で漢文を読むことの弊害は変わらず、ただ意義を知るだけで、格調や体勢とは何かを知らない。そのため明末における韻律が緩慢な詩風を温柔平和の音とし、また理学系統の経学を学ぶ儒者が作った詩は先入観の影響で、宋調的な詩風が骨髄までしみ込んで取り除くことができない。最も人を困惑させるのは長崎人の詩であり、彼らは毎日通商にきた中国人と詩を応酬し合っており、それらの中国人が真に有名な詩の流派に繋がっているものと思い込んでいる。(84)

ここでは、徂徠が批判する長崎人とは誰であるか明言していない。しかし、徂徠は「答崎陽田辺生」という文章で、「今、あなたの詩を見ると、だいぶ宋詩と似ている。あなたの師である「高先生」（高元泰、すなわち深見玄岱のこと）も同じである。「中国語」を理解する者が長崎より多いところはない。しかし、その長崎人がなぜ依然として「和訓」で書籍を読むのか(85)」と述べている。そして、同書信の中で、彼はさらに追及して、深見玄岱の師が明代末期ごろ中国から渡来した独立禅師（戴曼公、一五九六—一六七三）であり、また禅、語録の淵源が宋代にあるゆえに、独立禅師一門の詩は宋詩に連なるものなのだ、と説いている。以上のことから、徂徠は深見玄岱といった長崎唐通事家系の出身者ないしその周りにいる人々の詩を指して「崎人の詩」と述べたものと考えられる。彼は「崎陽の学」としての唐話学は評価しても、長崎の唐通事らの詩に関しては古文辞学の高みから否定的に見ていたわけである。

さらに、徂徠は次のように述べている。

朝鮮通信使来聘の折、日本の儒者や文人は彼らとの交流に頼って名声を獲得した。しかし、近年になって人々は漸くその非に気づいたため、長崎へ赴き通商に来た華人に自らの詩文作に題言、跋文を書いてもらい、朝鮮通信使は中国の外国人にすぎず、華人には及ぶまい、と誇らしげにいっている。それらの通商に来た華人はたしかに華人であるが、華人であれば誰でも文章が書けるというのなら、なぜ二十一史に『文苑伝』が必要であろうか(86)。

このように徂徠は、長崎へ足を運び来日華人に自らの漢詩文の批評を乞う日本の儒者や文人を批判している。ほかの文章でも、徂徠は「長崎に来た張二官、李三官は尊敬に値する人物ではない(87)」と述べている。このように徂徠は、古文辞学の高みから同時代の宋風の詩（宋学）、ないし来日した不文の華人に対して見下し、さらに盲目的な中華崇拝主義をも戒めているのである。[88]

第六章で論じてきたように、荻生徂徠は繁栄の様子を見せる徳川社会の背後に、制度的な問題などが潜むことを指摘し、改革案を提出した。しかしその一方で、徳川日本が「三代と同じく隆盛して」[89]、「東都」（江戸）が過去の中国ないし日本王朝の都よりもにぎやかな「天下の大都会である」[90]と称賛している。また、既述のように、徂徠の考えでは、「文」の「気運」は中国から日本に移ってきた。このように、日本が文明の中心になりつつあるという観点から も、徂徠は貿易のために長崎に来航した華人を見下している。

しかも、このような見方は徂徠だけにとどまらず、彼の弟子たちも概して、長崎唐通事や長崎に来た華人、および清朝中国そのものに対し比較的低い評価を示している。例えば、太宰春台は徂徠の見方を受け継ぎ、詩文と「古道」に対する読解能力という観点から、次のように述べている。

> 長崎人を畏れる必要はない。……ただ二、三人の通訳者（唐通事）は唐話の通訳を習い、漢文が少し読めるので、彼らと話すことができるが、彼らが書いた詩は卑俗であるし、文章は実に俗語だらけである。経学に関しても宋学を祖述しただけである。このようなゆえに、なぜ彼らを畏れる必要はあるか。全くないであろう。それに、長崎に渡来してきた華人（「諸夏人」）の多くは貿易商人と船の修繕工であるし、漢文が読める者も、ただ契約と帳簿を作るため必要な読み書き能力しか持っていない。[91]

さらに、このような唐通事と華人の蔑視は、徂徠の別の弟子である平野金華（一六八八―一七三二）にも受け継がれている。彼はさらに直接に、清と遼、金、モンゴルとの継承関係から、清を「先王の郁郁とした文」を一掃した夷狄政権として捉えている。またこうした観点から、彼は、三代から伝えられた「我道」（聖人の道）の滅びた清朝中国と、「至治の極」に達した「東方」（日本）との社会状態における雲泥の差を強調している。[92] さらに、既述のように、徳川日本の現状を三代の道が実現された状態に極めて近いものとして捉えた服部南郭は、直接清朝中国を批判したわけではないが、中国の歴史について「三代の道が一旦壊れると、秦漢以後、国勢は大いに悪化していった」とし、また「その領土は夷狄と隣接しているので夷狄の侵略を免れることができなかった」[93]と述べている。

しかし、清朝中国を夷狄とみなし、日本が優越するとの意識を持ったのは徂徠学派だけではない。神国、武国といった自国意識に基づく日本優越論は、実はかなり徳川日本社会に浸透していた。徂徠学派における日本優越意識の特色は、彼らが「道」（道徳）よりも、「文」（漢詩文能力）と封建制度というような「三代の道」を基準にした観点から、日本の優越を強調した点にある。これは、漢学が徳川日本社会に広がっていくことによって生じた自信ともいえるかもしれない。

ただし、徂徠学派の人々は、自らの文章において華人と清朝中国を揶揄したが、清朝中国における満洲人の統治に対しては一定の評価を与えている。

四　徂徠と北渓の清朝研究

享保改革を主導してきた八代将軍徳川吉宗は明朝と清朝中国の制度に対して、深い関心を持っていた。そして、将軍家の儒者に明と清の制度を研究させた。享保六年ごろ、最初にこうした命令を受けたのは、深見玄岱の子、深見有隣である[94]。後に同じく将軍家の儒者であった荻生北渓[95]も命じられて、清朝中国の制度の研究に携わった[96]。

まず、北渓は享保七、八年ごろ、『明律』に訓点を施したほか、享保九年ごろそれを和文に翻訳した（現存内閣文庫写本『明律訳』）だけでなく、その兄たる徂徠もこうした基礎の上に『明律国字解』を書いた[97]。さらに、北渓は明代の制度だけではなく、清朝の制度に対しても詳しく研究した。彼は享保七、八年前後、『集政備考』『則例類編』『則例全書』『大清会典』など、清朝の法律と政治制度に関係する書籍を集めている[98]。そして、これらの書籍を研究し、「集政備考目録」「則例類編目録」「則例全書目録」「明朝清朝異同」「明清異同に付て料簡書」「大清会典巻之六～十三」「六部尚書考」「大清会典巻之四十八」「清朝官職目録」「清朝官職」などの文章を著した。[99]これらの文章において、彼はおそらくある程度徂徠の意見などを受け入れたうえで、清朝制度に対してかなり鋭い指摘をしている。

まず、荻生北渓は制度改革の観点から、宗室制度、貨幣制度、戸口制度などをめぐって、明朝と清朝の制度の異同を論じている。[100]その類似面としては、例えば儒学の観点から、明朝の漢民族政権と清朝の満洲族政権がともに、貞操を守る婦人を道徳模範として表彰していることを挙げている。[101]差異面としては、明朝の宗室が爵禄を持ちながら、官職に就くことができず、才知を持つ宗室の人材が活躍できなかったのに対し、清朝の宗室は政治参与が可能であることを指摘している。[102]

さらに北渓は、夷狄政権（非漢族政権）の観点から、満洲族政権と歴代の夷狄政権との差異と連続性をも見ている。彼は北魏と遼、金など「中華の風俗」に同化して滅亡した政権と比べれば、元朝を立てた蒙古族は自らの文字と風俗を持ち、制度的に蒙古人と漢族を区別していたので、明代の漢族政権が成立した後も、滅ぼされなかったのだと、見ている。[103]彼の観察によれば、清朝の満洲族政権はまさにこの差異を理解したうえで、満字、モンゴル字、漢字の三種類の文字を同時に使い、制度的に満、蒙、漢など民族的な区別を立て、満洲族が「漢人の風俗」を学ぶことを禁止している。[104]また、満洲族が特権を持ち、「人の威光」が顕現できるように制度的に強化している。[105]

北渓は清朝の制度における満洲族の特権、および満と漢の区別を理解しているだけではなく、満洲族とモンゴル族との親しさにも気づいた。彼の見方では、満洲族は特に蒙古を崇敬しており、蒙古に対する態度は、朝鮮や安南などの外藩諸国に対するものとは一線を画す。そのため制度的には、六部尚書と同格の理藩院を特に設けてモンゴル関係の政務を担当させるのみならず、その宗室と親戚関係をも結んでいる。[106]さらに、祭祀制度の面においても、明代が元太祖だけを祭っていたのに対して、清朝は元太祖のほか、元世祖と遼太祖、金太祖、金太宗をも祭っている。[107]しかも、蒙古の親王に特別に俸禄を与えることによって籠絡せんとはかっている。北渓の考えでは、これらの制度から、漢族を抑圧するための深意を読み取ることができる。[108] こうした見方は、実は現在欧米圏を中心に流行している新清朝史（The New Qing History）の歴史理解に似ているところがある。つまり、彼は、清朝の満洲族政権については、内陸アジア政権の特徴を見出したのである。[109]

荻生北渓が見出したこうした内陸アジア政権の特徴に関わり、後に彼は『建州女直始末』[110] を著した。この書籍は後に徂徠によって増補・訂正されたので、荻生兄弟を共同作者とした作品といえる。その大部分の内容は清朝中国では禁書とされた『経国雄略』、また『皇明通紀』『武備志』などの明代書籍に依拠して、建州女直の歴史を述べるものである。そのうち、特に注目すべきは『経国雄略』である。というのも、この書籍は南明政権に所属する鄭芝龍が満洲族の軍隊と戦うために著された兵書の性質を持っているからである。[111] これに依拠して、北渓は次のように述べている。

建州ノ夷ハ元ヨリ剛強ニシテ、シカモ早ワサナル生付ナリ。馬ヲ馳猟ヲ好、崖壁ニ上リ下ルコト飛カコトシ。馬ニテ江河ヲ渡シテ、舟ヲ用ヒス……建州ノ夷ハカリハ水陸ニ達者ニシテ、江河大海ヲ隔ルコトナキユヘニ、其大将死スンハ、中国ノ禍絶ヘカラスト云ナリ。其時ノ建州ノ大将合戦ノ上手ナルユヘ、カク云タルナリ。[112]

このように、北渓は、清朝の前身たる建州女直は「武を好む風俗」を持ち、彼らが陸上だけではなく、水上でも馬で川を渡って攻撃することができるほどの軍事力を持っている、と認識している。北渓は明末の満洲論を踏まえ、明と清の王朝継承性を認める王朝史観のほかに、華夷意識をも持っているのである。

さらに、清朝制度に対する荻生北渓の理解は『大清会典』などの書籍に依拠しているが、満洲語から翻訳された「包衣大」などの言葉については、北渓はその意味が理解できない。そのゆえに、享保十年ごろ、朱佩章という満洲語に通じた清朝文士が長崎に来た時、北渓は朱に対する質問を通して、満洲語から音訳された漢語の意味、および最新の清朝政治と文化の情況の把握に努めている。その尋問の内容は『清朝探事』または『大清朝野問答』『清人問答覚書』『享保筆語』といった題名の写本が伝えている。[113]ちなみに、長崎奉行中川忠英は『清朝探事』を踏まえ、『続清朝探事』を編集したが、これは後に『清俗紀聞』と題して出版された。

総じていえば、荻生北渓はおそらく徂徠からある程度の助言を受けたと思われ、『経国雄略』などの〈明代の知識〉を踏まえ、華から夷を見る観点から、清朝制度を把握している。そのうえで清朝制度と明朝制度の異同などを分析しており、清朝中国を統治する満洲族政権の強みと、その内陸アジア政権的な特徴を認識している。

以上述べてきたように、徂徠学派文士は雅的な漢詩文を真の教養として、「古の中華」の詩文と制度文物を重んじる一方、同時代の日系華人子孫たる唐通事と来航した華人、ないし清朝中国を見下している。こうした重層的な中国観は、さらに「古の中華」に対する研究を刺激するだけではなく、制度と音韻など「古の中華」に関連する古代日本研究をも促進した。こうしたことは、また「古の中華」のような日本と、夷狄化された清朝中国とを対比的に捉える見方へと拡大していく。まさにこの意味において、徂徠学派の学問は結局、日本優越論の高揚、さらに間接に近代日本のナショナリズムへと繋がっていくのである。

（1）　中村質「近世日本の華僑」（『外来文化と九州』平凡社、一九七三年）、宮田安『唐通事家系論攷』（長崎文献社、一九七九年）、石村喜英『深見玄岱の研究』（雄山閣、一九八五年）、李献璋『長崎唐人の研究』（親和文庫、一九九一年）、七七―九〇頁、三一三―三三三頁、林陸朗『長崎唐通事――大通事林道榮とその周辺』（吉川弘文館、二〇〇〇年）、若木太一編『明・清時代の長崎――支配の構図と文化の諸相』（勉誠出版、二〇一三年）、劉序楓「清代的中日貿易与唐通事」（朱德蘭編『第四屆国際漢学会議論文集――跨越海洋的交換』中央研究院、二〇一三年）などが挙げられる。そのほか、語言文化史の観点からなされた研究もある。例えば、木津祐子「唐通事の心得――ことばの伝承」（『興膳教授退官記念中国文学論集』汲古書院、二〇〇〇年）などである。

（2）　石崎又造『近世日本に於ける支那俗語文学史』（弘文堂書房、一九四〇年）。

（3）岡田袈裟男『江戸異言語接触――蘭語・唐話と近代日本語』（笠間書院、二〇〇六年）、奥村佳代子『江戸時代の唐話に関する基礎研究』（関西大学出版部、二〇〇七年）などである。

（4）青木正兒「岡島冠山と支那白話文学」（『青木正兒全集　第二巻』春秋社、一九七〇年）、中村幸彦『唐話の流行と白話文学書の輸入」（『中村幸彦著述集　第七巻』中央公論社、一九八四年）、廖肇亨「領水人的忠誠与反逆――十七世紀日本唐通事的知識結構与道徳図式探析」（『域外漢籍研究集刊』第三輯、中華書局、二〇〇七年）などである。

（5）辻善之助「柳沢吉保の信仰」（『武家時代と禅僧』創元社、一九四一年）、二七七―二七九頁。

（6）森田義一『柳沢吉保』（新人物往来社、一九七五年）、一三一―一四九頁。

（7）同上、二一五―二二一頁。

（8）辻善之助、前掲論文「柳沢吉保の信仰」二八九―三一二頁。ちなみに、高泉性潡は寛文元年中国から長崎に来て、元禄五年黄檗山万福寺の五代目の住職を受け継いだ。同年四月彼は将軍綱吉に謝恩するために、江戸に赴いた。柳沢はその前後、高泉と会談したのであろう（大槻幹郎・加藤正俊・林雪光編『黄檗文化人名辞典』思文閣、一九八八年、一一五、一一六頁）。他方、法雲明洞は元禄七年の初めごろ江戸で柳澤吉保と会談、また同年四月将軍綱吉の易経講義を聴講した（『黄檗文化人名辞典』三三〇―三三二頁）。この史料は廖肇亨教授の指摘によって得たもので、この場を借りて感謝する。

（9）中尾文雄編『柳沢吉保公参禅録――勅賜護法常応録』（永慶寺、一九七三年）。

（10）辻善之助、前掲論文「柳沢吉保の信仰」三一二―三一九頁。

（11）日野龍夫『服部南郭伝攷』（ぺりかん社、一九九九年）、八九頁。

（12）辻善之助、前掲論文「柳沢吉保の信仰」三一八頁。

（13）石崎又造、前掲『近世日本に於ける支那俗語文学史』五〇頁。

（14）林陸朗、前掲『長崎唐通事――大通事林道榮とその周辺』一〇三頁。

（15）同上、一七五―一七九頁。

（16）日野龍夫、前掲『服部南郭伝攷』一〇八、一四六頁。

(17) 盧驥『長崎先民伝』(和泉屋庄次郎、一八一九年)、四、五頁。また、太田南畝は「国思靖は出雲国造の裔、唐通事にて俗称上野玄貞といへり。詩をよくせり。今は其家絶たり」(『瓊浦又綴』〔『大田南畝全集　第八巻』岩波書店、一九八六年〕六一八頁)と述べている。
(18) 慧通元亨について、太田南畝は「長崎圖志をつくれる釈慧通は禅僧也。長崎の正覚寺に寓居せり」(『瓊浦雑綴』、五六七頁)と述べている。
(19) 大潮元皓は悦峰道章が宝永四年に八代目の万福寺住職を受け継いだ後、通訳として悦峰と一緒に江戸に行き、徂徠らと知り合ったのである(『黄檗文化人名辞典』二一〇、二一一頁)。
(20) 石崎又造『近世日本に於ける支那俗語文学史』六二―七二頁と、若木太一「雨森芳洲小考――唐話の師国思靖」(『雅俗』七号、二〇〇〇年)、二一一―二一八頁。
(21) 荻生徂徠「国思靖遺稿序」『徂徠集』巻八、七九、八〇頁。
(22) 石崎又造、前掲『近世日本に於ける支那俗語文学史』七六―八〇頁。
(23) 同上、七五頁。
(24) 岡嶋冠山『唐話類纂』(『唐話辞書類集　第一巻』汲古書院、一九七一年)。
(25) 香国は元禄五年ごろ徂徠と大龍寺で会ったことがある。彼は正徳五年仙台の大年寺の住職を受け継いだ後も、徂徠と文通をしていた(『黄檗文化人名辞典』一一四、一一五頁)。
(26) 日野龍夫、前掲『服部南郭伝攷』一七一頁。
(27) 中村幸彦、前掲論文「唐話の流行と白話文学書の輸入」二一、二三頁。
(28) 木津祐子『「唐通事心得」訳注稿』(『京都大学文学部研究紀要』第三十九号、二〇〇〇年、一、二頁)。
(29) 荻生徂徠「賀香国禅師六〇敘」『徂徠集』巻九、八九頁。
(30) 石村喜英、前掲『深見玄岱の研究』七九―九一頁。
(31) 木津祐子「唐通事の「官話」受容――もう一つの訓読」(中村春作ほか編『続訓読論――東アジア漢文世界の形成』勉誠

出版社、二〇一〇年）、二八五—二九〇頁。なお、唐通事が話す唐話には下南話（漳州話と泉州話）と福州話、杭州話、南京官話などが含まれている。ただし康熙二十三（一六四八）年、清朝政府が遷海令を撤回した後、江浙商人の勢力が興ったことによって、官話は次第に圧倒的な勢力を持つようになっている。この点について、木津祐子、前掲論文「唐通事の心得」六五三—六六八頁を参照。

(32) 武藤長平『西南文運史論』（岡書院、一九二六年）。

(33) 高瀬学山「唐話纂要序」『唐話纂要』（『唐話辞書類集第六集』汲古書院、一九七二年）、七頁。

(34) 石崎又造、前掲『近世日本に於ける支那俗語文学史』七四、七五頁。

(35) 奥村佳代子、前掲『江戸時代の唐話に関する基礎研究』二二三—二二六頁。

(36) 同上、二三〇頁。

(37) 青木正兒、前掲論文「岡島冠山と支那白話文学」二七五頁。ただし、唐話が流行る前に、白話小説はすでに日本に将来された（中村幸彦「唐話の流行と白話文学書の輸入」二七—五〇頁）。

(38) 石崎又造、前掲『近世日本に於ける支那俗語文学史』八三頁。

(39) 荻生徂徠「与悦峰和尚第五書」『徂徠集』巻二十九、三一六頁。

(40) 冠山が享保十三（一七二八）年に亡くなった後には、冠山を訳者とするいくつかの『水滸伝』関係著作が出版されている。しかし、例えば宝暦九（一七五九）年ごろ、『忠義水滸伝』第二集（第十一回到第二十回）が出版されているが、おそらく冠山の作ではあるまい（奥村佳代子「岡島冠山の唐話資料と『忠義水滸伝』——「水滸伝」読解に与えた見えない影響」『アジア遊学』第一三一号、二〇一〇年、九九、一〇〇頁を参照）。

(41) 中村綾『『水滸伝』和刻本と通俗本——『忠義水滸伝解』凡例と金聖嘆本をめぐって」（『アジア遊学』第一三一号、二〇一〇年）、一一三—一一四頁。

(42) 小田切文洋「水滸語彙への関心と水滸辞書の成立」（『アジア遊学』第一三一号、二〇一〇年）、九四—九八頁。

(43) これらの書籍は中村幸彦編『近世白話小説翻訳集』（汲古書院、一九八四—一九八八年）に収録されている。

(44)　しかし、江戸初期では、すでに浅井了意『伽婢子』といった中国故事を基礎とした翻案小説が作られていた。ただし、それは主として『剪灯新話』のような文言小説を模倣対象としている（石崎又造、前掲『近世日本に於ける支那俗語文学史』一八〇―一八三頁）。
(45)　同上、二一五―二一七頁。
(46)　同上、二一八―二二六頁。
(47)　同上。
(48)　麻生磯次『江戸文学と中国文学』（三省堂、一九四六年）、一四四―一五六頁。
(49)　荻生徂徠「訳準一則」『訳文筌蹄』。
(50)　志村良治「唐話と洒落本」（『江戸後期の比較文化研究』ぺりかん社、一九九〇年）、三七一―三八〇頁。
(51)　同上。
(52)　麻生磯次、前掲『江戸文学と中国文学』三〇七―三三七頁。
(53)　原漢文は「唐話為要、不止暁常言以通両二情、其読書作文固有大関係」（高瀬学山「唐話纂要序」『唐話纂要』七頁）である。
(54)　荻生徂徠「訳社約」『徂徠集』巻十八、一八六頁。
(55)　太宰春台「報平田公信書」（『春台先生紫芝園稿』ぺりかん社、一九八六年）、後稿巻十二、二四六頁。
(56)　太宰春台『倭読要領』（『漢語文典叢書三』汲古書院、一九七九年）、三九五頁。
(57)　太宰春台は「夫詩者、華夏之雅言也。故雖異邦之人、固当以華夏正音直読之」（「対客論文」『春台先生紫芝園稿』後稿巻十五、二八六頁）と述べている。
(58)　大典顕常『初学文談』（林権兵衛、刈谷市立図書館村上文庫所蔵本、一七八四年）、五頁。
(59)　秋山玉山「時習館学規」（文部省編『日本教育史資料　三』臨川書店、一九七〇年）、巻八、二〇三頁。ただ、これはあくまでも理念であり、実際は実践されていない。これについて、朱全安「時習館学規第六条について」（『千葉商大紀要』第四

十二巻第三号、二〇〇四年)、一六九、一七〇頁を参照。

(60) 平賀中南『学問捷径』(長沢規矩也編『江戸時代支那学入門書解題集成 三』汲古書院、一九七五年)、巻中、一五七頁。

(61) 同上、一六二、一六三頁。

(62) 同上、一六四、一六五頁。

(63) 太宰春台は「欲治韻鏡者、先須学華音。学華音而習之、然後四声可明也。七音可弁也。内外開合、凡百呼法悉可分別也」(「磨光光鏡序」『春台先生紫芝園稿』巻五、一四八頁)と述べている。

(64) 荻生徂徠の唐音の参照と紹介について、「極端に言えば、衒学的な効果をねらって」いるのではないかといわれている(湯沢質幸「近世儒学における唐音——荻生徂徠を中心として」『国語史の新視点』〔佐藤喜代治編『国語論究 第八集』明治書院、二〇〇〇年〕、三六八頁)。

(65) 太宰春台『孝経』(国立公文書館内閣文庫所蔵本、一七三二年)、一丁表。

(66) 湯沢質幸「文雄における韻鏡と唐音」(『筑波学院大学紀要』第五集、二〇一〇年)と同『江戸期漢字音研究における唐音受容』(勉誠社、一九九六年)、一四一—一六二頁などを参照。

(67) 湯沢質幸、前掲『江戸期漢字音研究における唐音受容』二四七—二六五頁と、釘貫亨「日本語学史における「音韻」の問題」(『名古屋大学文学部研究論集 文学』第四十三号、一九九七年)、二二一—二二五頁などを参照。

(68) 原瑜『過庭紀談』(『日本随筆大成 第一期九』吉川弘文館、一九七五年)、九頁。

(69) 太宰春台「送赤里子蘭之長崎序」『春台先生紫芝園稿』後稿巻四、一三四、一三五頁。

(70) 大潮元皓は「今華人之鄙俗不能文也。不能文、則崎芝園所目皆俗移乎也。移乎習也、宜使其俗也。……予故曰、崎人学華而日遠於華也。其所為宛然倭人面目矣。仮令所修乃特訳士之業耳、其先人所伝、世世子孫習之以為生、亦何知焉。故崎之学、一華音足矣。一華音足矣、則何以能文乎。夫華人而善華音、此其天性耳。至文章之道、雖華人不能也。不学故也。夫崎之一華音、何以能文乎」(「贈大生維篤序」〔『西溟余稿』延享五(一七四八)年刊、国立公文書館内閣文庫所蔵本〕、巻之一、二十二丁表、二十二丁裏)と述べている。

(71) 例えば、赤松鴻は「間或從象胥、学得清音、以誦読経伝。得之口而不得於心、終無益於文辞。不如精思研究之良法正路也」(「文章緒論序」〈熊坂台州『文章緒論』国立公文書館内閣文庫収蔵本、一八〇一年〉、二丁表、二丁裏) と述べている。

(72) 江村北海『授業編』(『江戸時代支那学入門書解題集成 三』)、巻三、三一六頁。

(73) 帆足万里は「今観通唐音者、其文之紕繆自若、則作文之不与唐音也、亦明。能通唐音、亦費数年之力以学文、則其糜棄歳月也甚。……設使人々可与唐人対語、恐非国家立防之道。是余之所以不取唐音也」(『修辞通』帆足亮吉、一八八〇年、初出文化七〔一八一〇〕年、九、一〇頁) と述べている。

(74)『日本古典籍目録』による。

(75) 李献璋、前掲『長崎唐人の研究』四七、四八頁。

(76) 徂徠は「夫崎陽夷夏之交、海舶之所来集、万貨瓌奇之湊。而我五方之民、廃居射利者萃焉。為甲于海内、祇其物産異土、言語異宜。訳士為政邪」(「国思靖遺稿序」『徂徠集』巻八、七九頁) と述べている。また「送野生之洛序」『徂徠集』巻十、一〇一頁をも参照。

(77) 荻生徂徠「贈対書記雨伯陽叙」『徂徠集』巻十、一〇三頁。

(78) 荻生徂徠「送釈玄海帰崎陽序」同上、一〇七頁。

(79) 荻生徂徠「贈善暹羅語人」『徂徠集』巻十六、一六八頁。

(80)『明史』「列伝」には「天方、古筠沖地、一名天堂、又曰默伽」とある。

(81) 松浦章『江戸時代唐船による日中文化交流』(思文閣、二〇〇七年)、二六七―二七六頁。

(82) 原漢文は「唐虞三代、聖人用教之邦、而鞠為胡土。文之与時、闇劣幾乎熄。其衰也若斯其甚矣乎。有低必有昂、詘乎彼伸乎此。…不過十年文其将大萃於吾東方耶」(「二火弁妄編序」『徂徠集』巻八、八〇頁) である。

(83) 原漢文は「殊不知王李後明風屢変、其存於今者、非公安竟陵、則箕生所謂艽中佻外者已。文章之道与気運盛衰」(荻生徂徠「題唐後詩総論後」〈『徂徠集』巻十九、二〇〇頁〉) である。

(84) 原漢文は「昭代御運、文教鬱興、而人稍稍識操唐音。然和訓読字、其弊自若、唯識意義、而不諳格調体勢為何物。是以但認晩季緩慢者以当乎温柔平和之音、又或経生作詩先入者為主、則宋風淪髄、汙下不能祛。其最惑人者、崎人之詩、日与華客相酬和、則見以為師承淵源、莫真於是也」（「題唐後詩総論後」同上）である。

(85) 荻生徂徠「答崎陽田辺生」『徂徠集』巻二十五、二六五頁。

(86) 徂徠は「朝鮮、来聘、此方学士借声譽於其人。近来亦漸覚其非、則走崎陽以獲華人一題跋、渠詑曰它特外国耳、豈若華人乎。華人誠華人矣然華人皆能文章、則二十一史何須文苑」（「与平子和」『徂徠集』巻二十二、二三二頁）と述べている。

(87) 荻生徂徠「与江若水第五書」『徂徠集』巻二十六、二七六頁。

(88) 荻生徂徠「復柳川内山生」『徂徠集』巻二十五、二七〇頁。

(89) 荻生徂徠「贈菅童子序」『徂徠集』巻十一、一〇八頁。

(90) 荻生徂徠「送岡仲錫徙常序」同上、一一三頁。

(91) 太宰春台は「長崎人不足畏也。……惟二三舌人、因習象胥、略識文字、為可与言耳。厥詩下調、厥文俚語。若問以経術、則曰祖述程朱。夫如是、何畏之有。非惟長崎人之不足畏、雖諸夏人客長崎者亦不足畏。蓋彼皆賈豎、否則檝師柁工、即略有識文字者、乃市井書手、僅供契券簿暦之役、亦何畏之有。」（「送赤里子蘭之長崎序」『春台先生紫芝園稿』後稿巻四、一三五頁）と述べている。

(92) 平野金華は「清者何也、西戎敗周、五胡偪南、遼金蒙古韃満代明、乃掃先王郁郁之文、而為淳維畜牧之政、吾道塗炭斯文晦食莫極焉。以渠視我、我東方至治之極、鄰国相望、雞狗之声相聞、民至老死而不相往来。是以清之与我臭味亦異」（「与玄海上人書」『金華稿刪　日本漢詩第四巻』巻五、汲古書院、一九八五年、四七四頁）と述べている。

(93) 服部南郭は「彼邦三代之道一壊、秦漢以後、国勢大非也。以天下供一人、故驕淫之主相継於上、……有司臨民者以剝下為績、下亦以欺上為智、其極至於上下相逃、国非其国、民非其民、日趨衰薄。……且量其地勢則夷狄相接、四郊盈壘、邊圉之策、歴世講之、而不能禦其侵犯」（「贈熊本侯序」『南郭先生集　近代儒家文集集成七』ぺりかん社、一九八五年、三七一頁）と述べている。

(94) その業績は「深見考」にまとめられ、『名家叢書　中』（関西大学東西学術研究所、一九八一年、二九九―五七一頁）に収録されている。
(95) 荻生徂徠の弟たる荻生北渓は宝永元（一七〇四）年に、父万庵の致仕によって、荻生家を継ぎ、幕府の儒者になった（平石直昭、前掲『荻生徂徠年譜考』五五頁）。
(96) その業績は「荻生考」にまとめられ、『名家叢書　下』（関西大学東西学術研究所、一九八四年、一―五二九頁）に収録されている。
(97) 大庭脩「正論」（大庭脩編『享保時代の日中関係資料三　荻生北渓集』関西大学東西学術研究所、一九九五年）、一七、二三―二六頁。なお『明律訳』はその資料集に翻刻されている。
(98) これらの資料に関して、高遠拓児「荻生北渓と清朝の則例集」(http://www.terada.law.kyoto-u.ac.jp/tohoken/21_tkt.htm、二〇一五年八月六日閲覧）を参照。
(99) これらの文章は「荻生考」『名家叢書　下』に収録されている。
(100) 荻生北渓「明朝清朝異同」と「明清異同に付て料簡書」（「荻生考」『名家叢書　下』二二九―二四三頁、二四四―二四八頁）に収録。
(101) 荻生北渓「明朝清朝異同」二三〇頁。
(102) 荻生北渓「明清異同に付て料簡書」二四四、二四五頁。
(103) 同上、二四五頁。
(104) 同上。
(105) 同上、二四六頁。荻生北渓「清会典吏部　品級」（「荻生考」『名家叢書　下』）、二九九―三〇一頁。
(106) 荻生北渓「明清異同に付て料簡書」二四六、二四七頁。
(107) 荻生北渓「明朝清朝異同」二二九頁。
(108) 荻生北渓「明清異同に付て料簡書」二四七頁。
(109) 楠木賢道「江戸時代知識人が理解した清朝」（『環一六　清朝とは何か』藤原書店、二〇〇九年）、二四六頁。

(110) この本には二つの版本がある。北渓が書いた原文の上に、徂徠の修正痕跡が残された内藤文庫本（『建州女直始末』）と、清書された蓬左文庫本（『建州女直之始末』）がある。両者とも『享保時代の日中関係資料三　荻生北渓集』に収録されている。

(111) 楠木賢道、前掲論文「江戸時代知識人が理解した清朝」二五〇頁。

(112) 荻生北渓『建州女直之始末』三三八頁。

(113) 大庭脩、前掲論文「正論」三〇、三一頁。この書物に関しては、内容が多い『清人問答覚書』（国会図書館）および『清朝探事』と、内容が比較的少ない『大清朝野問答』との二つの版本がある。

結論

本書では、「東夷の人」と自認した荻生徂徠がなぜ、どのように「古の中華」における「聖人の道」を求めたのか、またそういう思想はなぜ、どのように日本優越論と繫がったのかという問題意識から、特に徂徠の思想形成と「武国」としての日本、明代の「文学」との関連に注目し、文学と儒学を含んだ「文」(「文学」)をめぐり、「宋学の近世」としての漢文圏という時空間において徂徠の思想がいかに形成されたのかを、検討してきた。

「武国」という武士統治の「封建」体制のもと、文学的・思想的には、訓読による漢文の読みと創作が広く行われ、また宋学が依然として東アジアにおける中心的位置を占めるという環境の中に、徂徠は生きた。そして彼は、「武国」の現実と、日本の文字と訓読という学問方法、そして宋学そのものを俗的かつ夷狄的な要素と捉えている。そこで、徂徠は訓読という漢文を読む方法と、読まれる漢文に浸透している宋学的思惟に抵抗する。そのために、彼は「武国」の現実に関わる医学と兵学の知識、および〈明代の知識〉から受け継いだ古文辞学を踏まえ、脱宋学的な儒教思想(「聖人の道」論)を構築した。それのみならず、さらに彼は徳川日本と同じく「封建」の体制であった「古の中華」を理想として、「武国」を改革するための制度改革構想を提案した。それゆえ、徂徠は自らを拘束していた夷狄的な現実を認めながら、古文辞学で漢文圏における「文学」を探究することを通して「古の中華」における「聖人の道」を発見した自負を込め、彼自身をも「東夷の人」と自称した。このように、徂徠の訓読批判、古文辞学、「聖人の道」論、政治改革論といった学問営為は、連続的に捉えて理解することができる。このことを論証するために、本書では、宋学からはみ出た徂徠の自然観と人間観に関わる医学と兵学の知識（第一章）、宋学に抵抗する明代古文辞派の詩文論（第二章）、徳川日本における徂徠の訓読批判と「訳学」の展開（第三章）、明代古文辞派の詩文論と荻生徂徠の古文辞学の完成（第四章）、漢詩文学としての古文辞学から経書読解の方法への転用（第五章）、古文辞学による中国史の再認識と「聖人の道」の再構築、および「聖人の道」を基準にした日本史に対する認識と政治改革論（第六章）について論じてきた。本書では、従来の研究では常に分裂したままで処理されてきた、語学者・文学者としての徂徠と政治学者としての徂徠とを、より有機的な形で結びつけながら統合的に捉えてきた。

初期徂徠は、宋学に内在しながらも、医学と兵学的な知を踏まえたことによって、それに対して懐疑を抱きはじめ、さらに明代古文辞派との出会いによって、彼はついに、新しい儒教学説を創出した。彼は一つの漢詩文学であった古文辞学を、ある儒教学説——「聖人の道」を創出する方法へと練り上げていった。そういう古文辞学は古代中国の経書を読解する方法だけではなく、古代中国の歴史を認識する方法、ひいては古今の差異などを認識する方法でもある。この地点において彼は、明代古文辞派と決別し、彼らをも乗り越えていく。さらに、彼の儒教学説は、学説史としてみれば、宋学に対するものとしては仁斎学との間に批判的な継承関係があるが、その内実を注視するならば、漢詩文に対する彼の認識の深化がもたらした成果といえる側面もある。この意味でも、徂徠において、文学（詩文の学）は、政治に関わらない私的な領域の単なる遊びではない。文学は政治思想を作り出すための方法にさえなっている。そして、詩文の学としての文学と政治思想としての儒教学説が、彼においては「文学」として統合されている。

そして、徂徠がこうした「文学」に対する探究を通して再構築した「古の中華（三代）」の国家像においては、文学と政治の統合が見られるのみならず、宗教と政治も統合されている。統治階級が「天」を敬しながら、「天」の働きに助けられるというものである。したがって、古代の君子の「礼楽」（厳密には「詩書礼楽」と「刑政」）による統治は、天地自然の運営に合わせ、「鬼神」・「徳」・「民」を養い、またこうした「仁」を実践する仕事によって、「天」への敬意を表した。さらに、官職と学問内容としての「文」と「武」もまだ分裂していない。こうした「三代」全体を、徂徠は、「文」としての「聖人の道」という規範・制度の体系で統治された、祭政一致かつ兵農一致、文武一致の封建と礼楽統治の世として捉えている。こうした統治体制において、徂徠は特に、統治者としての君子は「文武両道」を含む「文」としての「聖人の道」を学ぶべきで、天地全体の育成を畏敬・配慮しながら、民を養うことに尽力し、寛大な心で政治に臨むべきだと強調している。この徂徠の儒教思想は、単なる「日本化」した儒教ではない。漢文圏の儒教史・思想史において、最も宋学と異なる独自性を持つ一つの思想体系として評価されるべきであろう。

総じていえば、徂徠は明代古文辞派の「文学」におけるパラダイム転換を図ろうとした未完のプロジェクトを引き受け、「武国」としての徳川日本という新たなコンテクストにおいて、「古文辞」を「学」の次元に引き上げ、さらに宋学と異なる詩文観、儒教体系を創出することに成功した。この意味で、彼はまさに脱宋学思想の完成者といえる。それゆえ、徂徠の宋学批判は、近代的な思想による前近代的な思想への批判ではないし、日本的な思想による中国的な思想への批判でもないし、法家的な思想による儒家的な思想への批判でもない、兵学的な思想による儒学的な思想への批判でもない。また、漢文圏の儒教思想史における戴震、丁若鏞など、ほかの脱宋学思想と異なり、徂徠ないし太宰春台は激烈に孟子批判をした。しかし、彼らは孟子ないし孟子系統の儒学を批判したが、荀子系統の儒学と捉えるべきではない。というのも、徂徠にとって、荀子ないし孟子のテキストは、同じく「古文辞」の一環として、「聖人の道」を理解するためのものだけである。徂徠学はこのように、「武国」の現実を踏まえながら、漢文圏に展開してきた古文辞学の立場から出発した宋学批判であり、儒学また「文学」そのものであった。

しかし本書において明らかにした如く、右の議論を通して、徂徠は漢文圏の文士（知識人）として、日本の中華化を志向していたというより、むしろ「武国」としての徳川日本を「文」化しようとした。そのため徂徠という人物は、漢文圏に展開された古文辞学によって「古の中華」から「文」としての「聖人の道」を発見し、「武国」のための改革構想を提出した文学家ならびに政治思想家として、捉えることができる。彼は「三代」から改革構想を求めたが、「三代」の「封建」体制と密接に関わったはずの「宗法」（宗族制度）などについて、関心を持たなかった。にもかかわらず、徂徠は「郡県」の中国と比べれば、「封建」の日本はより「古の中華」に近いと考えている。その改革構想も「郡県」の中国に生きながら、「宗法」を重んじる中国知識人の制度改革論とは異なる。

徂徠の制度構想は実現されなかったが、重要なのは、封建制度下の徳川日本は、改革をする必要があるにもかかわらず、実は同時代の中国と比べればより「古の中華」に近いという徂徠の発想である。つまり、徂徠の構想においては、礼楽（「文」）の欠けた徳川日本を改革すべきだという考えがある一方で、徳川日本は封建制度下にあるために「古の中華」により近いという考えが読み取れる。前者は後に、日本独自の礼楽ないし音韻を求める思想運動に発展していくのに対して、後者は徳川日本の現状を肯定する論理として読み替えられた。両者はともに日本優越論を支える言説へと発展していく。後者の問題を検討するために、本書では、東アジアにおける徂徠と彼の弟子たちから構成された徂徠学派の「文学」を論じた（第七章、第八章）。まず、脱宋学の思想、および「芙蓉白雪の色」を持つ自らの学派の漢詩文への徂徠の誇りは、彼の弟子たちに継承された。こうした雅的な古文辞が俗的な宋学ないし白話小説より優れているという文学思想によって、彼らは朝鮮通信使や長崎の唐通事、および長崎に来た華人を見下している。さらに、徂徠学派の唐話学は結局、漢字音韻学の発展に繋がり、また、間接に日本語学研究にも関わり、純粋で特殊な日本語の発見・発明に一役を買った。さらに、徂徠学派文士は宋学に代表される同時代の中国と朝鮮の漢文学と儒教、および郡県制的な社会との対比を通して、礼楽統治はいまだ実現されていないが、自分たちの文学（古文辞学）、および自分たちが生きる「封建」の社会はよりよいものであり、「古の中華」（「三代」）のようだと肯定的に捉えるようになっている。このように、徂徠学派ないし江戸後期の儒者の一部は文学と政治両方の観点から、徳川日本の現状を肯定している。そして、古文辞学、唐話学、「聖人の道」論を含めた徂徠学派の思想は結局、日本の優越性・特殊性に関する言説の展開に繋がっていったのである。この意味で、徂徠学派の学問的営為は日本優位のナショナリスティックな感情の源流の一つになっている。

しかし、徂徠学派における日本優越意識の特色は、彼らが特殊的な道徳心性よりも、漢詩文能力、「封建」制度の観点から、漢文圏における日本の優越を強調した点にある。その意味で、彼らの優越意識は限定的で相対的なものといえる。にもかかわらず、こうした学問の姿勢は結局、周辺諸国を低く見ながら、同じく「封建」制の徳川日本の現状を肯定する思想に読み替えられていく、さらに日本オリジナルの「礼楽」（特に「礼」、そしてその論理の延長線は「国体」）を求める思想運動の起爆剤になっているといえよう。この意味で、徂徠学派の学問的営為は、「皇国」を崇拝する国学が成立する素地を提供したといえる。また、紙幅の制約で、立ち入って検討することができないが、後期水戸学の藤田幽谷と会沢正志斎は徂徠と同じく、ともに「郡県の世」としての同時代の中国と比べれば、「封建」体制に生きている徳川日本の儒者のほうがよりよく古代中国の封建制度を理解できると考えた[1]。それのみならず、会沢によれば「神代」には「礼楽」の「教え」はなかったが、「道」（礼楽）を実践する事実があった[2]。会沢の「国体」論はこうした歴史認識に繋がっている。むろん、徂徠の政治思想と会沢の国体論、さらに近代の国体論との間にはそれぞれに、深い断絶があることを注意しなければならない[3]。ともかく、経書を史書として、そこから古代中国の政治家（聖人）の知恵と制度を学ぼうとした学問の姿勢は徂徠以後の儒者（特に古学派系統の儒者）の著作にはよく見られる。この問題に関する研究は将来の課題とする。また、この問題と関連して、経書をより正確に解読するために、日本に導入された清朝考証学関係著作の受容と、それを根拠にした徂徠学批判ないし儒教思想の展開は、ともに未検討のまま残されている。

別の観点からいうと、十七世紀と十八世紀の東アジアにおいては、平和的な環境と印刷術の発展などの要因により、少なくとも知識人の世界では、漢学が高度に共有される「同文」圏の意識が現れた。これは幕末明治期におけるアジア論へと繋がるが、「同文」圏内部には、これまで論じてきたように、宋学と古文辞学をはじめ、少なからず競合、対立する思想が併存している。それはやがて中国と日本、俗と雅、夷と華とのような差異として読み替えられていく。さらに、こうした「封建」の現実、および古文辞学の発展によって生れた「雅」としての日本像はのちに、皇国日本論に溶け込んでいくのではないか。この意味で、「東夷の人」としての徂徠による宋学への抵抗は、思想史的にいえば、徳川日本を「古の中華」のように想像することを通して、「皇国」の夢を見るための思想的準備をしたといえよう。

一方、天の普遍性、不可知性とそれらに対する畏敬感情を強調した徂徠の思想には、理気ないし象数による天人相関的な自然観を否定する懐疑精神と認識主観性のような思想が見られる。こうした脱宋学的な思想傾向と差異を認識する古文辞学的な方法意識などは蘭学が発展する素地を提供したといえる。またこの意味で、徂徠学は戴震の学問と異なる意味で、自国における近代西洋学問の受容に寄与したといえるかもしれない。さらに、脱宋学思想としての徂徠学の刺激によって、儒学内部にもさまざまな徂徠学批判の著作が出てきた。それらの著作には経書と宋学に対する徳川儒者の理解が深められた傾向も見られる。こうした意味で、徂徠学は徳川後期における蘭学の展開と儒学（漢学）の発展、深化、および漢学を媒介にした近代西洋学問の受容にも間接的に一役買った。

中国と朝鮮の知識人は近代日本のナショナリズムの言説、科学知識などを含む〈明治の知識〉から、さまざまな思想的な啓発を負ったことを思うと、徳川後期における諸学の思想展開に多大な役割を果たした徂徠の思想は、漢文圏思想史における機軸の一つだといえよう。漢文圏という「同文」の環境において、知識人の間には、競争、相互認識、および思想連鎖などは、さまざまな言説が展開されている。現に、本書の序論に取り上げた章太炎の徂徠論は実は、

「論漢字統一会」という文章に含まれている。そこで、日本人を中心に立ち上げられた漢字統一会は『同文新字典』という辞書を編纂した。金子堅太郎（一八五三―一九四二）が書いた序文によれば、まさに日本が「亜東」を経営するため、また欧米との競争に勝つために、これまでの日本における漢学の発展を踏まえて「同文」の便を謀る必要があったので、『同文新字典』を作ったのである。(4) しかし、「同文」といっても、「日清韓」における漢字・漢文の読み方と使う漢字数などは異なっている。その辞書は選ばれた漢字の「日清韓」におけるそれぞれの読み方を記したので、「東亜比較音韻学の資料」として利用することができるが、(5) 漢字統一会と『同文新字典』そのものは日本が近代東アジアの政治と学問の中心になろうとした欲望を物語っている。章太炎はこうした日本の欲望を警戒、批判、揶揄していた。彼にいわせれば、「文字」（漢字）は「漢人」（漢民族）が作ったもので、日本はそれを模倣した「末流」であるし、中国方言の音韻なども知らずに、制限された漢字数で漢字を統一しようとした発想は実は、自らの力を知らない行為としか見えない。(6) こうした考えの背後には章太炎自身の漢民族、また清朝考証学の継承者としての自負と華夷意識があると同時に、日本人に漢学の主導権が奪われる危機感も帯びている。このように、漢字と漢文ないし漢学は近代東アジアにおいて、近代西洋の学問を受容する媒介だけではなく、東アジアにおける政治と学問の主導権を争うための対象でもあった。長い目で見れば、徂徠学の思想遺産は江戸後期における学問・思想の多元化に寄与しただけではなく、近代東アジアにおける日本の政治と学問の覇権の形成に繫がると思われる。この問題のさらなる探究は将来の課題とする。

（1）会沢正志斎『読周官』（無窮会書庫所蔵本による）、巻一、「総論」を参照。
（2）会沢正志斎『下学邇言』（会沢善、一八九二年）、巻一、二頁。
（3）この問題について、藍弘岳「会沢正志斎的歴史叙述及其思想」（『中央研究院歴史語言研究所集刊』第八十九本、二〇一八年刊行予定）を参照。

（4）金子堅太郎「同文新字典序」（漢字統一会編『同文新字典』大日本図書、一九一五年）、八、九頁。

（5）「凡例」『同文新字典』四頁。

（6）章太炎「論漢字統一会」（『太炎文録初編』別録巻二）、三二一、三二二頁。

附表

表一 「前後七子」の主要経歴表

人名	進士及第年代	主要官職経歴
李夢陽	弘治六年	戸部主事、戸部郎中
何景明	弘治十五年	中書舎人、吏部員外郎、陝西提学副使
徐禎卿	弘治十八年	大理左寺副
邊貢	弘治九年	兵科給事中、陝西提学副使、河南提学副使、南京太常少卿、南京刑部右侍郎、南京戸部尚書
王廷相	弘治十五年	庶吉士、兵科給事中
康海	弘治十五年	庶吉士
王九思	弘治九年	庶吉士、吏部郎中
李攀龍	嘉靖二十三年	刑部主事、刑部郎中、陝西提学副使、浙江按察使、浙江布政司左参政、河南按察使
王世貞	嘉靖二十六年	刑部主事、刑部郎中、山東按察司副使、浙江布政司左参政、山西按察使、湖広按察使、南京吏部尚書
呉国倫	嘉靖二十九年	中書舎人、兵科給事中、江西按察司知事、河南左参政
徐中行	嘉靖二十九年	刑部主事、刑部郎中、湖廣僉事、江西左布政使
梁有譽	嘉靖二十九年	刑部主事
宗臣	嘉靖二十九年	刑部主事、福建布政司左参議、提学副使、福建按察司提学副使
謝榛		

表二　明末清初出版の李・王の詩文集とその詩文収録の詩文選集（書名五十音順）

番号	書名と巻数	編著者と出版年月	備考
一	弇州山人四部稿一百七十四巻目録十二巻	王世貞撰、万暦五年世経堂刊本	『中国古籍善本書目』（以下『古籍』と省略）によれば、一百八十巻の版本がある。
二	弇州山人続稿二百七巻	王世貞撰、明刊本	『古籍』による
三	弇州山人四部稿選十六巻	王世貞撰、明刊本	『古籍』によれば、二つの明刊本がある
四	弇州山人続稿選三十八巻	王世貞　顧起元編、明刊本	『古籍』による
五	弇州山人読書後八巻	王世貞　陳継儒編　明刊本（万暦年間）	同右
六	弇州先生尺牘三巻	王世貞撰、明刊本	同右
七	弇州山人文抄十二巻（八代文抄本）	王世貞撰、万暦刊本	同右
八	弇州先生五言律選四巻七言律選八巻	王世貞撰、王応麟編　万暦刊本	同右
九	王鳳洲集四巻	王世貞撰、明刊本	同右
十	王元美先生文選二十六巻	王世貞撰、喬時敏編、万暦四十三年刊行本	同右
十一	王弇州集二十巻	張汝瑚編、康熙二十一年刊本	同右
十二	擬古楽府二巻	李攀龍撰、明刊本	同右
十三	今文選十二巻	孫鑛編、万暦三十一年刊本	同右
十四	九大家詩選十二巻	陳莢　李昂枝輯、順治十七年刊本	同右
十五	御制四朝詩	張豫章等奉勅輯、康熙四十八年内府刊本	『李攀龍文学研究』による
十六	皇明文則三十二巻	慎蒙編選、万暦元年刊本	同右
十七	皇明文範六十八巻	張時徹編選、万暦刊本	『李攀龍文学研究』によれば、万暦三年刊本と隆慶年間刊本がある
十八	皇明百大家文選十七巻	楊起元編、万暦十三年周宗孔刊本	同右

十九	皇明詩統四十二巻	李騰鵬輯、明万暦十九年刊本	『古籍』によれば、崇禎八年の重修本もある
二十	皇明八才子文選	卜世昌編、明刊本	『李攀龍文学研究』による。内閣文庫蔵書
二十一	皇明十大家文選	陸弘祚批選、明刊本	『古籍』による
二十二	皇明五先生文雋二百四巻目録五巻	蘇文韓編、天啓四年刊本	同右
二十三	皇明経世文編五百四巻　同補遺四巻十六巻	陳子龍等編、崇禎刊本	『李攀龍文学研究』による
二十四	皇明詩選十三巻	陳子龍等編、崇禎十六年刊本と、康熙二十一年刊本	『古籍』による
二十五	国雅二十巻　国雅品一巻　続四巻	顧起綸編、万暦元年刊本	同右
二十六	石倉十二代詩選八十六巻　次集一百四十巻（明興詩選）	曹学佺編、崇禎刊本	同右
二十七	刻註釈李滄溟先生文選狐白	李攀龍撰、陽九経註釈　明刊本	同右
二十八	国朝七名公尺牘八巻	屠隆編、万暦三十一刊本	同右
二十九	新鐫註釈出像皇明千家詩四巻	汪万頃編集、周文卿刊本	『古籍』による
三十	鐫翰林攷正国朝七子詩集註解七巻（七才子詩集）	馬象乾編、李廷機注、万暦二十一年刊本	同右、ほかには、万暦二十二年鄭雲竹宗文書舎刊本、江一礼校注本、李士安補注本、清初還読斎刊本の明七子詩選註本がある
三十一	新鍥会本湯先生批評滄溟文選評林五巻	李攀龍撰、湯賓尹評明　詹霖宇刊本	同右
三十二	盛明百家詩	俞憲編、隆慶刊本	同右。なお、『李攀龍文学研究』によれば、原刊本は隆慶五年である
三十三	盛明十二家詩選十二巻	朱翊鈏輯、万暦十三年刊本	『古籍』によれば、万暦十三年刊本もある
三十四	選明四大家詩集	藍庚生編選、崇禎八年刊本	同右
三十五	滄溟先生集三十巻付録一巻	李攀龍撰、明刊本	『古籍』によれば、十三版本の明刊本がある。その内には三十二巻本がある

三十六	滄溟文抄九巻	李攀龍撰、万暦刊本	同右
三十七	続文選三十二巻	湯紹祖輯、万暦三十年　希貴堂刊本	『李攀龍文学研究』による
三十八	白雪樓詩集十巻	李攀龍撰、嘉靖四十二年序魏裳刊本	『古籍』によれば、ほかに三つの版本がある
三十九	八代文鈔	李賓編、明刊本	『李攀龍文学研究』による
四十	批点明詩七言律	穆文熙批選、万暦九年劉懐恕刊本	
四十一	補註李滄溟先生文選四巻　附一巻	宋光廷校、宋祖駿、宋祖驊補註、明刊本	『古籍』による
四十二	鳳洲筆記二十四巻	王世貞撰、隆慶三年黄美中刊本	『古籍』によれば、ほかに、黄美中活字印本と清抄本がある
四十三	明詩正声六十巻	盧純学編選、万暦十九年江一夔刊本	『古籍』による
四十四	明詩正声十八巻	穆光胤刪定、陳素蘊批点、万暦四十一年刊本	同右
四十五	明十二家詩選三十九巻	趙南星編、万暦二十四年刊本	同右
四十六	明詩十二家十二巻	李心学編、万暦年間労堪刊本	『古籍』によれば、ほかに、程拱宸刊本がある。
四十七	明文奇賞四十巻	陳仁錫輯併評、沈国元校、天啓三年刊本	『古籍』による
四十八	明文霱二十巻	劉士鏻輯併評、崇禎七年刊本	同右
四十九	明詩選十二巻首一巻　二十六巻	明李攀龍編、陳子龍増刪、崇禎四年豹変斎刊本	同右
五十	明詩選最八巻	華淑編、金陵書林李洪宇刊本	同右
五十一	明詩鈔九巻	彭孫貽輯、四部叢刊本	『李攀龍文学研究』による
五十二	明詩評選八巻	王夫之編選	『李攀龍文学研究』による。ただし、選ばれた李・王の詩は僅少
五十三	明詩綜一百巻	朱彝尊輯、汪森等緝評、康熙四十四刊年本	『古籍』による

五十四	藜照昌樓明二十四家詩定二十四巻	黄昌衢編、康熙二十八年刊本	『古籍』による
五十五	四傑詩選	姚佺・孫枝蔚同輯、明刊本	同右
五十六	四大家文選評林	湯賓尹評選、万暦刊本	『李攀龍文学研究』による
五十七	列朝詩集八十一巻	銭謙益輯、順治九年刊本	『李攀龍文学研究』による

注：本表は主として『中国古籍善本書目』（中國古籍善本書目編輯委員会編、上海古籍出版社、一九八六年）によるが、黄志民『王世貞研究』（政治大学中国文学研究所博士論文、一九七六年）、第二章「著述」と許建崑『李攀龍文学研究』（文史哲出版社、一九八七年）、第四章「著述と流伝」とによって内容の補足をする。その際、備考欄で注する。

表三　明末清初に出版された『唐詩選』関係書（書名五十音順）

番号	書名と巻数	刊行者と出版年月	備考
一	古今詩删三十四巻	李攀龍編選、徐中行校訂、汪時元万暦初年刊本	『明代唐詩選本研究』によれば、ほかには、徐中行校訂明刊本と『詩删評苑』本と、『詩删』という二十三巻の鍾惺譚元春評の朱墨套印本がある。なお、『古籍』によれば、ほかには、三十三巻の烏程閔氏刻朱墨套印本がある。
二	李于鱗唐詩廣選七巻	明淩瑞森等輯評の朱墨套印万暦三年盟鷗館刊本	ほかには、淩弘憲編、朱墨套印本がある。『明代唐詩選本研究』によれば、この版本の刊行時期は明代後期と推定
三	鐫李及泉参于鱗箋釈唐詩選七巻	李攀龍編選、李頤参閲、晏良棨刊行本	同右
四	硃批唐詩苑七巻付録一	李攀龍編選、孫鉱評点、明刻朱墨套印本	同右
五	新刻銭大史註注李于鱗唐詩選玉七巻	銭謙益評注、万暦三十八年刊	同右
六	新刻李袁二先生精選唐詩訓解七巻首一巻	李攀龍編選、袁宏道校訂万暦四十六年書林余応孔居仁堂刊木	同右
七	唐詩選七巻	李攀龍編選、王穉登評、明閔氏刻朱墨套印本	同右
八	唐詩選彙解七巻首一巻	李攀龍編、徐震校李徳舜刊本	『明代唐詩選本研究』による
九	唐詩選四巻附一巻	李攀龍編、陳継儒校四巻本	『明代唐詩選本研究』による
十	唐詩選七巻	李攀龍編選、蔣一葵箋釈万暦二十八年武林一初斎刊本	『古籍』によれば、次の蔣一葵箋釈の異本がある。①陳継儒校訂本と、②高江批点本と、③施大猷刻朱墨套印本と、④唐詩選選註という万暦刊本と、⑤郊庵重訂李于鱗唐詩選という黄家鼎評の崇禎元年刊本と⑥六巻の

			『唐詩合選』という劉化蘭増訂の金陵孝友堂刊本がある。なお『明代唐詩選本研究』によれば⑦『庚補箋釈批評唐詩直解』という異本あり
十一	鐘伯敬評註唐詩選七巻附録一巻	李攀龍編、鐘惺評註、劉孔敦批、明末黎光堂刊本	『古籍』による
十二	陳眉公箋釈李于鱗唐詩選註八巻	陳眉公箋釈、万暦年間刊行と推定	『明代唐詩選本研究』によれば、この版本はほかの本と合編されて、『詩壇合璧』と称される
十三	李于鱗先生唐詩選平七巻	葉弘勛撰、康熙元年刊本	『李于鱗先生唐詩選平箋』（潘禾評、乾隆十二年映雪草堂刊本）という評注本がある
十四	古唐詩選七巻	呉呉山評注、康熙三十八宝善堂刊本	『明代唐詩選本研究』による

注：本表で掲載された明末清初に刊行された李攀龍編とされる『唐詩選』の諸異本は主として『中国古籍善本書目』によって作成したが、金生奎『明代唐詩選本研究』（合肥工業大学出版社、二〇〇七年）によって内容の補足をした。

表四 享保以前輸入された李・王関係著作

番号	書名と巻数	輸入または収蔵の年月	依拠した史料
一	彙刻列朝詩集小伝	元禄十二年	『舶載書目』
二	弇州四部稿	寛永十二年 元禄元年以前 正保三年文庫	『蓬左文庫漢籍目録』 元禄元年『唐本目録』 『御文庫目録』（『御文庫』と略）
三	弇州四部稿選	寛永年間	尾張徳川家『寛永目録』
四	弇州史料	寛永年間 正徳一年 同右 享保九年	尾張徳川家『寛永目録』 『舶載書目』 『分類舶載書目要覧』 『舶載書目』
五	弇山堂別集	正保三年	『御文庫目録』
六	王元美読書（王元美読書後）	寛永十六年	『御文庫目録』
七	王元美尺牘	宝永四年	『舶載書目』
八	王鳳州（王鳳州集?）	元禄元年以前	元禄元年『唐本目録』
九	芸苑卮言	寛永年間 正保三年	尾張徳川家の『寛永目録』 『御文庫』
十	皇明経世文編	寛永十六年	『御文庫』
十一	皇明百大家文選	寛永二十年本	『御文庫』
十二	皇明文範六十八巻	寛永二十年	『御文庫』
十三	皇明四傑詩選	元禄十二年	『二西洞』
十四	皇明盛事（五朝小説収録本）	元禄十二年	『二西洞』

十五	皇明詩選	慶長九年以前	『林羅山既見書目』
十六	国雅	元禄十四年	『舶載書目』
十七	国朝名公尺牘	元禄十二年	『舶載書目』
十八	觚不觚録（広百川学海収録本） 觚不觚録（宝顔堂続秘笈本） 觚不觚録（五朝小説収録本）	元禄十二年 同右 同右	『二酉洞』 同右 同右
十九	石倉十二代詩選（十二代詩選）	蓬左文庫寛永十二年買本 蓬左文庫寛永末年買本 正保三年享保九年	『蓬左文庫漢籍目録』 同右 『御文庫』
二十	七子詩集（七才子詩集）	寛永年間 寛永十六年以前 正保三年 享保九年	尾張徳川家『寛永目録』 『御文庫』 『御文庫』 『御文庫』
二十一	盛明詩選	寛永十六年	『御文庫』
二十二	滄溟文選	慶長九年以前	『林羅山既見書目』
二十三	続四部稿選	元禄元年以前	元禄元年『唐本目録』
二十四	①唐詩選 ②唐詩訓解 ③唐詩訓解 ④唐詩訓解 ⑤唐詩広選 ⑥唐詩選彙解 ⑦諸名家硃　唐詩彙選（金陵余刊本） ⑧唐詩選彙釈（蔣一葵箋釈陳継儒校訂本） ⑨唐詩彙選（蔣一葵箋釈高江批点本）	寛永十六年以前 寛永年間 正保二年 承応二年 天和五年 元禄元年以前 正徳二年 正徳二年 正徳三年	『御文庫』 尾張徳川家『寛永目録』 『御文庫』 『御文庫』 『御文庫』 元禄元年『唐本目録』 『舶載書目』 『舶載書目』 『舶載書目』

二十五	白雪楼詩集十二巻	慶安三年	『御文庫』
二十六	百家詩選	正徳三年	『舶載書目』
二十七	文章九命（説郛収録本）	元禄十二年	『二酉洞』
二十八	鳳洲筆記	承応二年 慶長九年以前	『御文庫』 『林羅山既見書目』
二十九	鳳洲続集	慶長九年以前	『林羅山既見書目』
三十	明詩正声	万治二年	『御文庫』
三十一	明詩選最	承応三年	『御文庫』
三十二	明詩選		『分類舶載書目要覧』
三十三	明十二家詩選	万治三年	『御文庫』『元禄元年の唐本目録』
三十四	明文奇賞四十巻		『分類舶載書目要覧』
三十五	李滄溟先生集（滄溟文集・李滄溟集）	寛永十六年以前 正保元年 享保十一年	『御文庫目録』 同右 同右

注：本表は以下の享保以前の『舶載書目』（大庭脩、関西大学東西学術研究所、一九七二年）、『林羅山所見書目』（『林羅山詩集』所収版）、『御文庫目録』（大庭脩「東北大学狩野文庫架蔵の〔旧幕府〕御文庫目録」『東西学術研究所紀要』三号、一九六九年）、『蓬左文庫漢籍目録』（名古屋市教育委員会編、名古屋市教育委員会、一九五五年）、「元禄元年の『唐本目録』」（大庭脩、『史泉』三十五、三十六合併号、一九六七年）、『二酉洞』（一色時棟編録、武村新兵衛、林九兵衛、元禄十二年〔一六九九〕、東京大学総合図書館所収本）、尾張徳川家の『寛永目録』（ゆまに書房の『尾張徳川家蔵書目録』（名古屋市蓬左文庫監修、ゆまに書房、一九九九年）、『分類舶載書目要覧』（中村亮、国立公文書館内閣文庫所蔵の写本）に依拠して作成した享保以前に輸入された李・王関係著作の一覧である。舶載書目と書籍目録と両方を利用したので、内容的に重なる可能性があるが、書籍が輸入された数ではなく、関係書籍が輸入されたことを確認することを目的とする本書では、差し支えないと判断した。

あとがき

本書は二〇〇八年東京大学大学院総合文化研究科に提出した学位論文「荻生徂徠の詩文論と儒学――「武国」における「文」の探求と創出」をもとに、大幅に削除・増加・修正をしたものである。多くの部分はすでに発表されたものである。その初出は次の通りである。

第一章「荻生徂徠の思想形成における医学と兵学――『徂徠先生医言』と『孫子国字解』を中心に」(『日本思想史学』第三十九号、二〇〇七年)。

第三章「荻生徂徠的翻訳方法論――訓読與徂徠的「訳学」」(『翻訳学研究集刊』第十一輯、二〇〇八年)。後に、『翻訳與跨文化流動――知識建構、文本與文体的電播』(中央研究院中国文哲所、二〇一五年)に再収録された。

第四章「徳川前期における明代古文辞派の受容と荻生徂徠の「古文辞学」――李・王関係著作の将来と荻生徂徠の詩文論の展開」(『日本漢文学研究』第三号、二〇〇八年)。

第六章「歴史家としての荻生徂徠――中国・日本の歴史に対する認識をめぐって」(『中国――社会と文化』二十一号、二〇〇六年)。後に、それをさらに中国語で大幅に書き直して、「荻生徂徠的古代中国史観與政治思想――「聖人之道」的重構與「宋学」批判」というタイトルで、『漢学研究』第三三巻第三期(二〇一五年)に掲載された。

第七章「徂徠学派文士と朝鮮通信使――「古文辞学」の展開をめぐって」(『日本漢文学研究』第九号、二〇一四年)。

後に書き直して、「「芙蓉積雪千秋白」――十八世紀謖園学派文士與朝鮮通信使的交流與競争」というタイトルで『転接與跨界――東亞文化意象之伝佈』（允晨出版社、二〇一五年）に再収録された。

第八章「「古文辞学」と東アジア――荻生徂徠の清朝中国と朝鮮に対する認識をめぐって」（『アジア遊学』185号、二〇一五年）。

荻生徂徠と出会ってから、もうすぐ二〇年になる。私にとって、荻生徂徠は単なる研究対象だけでなく、人生を導いてきた師匠でもある。というのも、博学な徂徠の学問を研究することを通して、医学、兵学、漢詩文、儒教思想などの知識を蓄積してきたのみならず、視野が広がり、問題を複眼的に見る目も養われるようになっているのである。古と今、日本語と中国語、日本国と中華民国（台湾）のような差異と境界を超え、天の寵霊によって、徂徠が明代中国に生きていた李攀龍と王世貞を発見したように、私は江戸日本に生きていた徂徠を発見した。そして、徂徠が孔子を通して「聖人の道」を学ぶように、私は徂徠を通して東アジア漢文圏の思想史を学んでいる。

本書は徂徠先生に従いながら、古来の人間世界の知恵の一端を学んだ学習報告書ともいえる。この学習過程において、多くの方の学恩と厚情をいただいたので、この場を借りて、御礼を申し上げたい。

まず、日本思想史研究の道に導いて下さったのは淡江大学日本語文学科の劉長輝先生である。台湾の日本語学科では、劉先生が担当なさった日本文化思想史のような授業は数少なかった。哲学と歴史が好きな私にとって、劉先生の授業に出ることは大学時代の楽しみであった。また、劉先生の導きによって、無謀にも日本思想史を留学の目標として設定することにした。さらに、同じく劉先生のおかげで、ぺりかん社の宮田研二さん（元社長）に日本留学の保証人という役を引き受けていただいた。それ以来、ずっと宮田さんのお世話になっている。この場を借りてお二人に御礼を申し上げたい。

それから、一九九九年に研究生として、さらに二〇〇〇年から正式に東京大学大学院総合文化研究科に入学した後、ずっと黒住真先生の指導を受けている。先生のゼミを通して、近世日本思想だけではなく近代日本思想に関する様々な研究書を読むようになった。また韓東育さん、林少陽さん、高熙卓さん、趙寛子さん、大田英昭さん、松谷基和さん、菅原光さん、清水光明さん、キリ・パラモアさんなど、日本人の院生のほかに中国、韓国ないしオーストラリアから来た留学生の先輩、友人との議論を通して、日々知的な楽しさを味わっていた。いつも暖かく指導して下さった黒住先生と出会ったことによって、私は文化、国境を越えた普遍的な理想、および人間世界における善の力を信じるようになった。そういう理想と信念を自分なりに次の世代に伝えることは、一つの恩返しの方法ではないかと考えている。やはりこの場を借りて、心より感謝の言葉を贈りたい。

一九九〇年代から二〇一〇年前後までの東京大学は、日本思想史を学ぶ学生にとって非常にいい環境であった。私は黒住ゼミのほかに、日本政治思想史専攻の渡辺浩先生と平石直昭先生、苅部直先生のゼミにも通っていた。特に、訓読で徂徠の『弁名』を読む平石先生のゼミと、『政談』を読む渡辺先生のゼミのおかげで、私は次第に徂徠学の面白さを覚え、また漢文圏における日本儒学そのものの特殊性を理解するようになったのみならず、徂徠が生きていた江戸社会はどれほど同時代の中国、朝鮮と異なっていたかを知るようになった。そのほかに、平石ゼミで福沢諭吉『文明論之概略』と丸山眞男『日本政治思想史研究』、渡辺ゼミで中井竹山『草茅危言』と藤田東湖『弘道館記述義』、苅部ゼミで会沢正志斎『新論』など、多くの日本思想史関係の古典を読んだおかげで、日本思想史の奥深さを味わうことができた。

特に渡辺先生は、私が台湾に帰って就職してから、本書の出版を含め、様々な形でずっと応援していただき、誠に感謝している。御恩は生涯忘れない。

また、三人の先生のゼミで、中田喜万さん、相原耕作さん、高山大毅さん、河野有理さんらの発表からも多く学んでいる。特に同じく荻生徂徠を研究している相原耕作さんと高山大毅さんの研究はいつも刺激的なものである。

そのほかに、日本思想史以外でも、三谷博先生、小島毅先生、斎藤希史先生と村田雄二郎先生のゼミにも出ていた。諸先生のゼミで、東アジアの思想、文学、歴史に関わる様々な知識を学んだ。そのおかげでいくつか本書の着想を得た。特に斎藤希史先生の漢文脈論は私にとって非常に啓発的なものである。

それに、荻生徂徠研究会で澤井啓一先生と松田宏一郎先生と知り合い、現在でもずっとお世話になっている。また、荻生徂徠研究会のおかげで、ケンブリッジ大学出身の蔡孟翰さんとも知り合うようになった。西洋と東洋両方の政治思想史を熟知した蔡さんとの議論を通して、徂徠学に対する私の理解が深められた。この場を借りて、御礼を申し上げたい。

日本における留学生活の最後の二年は「二松学舎大学日本漢文教育研究プログラム」のＣＯＥ研究員として、二松学舎大学で過ごしていた。本書の第二章と第四章は二松学舎大学の優れた環境を利用して書き上げたものである。そこでも、町泉寿郎先生と川辺雄大先生という知友を得た。また、二松学舎大学で行われていた日本漢文学の研究会にも参加した。それは一つの貴重な日本経験になっている。

二〇〇八年に博士号を取得し、台湾の交通大学に就職してから、ずっと同じ職場（社会文化研究所）の劉紀蕙先生と陳光興先生のお世話になっている。交通大学の社会文化研究所は、おそらく台湾で最も自由で国際化している研究所の一つだといえる。そういう環境に置かれたので、自由に東アジア思想史研究が続けられたわけである。

そのほかに、中央研究院中国文哲研究所の廖肇亨先生に誘われ、二〇一一年から中央研究院の「東アジア文化と意象」という研究プロジェクトに参加するようになった。そこで石守謙院士、劉序楓先生と廖肇亨先生の指導によって、東アジア交流史関連の知識を蓄えるようになった。その研究成果は本書の第七章と第八章になっている。また、台湾大学文学院の陳弱水院長、甘懐真先生、徐興慶先生と辻本雅史先生のお世話になっている。特に陳弱水院長が客員教授として東京大学に招聘された時、陳先生のゼミで教わった中国漢文の知識は貴重なものである。陳先生の教えによって、私は日中の儒者の読書方法の差異を実感した。就職してからもずっと応援していただき、まことに感謝している。

ここまでたどり着けたのは、日本交流協会、日本学術振興会、日本科学協会、三島海雲記念財団、富士ゼロックスの小林基金、渥美国際交流財団、住友財団、また台湾の科技部（その前身たる国家科学委員会）中央研究院と蔣経国国際学術交流基金会などの団体からの奨学金と研究助成のおかげである。なお、本書は蔣経国国際学術交流基金会による二〇一七年出版助成金の交付を受けた。合わせて御礼を申し上げる。

東京大学出版会編集部の斉藤美潮さんには出版助成金の申請をはじめとしていろいろ援助をしていただき、心より感謝している。なお、大田英昭さん、清水光明さん、新居洋子さんも本書に収録された論文の日本語の表現をチェックして下さった。御礼を申し上げる。

最後に、学問の世界と全く無縁でありながら学者の道を選んだ息子を見守ってくれた両親、そして共に育児しながら留学生活を送っていた妻の婷婷に、心より感謝の言葉を贈りたい。西ヶ原にある白いマンションでお互いに支えながら過ごしてきた日々の記憶は生涯、精神的な糧になっている。妻の犠牲と支えがなければ、ここまでたどり着けなかった。改めて御礼を申し上げる。

二〇一七年十月

藍　弘　岳

人名索引

さ　行

た　行

な　行

は　行

著者略歴
1974年　台湾生まれ
1996年　淡江大学外国語文学部日本語文学科卒業
2008年　東京大学大学院総合文化研究科博士課程修了
現　在　国立交通大学社会文化研究所准教授
　　　　日本思想史，東アジア思想文化交流史

主要論文
「太宰春台と徂徠学の再構成—「聖人の道」と日本批判をめぐって」
（『思想』1112号，2016年）他．

漢文圏における荻生徂徠
医学・兵学・儒学

2017年12月25日　初　版

［検印廃止］

著　者　藍弘岳《らんこうがく》

発行所　一般財団法人　東京大学出版会
代表者　吉見俊哉
153-0041 東京都目黒区駒場 4-5-29
http://www.utp.or.jp/
電話 03-6407-1069　Fax 03-6407-1991
振替 00160-6-59964

印刷所　株式会社三陽社
製本所　牧製本印刷株式会社

ISBN 978-4-13-036265-8　Printed in Japan